普通高等学校"互联网+"立体化教材

新时期高校公共体育教程

主编　陈春平　曹卫

北京体育大学出版社

策划编辑：刘付锡
责任编辑：姜艳艳
责任校对：李云虎
版式设计：李　莹

图书在版编目（CIP）数据

新时期高校公共体育教程 / 陈春平，曹卫主编 .——
北京：北京体育大学出版社，2022.8
ISBN 978–7–5644–3677–3

Ⅰ．①新… Ⅱ．①陈… ②曹… Ⅲ．①体育－高等学
校－教材 Ⅳ．① G807.4

中国版本图书馆 CIP 数据核字 (2022) 第 111781 号

新时期高校公共体育教程
XINSHIQI GAOXIAO GONGGONG TIYU JIAOCHENG

陈春平　曹卫　主编

出版发行：北京体育大学出版社
地　　址：北京市海淀区农大南路 1 号院 2 号楼 2 层办公 B–212
邮　　编：100084
网　　址：http://cbs.bsu.edu.cn
发 行 部：010–62989320
邮 购 部：北京体育大学出版社读者服务部 010–62989432
印　　刷：艺堂印刷（天津）有限公司
开　　本：787mm × 1092mm　1/16
成品尺寸：185mm × 260mm
印　　张：16.5
字　　数：420 千字
版　　次：2022 年 8 月第 1 版
印　　次：2022 年 8 月第 1 次印刷
定　　价：45.00 元

《关于全面加强和改进新时代学校体育工作的意见》指出："学校体育是实现立德树人根本任务、提升学生综合素质的基础性工程，是加快推进教育现代化、建设教育强国和体育强国的重要工作。"这就要求高校坚持健康第一的教育理念，促进学生身心健康全面发展，帮助学生在体育锻炼中享受乐趣、增强体质、健全人格、锤炼意志，培养德智体美劳全面发展的社会主义建设者和接班人。

《高等学校课程思政建设指导纲要》指出："把思想政治教育贯穿人才培养体系，全面推进高校课程思政建设，发挥好每门课程的育人作用，提高高校人才培养质量。"这就要求高校体育课程与思政课程同向同行，高校须设计科学的体育课程思政教学体系，将课程思政融入体育课堂教学建设全过程。

本书是编者在深入学习《关于全面加强和改进新时代学校体育工作的意见》《高等学校课程思政建设指导纲要》等文件精神的基础上编写而成的。

本书共分为两个部分：基础理论篇和运动技能篇。基础理论篇蕴含了丰富的人文精神和科学的体育理论基础知识，介绍了体育与思政建设、体育与健康、科学体育锻炼、运动与营养、体育文化和学生体质健康测试相关内容。运动技能篇对基础运动、中华传统体育运动、球类运动、形体健美运动和户外运动及其所包含的各个项目的基本概况、技战术、竞赛规则进行了系统讲解。

本书具有以下特点。

（1）内容搭配合理，衔接性好。本书在内容的选择和搭配上努力解决四个问题：一是大学与中学体育教学内容上的衔接问题，适合大学生的身心发展特点和需要；二是一般发展与特殊发展的区别对待问题，满足不同体育运动水平学生的需要；三是传统与现代的结合问题；四是竞技项目与健身项目的均衡问题。

（2）本书重视对学生的思政教育。专门的思政章节和体育思政课堂版块的设置有利于弘扬体育精神，提高学生的人文素养，激发学生的爱国主义情怀。

（3）本书重视弘扬和传承中华传统体育文化等优秀传统文化，介绍了毽球运动、初级长拳、初级棍术、24式简化太极拳、散打、龙舟运动、气排球运动等传统体育项目，有利于增强学生对中华传统体育文化的自信心，更好地促进学生的知行合一。

在本书的编写过程中，编者参考了众多文献，在此向这些文献的作者致以真诚的谢意。若本书存在不足之处，恳请广大读者提出宝贵意见，以使本书不断完善。

目录

★运动技能篇★

基础理论篇

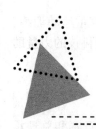

第一章　体育与思政建设

第一节　中华体育精神

一、中华体育精神概述

中华体育精神是我国社会主义精神文明的重要组成部分。在高校体育教育中，它既是大学生进步的内在动力，也是大学生的精神支柱。1917年，青年时期的毛泽东在《新青年》杂志上发表了《体育之研究》，其中"近人有言曰：文明其精神，野蛮其体魄。此言是也。欲文明其精神，先自野蛮其体魄；苟野蛮其体魄矣，则文明之精神随之"的一段表述，是近代中国红色体育的丰碑，这为身体教育和精神塑造奠定了基础，是中华体育精神的智慧表现，是高校应当向广大学生传递的体育理念。

2013年8月，习近平在沈阳会见全国群众体育先进单位和先进个人代表时强调，"广大体育工作者在长期实践中总结出的以'为国争光、无私奉献、科学求实、遵纪守法、团结协作、顽强拼搏'为主要内容的中华体育精神来之不易，弥足珍贵，要继承创新、发扬光大"。中华体育精神是中华民族精神和体育精神的有机融合，是具有"中国烙印"的爱国主义精神。

（一）为国争光

为国争光就是要为国家和人民争取来自世界体坛的荣誉，体育人要把为国争光作为自己的终身追求。我国体育健儿在国际舞台上要以最佳的竞技状态和良好的精神风貌，为祖国争光，为民族争气，为奥运增辉，为人生添彩，不辜负习近平总书记对体育的高度重视与推动，不辜负祖国人民对体育健儿的鼓励和期待。

（二）无私奉献

无私奉献指的是淡泊名利、甘于奉献，展现了一种大爱的胸怀、忘我的精神。作为一种优秀品质，无私奉献表现为体育人在平凡的工作岗位上忘我工作、不计回报，因热爱而坚守，为了国家荣誉甘愿牺牲个人利益。这是一种高尚的、伟大的无我境界。体育人要在忘我的无私奉献中完成体育强种强国的历史使命，实现自己的人生价值。

（三）科学求实

科学求实是指在实事求是的基础上讲求科学，尊重规律，谋求科技助力体育发展。从实际出发，从国情出发，普及健身知识，传播健康生活方式，尊重运动训练、人才成长和体育竞赛规律，尊重体育市场规律，学习国外先进经验，用科技的力量助推中国体育发展。

（四）遵纪守法

遵纪守法指的是遵守体育的伦理道德和相关制度规范，通过公平竞赛和兑现承诺，维护体育的诚信。一方面，我国运动员要遵守国际体育的纪律要求和规则限制，尊重裁判、尊重对手、尊重观众，公平参赛，反对弄虚作假；另一方面，在筹办奥运会等重大体育赛事时，申办城市要兑现承诺，向国际社会展示中国政府和中国体育的诚信。

（五）团结协作

团结协作是中国人民和中华民族战胜前进道路上一切风险挑战、不断从胜利走向新的胜利的重要保证。体育可以培养人们特别是青少年勇于竞争、善于合作、不怕挫折，追求胜利的优秀品质，这在集体项目中体现得尤为明显。

（六）顽强拼搏

顽强拼搏是中国体育的优秀传统，不屈不挠、砥砺奋进是中国体育人的行为方式和重要标识。习近平总书记指出："我们的国家，我们的民族，从积贫积弱一步一步走到今天的发展繁荣，靠的就是一代又一代人的顽强拼搏，靠的就是中华民族自强不息的奋斗精神。"

二、女排精神

在中华民族伟大复兴的进程中，中华体育精神在众多体育活动中遍地开花，其中的杰出代表就是女排精神。女排精神是中华体育精神的集中体现。习近平将女排精神概括为"祖国至上、团结协作、顽强拼搏、永不言败"。20 世纪 80 年代，中国女排创造了世界大赛"五连冠"的奇迹。中国女排在国际赛场上的艰苦奋斗、顽强拼搏使整个国家为之荣耀，让整个民族为之自豪。自此，"学习女排，振兴中华"的口号响彻全国，给予中国人民极大的精神鼓舞。

进入 21 世纪，中国女排又在世界大赛上五度夺冠。女排精神是时代的主旋律，是中华民族精神的象征，激励和影响一代又一代中国人投身改革开放和中国特色社会主义伟大事业。

三、乒乓精神

1959 年，容国团为我国赢得了第一个乒乓球比赛世界冠军。容国团在赛场上留下了"人生能有几回搏，此时不搏何时搏"的名言。1971 年，中国邀请美国乒乓球队访华。此举对中美关系的改善产生了影响，被誉为"小球推动大球"。中美两国乒乓球队的友好往来，推动了中美两国关系正常化的进程。1981 年 5 月，万里在第 36 届世界乒乓球锦标赛表彰大会上总结了中国乒乓球队多年成功经验："胸怀祖国、放眼世界、为国争光的精神；发奋图强、自力更生、艰苦奋斗的实干精神；不屈不挠、勤学苦练、

不断钻研、不断创新的精神；同心同德、团结战斗的集体主义精神；胜不骄、败不馁的革命乐观主义和革命英雄主义精神。"

乒乓精神是爱国主义精神、集体主义精神、创新精神在体育运动中的集中体现。乒乓精神反映了一代代乒乓人的价值理想和价值追求，具有教育性、传承性和导向性的社会价值。身为新时代的大学生，我们应该了解中国乒乓球运动的发展历史，发扬乒乓精神，做新时代的奋斗者。

第二节 体育对锤炼学生意志品质的作用

意志是人自觉地确定某种目标，并根据目标调节、支配自身的行动，克服困难，去实现预定目标的心理过程，是人的主观意识对一定客体的一种能动关系的反映。在中国的传统文化中，坚毅、坚强、恒心就是意志的代名词。意志品质是指一个人在行动中具有明确的目的，不屈从于周围人的压力，按照自己的信念、知识和行为方式进行行动的品质。意志品质是构成人意志的诸因素的总和。体育比赛虽然是比赛参与者向对手发起的挑战，但更多的是对比赛参与者的磨砺，特别是在高水平体育比赛或双方实力接近的体育比赛中，最终起决定作用的往往是意志品质。

一、培养学生意志品质的重要性

（一）良好的意志品质是学生的基本素质之一

《中共中央国务院关于深化教育改革，全面推进素质教育的决定》从不同的角度对大学生的意志品质提出了要求：从加强学生心理健康教育的角度提出，要"针对新形势下青少年成长的特点，加强学生的心理健康教育，培养学生坚韧不拔的意志、艰苦奋斗的精神，增强青少年适应社会生活的能力"；从加强学校体育工作的角度提出，要重视"培养学生的竞争意识、合作精神和坚强毅力"；从教育与生产劳动相结合的角度强调，要着重培养学生"热爱劳动的习惯和艰苦奋斗的精神"。良好的意志品质并非与生俱来，而是学生在后天的社会实践与教育中逐步培养起来的。良好的意志品质是学生的基本素质之一，对学生成才有着不可低估的作用。

（二）良好的意志品质是学生适应现代社会发展的需要

在竞争日趋激烈的今天，社会对人才的素质要求也越来越高。具有良好的意志品质，是个人在激烈的竞争中取得成功的重要因素。历史事实证明，但凡成功人士，皆是意志坚强的人。有些学生怕苦怕累，意志薄弱，自觉性、坚韧性和自制力较差，他们对千变万化的社会认识不充分，对事物的发展估计不足，没有足够的心理准备迎接未来的挑战。有些学生心理素质较差，处理问题不够沉着，缺少克服困难的勇气，遭受一点挫折就悲观失望、丧失信心。在当前素质教育的背景下，为了学生能在今后的人生道路上实现自己的人生价值，学校应当高度重视对学生意志品质的培养。

（三）良好的意志品质是学生实现人生目标的有力保证

从一定意义上来说，良好的意志品质是人们实现人生目标的有力保证。古今中外无数的名人事迹都印证了这一事实。孟子曾鼓励人们"苦其心志，劳其筋骨"，方能成大器。意志坚强的人，可以在艰难困苦的环境中奋发图强，干出一番事业来；意志薄弱的人，往往一碰到困难就畏缩不前，最后一事无成。意志是攀登科学高峰的梯子。意志的力量是巨大的，意志力是强者制胜的法宝。

二、体育锤炼大学生意志品质的途径

体育课程在培养大学生的意志品质方面具有其他课程不可比拟的优势。体育教学具有较强的竞争性、规范性、实践性、集体性、普及性等特点。大学生充分利用体育活动中的困难因素和体育活动中所需的意志努力，可促进良好意志品质的形成。

（一）体育活动中的困难因素

体育活动本身所具有的特殊性，使得在体育活动中所表现出来的困难因素也具有特殊性。在体育活动中，困难包括内部困难和外部困难。内部困难是指与目标相冲突的、来自个体自身的障碍，又分为生理方面的困难和心理方面的困难。生理方面的困难有个体先天因素所造成的运动困难，如身高、体重、协调性、灵敏性等因素的不足，对进行某项运动造成一定程度上的困难；还有剧烈运动所造成的生理困难，如高强度的训练造成呼吸困难、运动后的氧耗剧增、乳酸堆积、耐力下降，使得运动者维持现有运动水平存在困难。心理方面的困难受生理方面的困难和外部困难的影响，如个体先天不足、能力有限，造成其缺乏信心、情绪低落等心理障碍；同时，学生还在学习和生活中面临自我价值实现的压力、被人认可的压力、竞争压力等心理问题，这些问题一旦处理不当，就会在一定程度上给学生造成心理障碍。外部困难是指来自外界的障碍。它又可分为"人化"障碍和"物化"障碍。"人化"障碍是由人为因素造成的障碍，如目标达成的速度、远度、高度等要求。"物化"障碍是由自然因素造成的障碍，如天气条件差、场地条件差等。通常，外部困难是通过内部困难而起作用的，二者是辩证统一的。因此，个体主观上不怕困难和危险，并能勇敢地战胜困难和危险，就是意志坚强的表现。

（二）体育活动中所需的意志努力

1. 克服生理非常态时的意志努力

非常态是相对于平时正常的生理状态而言的。它是指个体的心率、血压、肺通气量、肌肉的紧张度等指标都超过了正常值。这时，个体想要完成一定的运动任务，就必须付出更多的努力，特别是在极限强度运动中出现疲劳、肌肉酸痛，甚至是伤病时，就必须依靠意志努力克服机体的惰性和抑制现象来维持运动状态，如田径运动员、各种球类运动员、户外运动者在很多时候都处于这种状态。

2. 克服心理紧张的意志努力

在体育运动中，许多情况会造成心理紧张，如对手给自己的心理压力所造成的心理紧张，大运动量、高强度的训练任务所造成的心理紧张，高目标、高要求所造成的

心理紧张，等等。这就需要学生控制好情绪状态，自觉减轻心理压力，为此需要进行一定的意志努力。

3. 克服与危险有关的意志努力

体育活动中的许多项目存在一定的危险性，如体操中的单杠、双杠、跳箱、跳马等，水上项目中的游泳、跳水等，冰雪项目中的滑冰、滑雪等，同场对抗项目中的足球、篮球、散打等。体育项目所固有的危险性容易使学生产生胆怯、恐慌、困惑等消极情绪。要克服这些不良情绪，学生需要一定的意志努力。

4. 遵守纪律、规则的意志努力

俗话说："没有规矩，不成方圆。"体育中的"规矩"就是指体育教学中的纪律、体育比赛中的规则。纪律是体育教学的有力保证，规则是比赛的有力保障。这就要求每一个学生必须约束自己的言行，而约束过程本身需要学生意志努力的参与。

第三节　体育与公平竞争精神、规则意识

一、体育与公平竞争精神

（一）培养大学生公平竞争精神的意义

公平竞争精神是人生存与发展的重要素质。培养公平竞争精神既有个人生存价值，又有社会教育价值。从个人生存价值方面来看，竞争无处不在。一个人一旦缺乏公平竞争精神，就难以立足于社会。从社会教育价值方面来看，培养大学生的公平竞争精神既是教育的培养目标，也是提高教育效率的手段，既有目的价值，又有手段价值。其具体表现如下：第一，竞争可以激发大学生的原始动机和内驱力，促进大学生积极思考、勤奋学习、努力实践、探索创造；第二，竞争可以为大学生提供展示特长与个性、潜能与价值的机会或舞台；第三，竞争可以为大学生提供模拟的社会竞争环境，为其搭建从大学内部竞争到社会外部竞争、从仿真竞争到真实竞争实现"软着陆"的平台。

具备公平竞争精神是社会发展对现代人提出的基本要求。公平竞争精神是大学生必备的基本素质，这是由社会的发展所决定的。未来社会是一个竞争更加激烈的多元社会，这要求大学生必须形成适应社会发展的竞争意识。竞争有助于个人潜能的发挥和自身价值的实现，有助于个人适应社会，有助于培养全民族的竞争精神，从而推动社会进步。

（二）体育课程如何培养大学生的公平竞争精神

体育课程是公平竞争精神表现尤为突出的学科，也是培养大学生公平竞争精神的良好途径。竞争是体育固有的属性，是体育的强大生命力。体育竞争激励着人们利用体能、勇气、技术、智慧去奋勇拼搏、积极进取、大胆创新，为集体争取荣誉。公平竞争精神是竞技体育的内在要求。体育比赛的最大魅力在于竞争，更在于有规则的、

公正的、平等的竞争。

在体育教学中，教师要依靠体育所特有的竞争性，培养大学生的公平竞争精神。大学生可通过组织不同形式的体育比赛、体育游戏、体育知识竞赛等培养公平竞争意识和公平竞争精神，并将其迁移到日常生活、学习中。

二、体育与规则意识

（一）培养大学生规则意识的意义

规则是社会运行的基石，是社会有序运转、人与人和谐共处的基本条件，也是促进现代社会良性发展的基本条件。规则无处不在。任何社会个体与外界的交流都离不开规则的限制，不同的社会角色须遵守不同的规则。规则是任何活动有效进行的必要前提和基本保障。

规则意识是个人素质的重要方面，也是素质教育的重要组成部分。随着时代的发展，社会对人才的要求在不断提高且日趋多元化，但无论人才的标准如何变化，具备规则意识都是基本要求。未来社会将是极其讲究规则的社会。从长远来看，在遵守规则的基础上，大学生可以更好地适应社会发展。因此，大学生的规则意识及执行规则的能力是其适应社会发展极其重要的前提，也是大学生学习、生活的基础与保证，有利于大学生顺利地成长为对社会有用的人才。

崇高的信念和高尚的道德情操教育必须建立在大学生基本的社会规则意识的基础之上。因此，在实施素质教育的过程中，学校的德育改革应将规则意识作为基本价值理念，将学生规则意识的养成作为基本目标。这既是社会发展对人才的迫切要求，也是促进学校乃至整个社会良性运行、和谐发展的现实要求。

（二）体育课程如何培养大学生的规则意识

在现代社会中，大学生的社会适应能力越来越受到教育者的关注。大学生可以通过多种途径提高自己的社会适应能力，体育课程学习便是其中较为重要的途径之一。社会适应能力涵盖的内容非常广泛，包括建立和谐的人际关系、学会尊重与关心他人、理解不同角色的任务、识别体育中的不道德行为、关心体育与健康问题等。任何体育项目的顺利开展均建立在参与者遵守比赛规则的前提下，因此体育对大学生规则意识的培养有着得天独厚的优势。

规则意识是不可能自然形成的，要依靠后天的教育与培养，而学校教育是诸多教育途径中极为重要的一环。体育的特性决定了与体育有关的活动均与规则相关联，加上体育课程在教学内容和教学目标上接近规则意识教育的要求，因此体育课程便成为规则意识教育的重要渠道之一。在体育课程中，大学生通过严格遵守各项运动规则，将建立起的规则意识逐渐迁移到日常的生活和学习之中，从而养成遵守规章制度和法律法规的良好习惯。个人在大学时代具备了遵守规则的强烈意识，将会对其形成终身遵守规则的意识和行为起到促进作用。

体育课程中规则意识的培养主要体现在以下两个方面。

1. 体育课堂常规

体育课堂常规的制定是培养大学生良好的思想作风，对大学生进行文明礼仪教

育、组织纪律教育和安全教育的重要途径。通过体育课堂常规的贯彻落实，如严格执行考勤、考核制度，加强组织纪律，大学生可以逐步形成遵守规章制度、热爱集体等良好的思想道德品质。体育课堂蕴含着规则教育的因素，体育课堂常规对提升体育教学效果和加强大学生思想品德教育的作用不可忽视。

2. 体育比赛规则和体育游戏规则

任何一个运动项目都有其详细的规则，从一个简单的体育游戏、非正规比赛、半正规比赛到正规比赛、职业化比赛，都有不同的规则，并且体育运动对遵守规则的要求很严格。体育比赛规则是保证体育比赛顺利进行的前提。大学生只有掌握规则、遵守规则，才能进行正常的体育比赛活动，才能感受体育的魅力，享受体育带来的乐趣。

体育活动是在一定的规则约束下和裁判人员的监督下进行的。这个过程具有严肃性、制约性、公正性、权威性，要求所有参加者必须严格遵守与服从规则。在体育比赛或体育游戏中加强规则意识教育，不仅能培养大学生诚实守纪、热爱集体、关心他人等优秀品质，还能潜移默化地使大学生树立良好的规则意识。

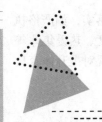

第二章　体育与健康

第一节　体育概述

一、体育的概念

现在国际上普遍用physical education泛指体育。physical一般被理解为物理的或物理机体的。事实上，physical一词的内涵极为宽泛，其词根来源于古希腊语中的physis，指"依靠自己的力量而成长的东西"，即"天生的""自然而然的"。因此，physical education的本源性词义是依据人之自然而然的生命力量而进行的教育，在这个层面上，体育的教育性与运动性得到了统一。

据世界体育资料记载，"体育"一词最早出现在1760年法国的报刊上，用于论述儿童的身体教育问题。1762年，卢梭的《爱弥儿》一书出版。他使用"体育"一词来描述对爱弥儿进行身体的养护、培养和训练等身体教育过程。"体育"一词也由此在世界各国流传开来。由此可知，"体育"一词源自"教育"一词，它最早是指教育体系中的一个专门领域。

在古希腊，游戏、角力、体操等曾被列为教育内容。17—18世纪，西方国家在教育课程中加入了打猎、游泳、爬山、赛跑等活动，只是这些活动尚无统一的名称。18世纪末，德国的古茨穆茨把一些身体活动综合为一个完整的体系——教育体操。1828年，英国教育家托马斯·阿诺德第一次把体育列为他本人所创建的橄榄球学校的教学课程，把原来在学校中开展的各种身体活动作为教育内容，并提出"体育是以身体活动为手段的教育"这一概念。于是，在相当长的一段时期内，"体操"和"体育"两个词并存，概念混淆不清。随着人们对体育的认知不断加深，"体育"的概念最终被确定下来，而"体操"仅仅作为一个运动项目被保留下来。

中国体育历史悠久，中国古代虽无"体育"一词，实际上却拥有丰富多彩的体育活动，如蹴鞠、捶丸、木射、导引、五禽戏等。1903年，在上海发行的《政艺通报》曾刊登《无锡体育会简章》。《政艺通报》由此成为我国最早使用"体育"一词的刊物。1906年，我国在上海成立了最早的体育团体——沪西士商体育会。1907年，我国著名女革命家秋瑾在绍兴创办了体育会。辛亥革命以后，"体育"一词在我国普遍传播开来。中华人民共和国成立以后，人们将"体育"和"体育运动"这些词作为体育的总概念或第一位概念。

"体育"一词在含义上也有一个演化过程。它刚传入中国时，是指身体的教育，

是作为教育的一部分出现的，是一种与维持和发展身体的各种活动有关联的教育过程，与国际上理解的"体育"是一致的。随着社会的进步和体育事业的不断发展，其目的和内容都大大超出了原来"体育"的范畴。

体育是人们根据生产和生活的需要，遵循人体身心的发展规律，以身体练习为基本手段，为增强体质、提高运动技术水平、进行思想品德教育、丰富社会文化生活而进行的一种有目的、有意识、有组织的社会活动，是伴随人类社会的发展而逐步建立和发展起来的一个专门的科学领域。

随着社会政治、经济、文化等各方面的发展，体育的概念有了广义和狭义之分。

广义的体育是指以身体练习为基本手段，以增强人的体质、促进人的全面发展、丰富人们的社会文化生活和促进精神文明建设为目的的一种有意识、有组织的社会活动。它是社会文化的一部分，其发展受一定的社会政治和经济的影响，并为一定的社会政治和经济服务。

狭义的体育是指人们发展身体，增强体质，传授锻炼身体的知识、技能，培养道德和意志品质的教育过程，是对人体进行培育和塑造的过程。它是教育的重要组成部分，是培养全面发展的人的一个重要方面。

随着国际交往的不断深入，体育事业的发展规模和发展水平已成为衡量一个国家综合实力和现代化程度的重要标志，体育也成为国际交流的重要手段。

二、体育的起源与发展

作为一种社会现象，体育是随着人类社会的产生与发展而出现和演进的。在人类社会漫长的历史进程中，体育也像其他事物一样，经历了由萌生到发展再到不断完善的过程，并且与整个社会保持着密切联系。因此，我们要研究体育的起源与发展，就必须将它置于人类社会发展的进程之中。

（一）体育的起源

人类社会任何事物的产生与发展都是以社会需要为基本依据的。体育的产生可追溯到原始社会，那时人类已经产生了对体育的原始需要。世界上很多专家对体育的起源问题进行了研究，并积累了许多宝贵的资料，因此也对体育产生了不同的认识。一种观点认为，劳动是体育产生的唯一源泉，是人类全部生活和活动的基础，体育也应以劳动为基础；另一种观点认为，体育的产生是多源的，体育产生于社会生产活动的需要和人类生理活动、心理活动的需要。就体育产生的动因而言，人类对体育的需要除了基于劳动需要以外，还基于适应环境的需要、对抗外来袭扰的防卫需要、同疾病进行斗争的生存需要，以及表达和抒发情感的需要等。综上所述，体育作为人类有目的、有意识的一种社会活动，是人类为了适应社会的需要，以及满足人类本身生理和心理的需要而产生的。

（二）体育的发展

在原始社会，人们为了生存，把传授生产和生活方面的技能作为教育后代的主要内容，其中的身体活动是早期体育活动的萌芽。在原始社会后期，由于社会生产力的发展，人们除了从事生产活动外，还有了一些闲暇，生活内容也更为丰富，人们向儿童传授生产和生活技能的机会增多了。当他们以追逐、跳跃、攀登、投射、游泳、角力等作为游戏和练习手段，有意识、有目的地发展儿童身体的时候，具有体育意识的活动（早期的体育）就开始萌芽了。私有制的出现瓦解了原始社会，奴隶制的产生给社会带来了重大变化——学校产生了，这使教育（包括体育）作为一种独立形态从其他意识形态中分离出来。自从教育形成独立形态后，体育始终是教育的主要内容，但这时的体育已不再是简单地为人类生存服务的生活技能教育。与萌芽时期的体育相比，形成独立形态的体育体现了较强的教育性和阶级性，它的竞技性、健身性和娱乐性也强于萌芽时期的体育。工业革命后，随着蒸汽机的广泛应用，社会生产力飞速发展，体育也随着经济的发展逐渐形成了自身的科学体系。后来，各国出于强国强民的需要开始重视体育，如欧洲各国纷纷推广体操等。通常，我们把具备了一定科学性和竞技性的体育称为现代体育。现代体育发展至今已有一百多年的历史。未来的体育将进一步朝着国际化、社会化、科学化、多样化和终身化的方向发展。

三、体育的功能

（一）体育的生物功能

1. 健身和健心功能

体育通过各种身体活动，对人体产生全面而深刻的影响，引起个体生理、心理上的一系列变化，有利于增强人的体质。体育的健身和健心功能表现如下。

（1）提高中枢神经系统的工作能力。

（2）改善人体机能。

（3）促进人体的生长发育，提高人的身体素质。

（4）提高人的适应能力。

（5）调节心理，使人朝气蓬勃、充满活力。

2. 审美功能

体育锻炼在培养人的健康美、形体美、姿态美和动作美的同时，也培养人的气质美和风度美。竞技体育紧张、激烈的场面，运动员高超、精湛的技术及其顽强拼搏的精神，都会使人们感到震撼，使人们在欣赏比赛的过程中得到美的体验。在运动员获得奖牌、登上领奖台，国旗冉冉升起、国歌奏响之际，不论是运动员还是观众，都会产生爱国之情。另外，体育还以各种艺术形式（如体育雕塑、体育摄影等）带给人们美的享受。

3. 保健功能

体育对预防疾病、延缓衰老具有良好的作用。实践证明，经常练习太极拳、健身气功、保健操等，对预防高血压、心脏病、动脉硬化、胃下垂、肝病、肺病等有良好的效果。体育运动还能提高人体免疫力，使人健康长寿。

（二）体育的社会功能

1. 政治功能

体育竞赛（特别是奥运会等大型国际竞赛）的影响力之大、输送信息之明确、产生效应之迅速是其他活动难以相比的。国际体育比赛结果直接关系着国家的荣誉。另

外，在国际比赛中，运动员往往被视为国家的代表。各国运动员通过场上交流和场下的广泛接触，展示各自的风采，加深与他国人民的友谊。

现代体育工作者被人们誉为"穿着运动衣的外交家""和平使者"和"外交先行官"。1971年的"乒乓外交"事件推动了中美两国关系的发展。在1984年洛杉矶奥运会上，中国体育代表团实现了奥运金牌"零"的突破，并一举夺得15枚金牌，为祖国赢得了荣誉。中华健儿的出色表现改变了人们对中国旧有的认识，世界开始重新认识中国。由此可见，体育竞赛的意义非凡，影响深远。

2. 经济功能

体育的发展依赖于经济的发展，同时又对经济的发展起到促进作用。体育提高了劳动质量，使劳动者身体健康、体力充沛，从而提高了劳动生产力。劳动生产力的提高是社会经济发展的重要标志。体育可以促进国民经济的增长，其中一种直接表现就是通过举办大型体育比赛可以获取经济利益，具体途径包括有偿转让体育赛事转播权、售卖门票、纪念品，发行彩票、纪念币，引入商业赞助，等等。体育能促进相关产业的发展，如体育产业的发展能带动运动器材、运动康复等产业的发展。另外，承办重大国际比赛还可以推动赛事举办地通信、旅游、餐饮等行业的发展。

3. 教育功能

体育的教育功能是其最早和最基本的功能。体育最原始的形式来源于教育。在原始社会，人类为了生存，必须学会通过准确地投掷石块来猎取鸟兽为食和抵御袭击，必须要发展跑、跳跃、攀爬等能力。原始人类是通过"身体教育"的形式掌握生存所必需的本领的。这就是原始的教育及教育中的体育，也是体育原始的教育功能的体现。

体育是现代教育的组成部分，是学校培养全面发展人才的重要内容和手段。体育具有群众性、国际性、技艺性和礼仪性，在激发人们的爱国热情、振奋民族精神和培养青少年优良品质方面具有特殊的作用。体育的国际性不仅扩大了体育本身的活动范围，还使体育竞技比赛扩大到国与国之间，使这种竞赛超越了体育本身的价值，扩大了体育所产生的社会影响力，增强了体育的教育作用。

4. 娱乐功能

体育是现代人们余暇生活的一个重要组成部分，具有丰富社会文化生活、满足人们精神需要的作用。人们通过参加自己喜欢的体育活动，在完成各种复杂动作的身体活动过程中，在与同伴的默契配合中，在与对手斗智斗勇的拼搏过程中，获得愉悦感，满足心理需要和生理需要。例如，跑步能磨炼意志、改善睡眠、减脂健身、增强心肺功能；打球能使人机智灵活、豁达合群。另外，人们在工作、学习之余观看各种精彩的体育比赛，可以从中获得愉悦的精神享受，并受到教育和激励。

5. 促进个体社会化功能

个体的社会化是指生物的人转变为社会的人的过程。体育运动是一种有章可循、有统一规则、有一定约束力、有组织的社会活动，能够对青少年的规则意识起到很好的强化作用。在体育运动中，特别是在体育竞赛中，人与人之间、个人与集体之间、集体与集体之间会发生频繁而激烈的思想和行为上的交锋，这有利于培养体育运动参与者处理各种人际关系的能力。由此可见，体育是促进个体社会化的一种有效手段。

6. 社会感性功能

感性指人情感丰富，能对他人的遭遇感同身受，感受力很强，能体会到他人情感的变化。在观看体育竞赛时，运动员的场上表现、比赛的激烈程度、比赛的结果等都能使人产生强烈的情感，从而丰富人们的情感体验，增强其感受力。

总之，体育对社会的物质文明建设和精神文明建设都有着积极的作用，对促进人的发展具有多种功能。

第二节　健康概述

一、健康的定义

1948 年，世界卫生组织提出，健康不仅为疾病或羸弱之消除，而系体格、精神与社会之完全健康状态。后来，又有学者对健康的定义进行了补充，加上了道德健康，即一个人只有身体健康、心理健康、社会适应良好、道德健康，才算是完全健康的人。

二、健康的多维观

随着社会的发展和科学技术的进步，人们突破了固有的思维模式，对健康的概念不断产生新的认识。从世界卫生组织对健康的定义来看，人们对健康的评价已经不再局限于医学、生物学的范畴，而是扩大到了心理学和社会学的范畴。传统健康观认为身体无病即健康，现代健康观则更加关注整体健康。

（一）三维健康观

三维健康观是 1948 年世界卫生组织对健康定义的体现，强调从生理、心理和社会三个方面来评价人的生命状态。其中，每个方面均包含健康和疾病两极。

（二）健康五要素

美利坚大学的国家健康中心提出了健康的五要素，即身体、情绪、智力、精神、社交，并认为这五个方面都健康，才称得上是真正的健康，或者称为完美状态。

1. 身体健康

身体健康不仅指身体无疾病，还指个体具有良好的体能。良好的体能能够使人有足够的能量满足生活需要和完成各种活动任务。具备良好的体能，有助于个体预防疾病、促进健康和提高生活质量。

2. 情绪健康

情绪涉及个体对自己的感受和对他人的感受。情绪健康的主要评价指标是情绪的稳定性。情绪的稳定性是指人的情绪状态随外界（或内部）条件变化而产生波动的情况。个体在生活中偶尔情绪高涨或情绪低落均属正常现象，关键是在生活中的大部分时间要保持情绪稳定。

3. 智力健康

智力健康是指人在长期的学习和生活中，其大脑始终处于活跃状态。我们可以采

用很多方法使大脑活跃、思维敏捷，如学习、参加体育运动等。努力学习和参加体育运动还能使人有成就感和满足感。

4. 精神健康

精神健康是指个体具备理解生活基本目的的能力，以及关心和尊重所有生命体的能力。

5. 社交健康

社交健康是指个体在与他人及社会环境相互作用的过程中所具有的和谐的人际关系和胜任社会角色的能力。社交健康能够使人在交往中有自信心和安全感，也会使人少生烦恼，心情舒畅。

三、健康的评判标准——"五快三良好"

1999 年，世界卫生组织针对人体健康问题提出了一个易记又便于理解的标准，即"五快三良好"。

（一）"五快"

"五快"（身体健康的标准）是指快食、快眠、快便、快语、快行。

快食是指胃口好，不挑食，不偏食，不狼吞虎咽；快眠是指入睡快，睡眠质量高，睡醒后精神饱满；快便是指大小便通畅，便时无痛苦，便后感觉舒适；快语是指思维敏捷，说话流利，口齿清晰，表达准确；快行是指行动自如，步伐轻快敏捷。

（二）"三良好"

"三良好"（心理健康的标准）是指良好的个性、良好的处世能力、良好的人际关系。

良好的个性是指心地善良，乐观宽容，为人谦和，正直无私，情绪稳定；良好的处世能力是指能够客观现实地观察事物，有良好的自控能力，能较好地适应复杂的环境变化；良好的人际关系是指乐于助人，与人为善。

四、健康的重要性

保持健康的体魄，是做其他事情的前提。健康无论对于个人还是对于社会，都十分重要。健康是人全面发展的基础。青少年的健康是全民族健康的基础，不仅关系到千家万户的幸福，还关系到国家与民族的未来。

（一）健康既是学校教育的前提，又是学校教育的首要目标

健康是学校教育的前提。学校教育的对象是学生。那些经常因病缺课、因情绪障碍而滋生事端，或者因营养不良而长期精神倦怠的学生很难高效率地学习。因此，学校教育应注重提高学生的健康水平，以便顺利开展教育活动。

学校教育在人生教育中起着重要作用。学校可以有计划、有目的地安排好各项教育活动。高校提倡受教育者在德育、智育、体育、美育等方面全面发展，这几个方面既相互联系、相辅相成，又各有其特定的含义和任务。其中，体育担负着提高学生健康水平的重要任务，是学校教育的重要组成部分。

（二）健康是人们享受高质量生活的基础和前提条件

生命的意义在于自我维持、自我成长、自我认知、自我超越等。拥有健康，有助于个体提高生活质量、提高在社会生活中的地位及在社会生活中发挥重要作用，使自我价值得到最大程度的发挥，从而更好地奉献社会。一个人身体健康，精神饱满，具有良好的社会适应能力，才有机会享受高质量的生活，更好地实现自己的理想。

（三）健康是社会发展的基本标志和潜在动力

一方面，健康受多种社会因素的影响，如社会制度、经济状况、文化教育等。在一个社会安定有序、人民安居乐业、经济快速发展及文化教育先进的环境中，人们的健康水平无疑会得到极大提高。另一方面，健康是社会发展的基本标志。居民身心健康，社会适应能力良好，生活幸福，说明国家经济社会发展已达到一定程度，是民族昌盛和国家富强的重要标志。

在充满竞争与挑战的现代社会中，高素质人才是一个国家可持续发展的战略资源。所谓高素质人才，就是指德智体美劳全面发展的合格人才。健康的体质是思想道德素质和科学文化素质的物质基础，也是高素质人才成才的物质基础。拥有健康的、高素质的国民是社会发展的潜在动力。

（四）健康是社会发展的基本目标

1978年的《阿拉木图宣言》指出，健康是基本人权，达到尽可能高的健康水平是世界范围的一项最重要的社会性目标。1988年，世界卫生组织总干事马勒一针见血地指出，必须让人们认识到，健康并不代表一切，但失去健康，便丧失了一切。由此可见，追求健康不仅是人人享有的基本人权，还是社会发展的基本目标。树立正确的健康观念，要求大学生从基本人权和社会发展基本目标的高度认识健康的重要性，理解健康的内在价值，真正树立"健康第一"的思想。

五、维护和促进学生健康的措施

2000年，世界卫生组织总干事布伦特兰在第5届全球健康促进大会上对健康促进进行了解释：健康促进就是使人们尽一切可能让他们的精神和身体保持最优状态，旨在使人们知道如何保持健康，在健康的生活方式下生活，并有能力做出健康的选择。生活方式的改变会使人们提高健康认知水平，改变不良行为习惯和创造健康支持性环境。

世界卫生组织提出的健康的四大基石是合理膳食、适量运动、戒烟限酒、心理平衡。为维护和促进学生健康，学校应以"健康第一"为指导思想，以改善学生的学习和生活环境、增强其体质、提高其健康素质为目标；以开展各种健康促进活动为载体，以干预和控制影响学生健康的不利因素、倡导文明健康的生活方式为重点，努力促进学校环境健康、学生身心健康，提高学校卫生水平和学生健康水平，为学生创造安全、健康和适宜发展的环境，以实现学生的身心健康与和谐发展。

第三节　健康生活方式的养成

　　健康的生活方式不仅能促进人的身心健康，还能对人的发展起到间接的帮助作用。

　　大学生精力旺盛，且处于长身体、长知识的阶段。为了达到身心健康的目的，大学生应该养成健康的生活方式。

一、规律的生活作息制度

　　人的生活要有规律，否则就会打乱生理节奏。生理节奏一旦被打乱，人体各器官就会处于疲于应付的紧张状态。久而久之，身体就会受到损害，甚至引发各种疾病。

　　大学生可以灵活支配的时间较多。每天从起床开始，对于一天中的晨练、学习、休息、文体活动等，大学生都有很大的自主权，完全可以有规律、有节奏地安排好自己的作息时间。大学生要学会自我控制，规律作息，养成良好的生活方式；否则，不仅容易养成生活懒散、粗心大意等不良习性，还不利于保持健康。

二、积极的休息和睡眠

　　积极的休息是指通过变换工作和活动的方式，协调机体各个部位的活动及大脑皮质的兴奋和抑制的转换过程，从而使机体保持动态平衡并使大脑得到休息。与之相反，消极的休息则以静态为主，或坐或卧。充足的睡眠能消除机体的疲劳，增加机体对各种紧张刺激的耐受程度，增进食欲，提高个体抵抗疾病的能力，从而使个体有充沛的精力迎接挑战。

　　休息的方式因人、因时、因地而异。例如，参加体力劳动之后，个体最好采用文娱活动的形式进行放松，如听音乐、看电影等；参加脑力劳动之后，个体可通过一些体育活动进行放松，如打篮球、游泳等。

三、合理营养和平衡膳食

　　营养与人类健康有着密切的关系。合理营养是维护健康的物质条件和前提；相反，营养失调则会引发多种疾病。例如，由于各种原因，机体长期缺乏某种营养素，易造成代谢紊乱并引发营养缺乏症；或者当个体摄入的某种营养素超过机体的需要时，过多的营养素储存在体内，易造成代谢紊乱并引发营养过剩病。很多疾病与膳食不合理密切相关。

　　合理营养的关键是平衡膳食。平衡膳食主要是指膳食所含营养素（蛋白质、碳水化合物、脂类、维生素、无机盐、水和膳食纤维）的数量充足、种类齐全、比例适当，并且满足机体的生理需要。

四、科学锻炼身体

科学锻炼身体可以促进人体生长发育，提高人体的适应能力和抵抗疾病的能力，延缓衰老，延长寿命，并且可以丰富人们的生活，调节人们的心情。大学生在进行体育锻炼时要遵循人体运动的基本规律，采用合理的体育锻炼方法增进健康。

五、避免吸烟和被动吸烟

吸烟是严重危害人类健康的不良行为之一。目前，人们更加深刻地认识到吸烟的危害和健康的重要性，不吸烟、拒绝吸"二手烟"正在成为主流趋势。大学生首先应从自身做起，做到不吸烟；已经养成吸烟习惯的大学生应少吸烟或尽量戒烟。

六、严禁酗酒和滥用药物

在日常生活中，饮酒是一种十分常见的社会行为或某些人的生活习惯。一些人认为，少量饮酒是不会对身体健康造成影响的。殊不知，少量饮酒也会使人体对酒精产生依赖性。饮酒会给大学生的身体健康带来危害，从而影响其学习和生活。

酗酒是指无节制地饮酒，是一种影响自身健康、能使人不同程度地降低甚至丧失自控能力的异常行为。大学生严禁酗酒。

除了酗酒，滥用药物也是危害身体健康的不良行为。大学生不应滥用药物，应遵医嘱使用药物。

七、避免不洁性行为

性传播疾病是指以性接触作为主要传播方式的一类疾病的总称。

大学生应了解性传播疾病对个人、家庭和社会的危害，也要认识到性传播疾病是可以预防的。大学生要加强自身修养，洁身自好，避免不洁性行为，并要学习性生理知识和性卫生知识，培养健康的性心理。

八、及时调节情绪

从生物－心理－社会医学模式的角度看，不良心理因素会从多方面、多渠道对人类健康产生各种各样的危害。

大学生在平时就要从心理上建立并强化预防疾病的意识，掌握预防疾病的主动权，规范自己的言语和行为。大学生要树立正确的人生观，从而保持心理平衡，维系良性心理及生理功能，避免或消除一些心理疾患。在言语和行为上，大学生要注意情绪对人格、形象、健康等方面及对他人的作用及影响。每个人都要自尊、自爱和自重，做一个心理健康的人，真正掌握预防疾病的主动权。此外，大学生还要加强自身修养，控制好自己的情绪。

在日常生活中，大学生在产生诸如焦虑、困惑、迷惘等情绪时，应及时利用多种方法和手段去调节和排解这些不良情绪。

九、学会幽默

幽默能使人放松紧张的精神，释放压抑的情绪，从而避免不良情绪对人体的刺激和干扰，并且有助于消除大脑疲劳。因此，培养幽默的能力，学会用幽默的方式对待烦恼，可保持和增进健康。

十、及时进行心理咨询

心理咨询是指由心理学家或有相关执业资格的咨询人员对咨询者进行各种心理方面的帮助，对他们在学习、生活或社会交往过程中所遇到的各种心理卫生问题给予解答，并提出解决的办法和建议的过程。心理咨询不同于一般的安慰，它不但可以缓解人的不良情绪，而且可以使人成长。这里的成长是指通过心理咨询，咨询者提高心理素质，认清问题的本质，做到心理平衡。由此可以看出，心理咨询的过程是使个人将不愉快的经历转化为自我成长的经验的过程。

每个人可能都会在某个时期产生心理卫生问题。因此，大学生一旦意识到自己有了心理卫生问题，一定要及时进行心理咨询。

体育思政课堂

2017年1月18日，习近平在奥林匹克博物馆会见国际奥委会主席巴赫时强调，"我们将以北京冬季奥运会为契机，把竞技体育搞得更好、更快、更高、更强，同时大力发展群众体育，通过全民健身实现全民健康，进而实现全面小康目标"。学校体育是全民健身的重要组成部分。发展学校体育关键是要注重增进学生体质健康。学生身心健康关系着学校体育教学目标的实现。通过体育学习建立一种健康的生活方式，学生能够终生受益。

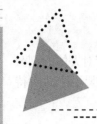

第三章　科学体育锻炼

第一节　体育锻炼的益处和风险

一、体育锻炼的益处

（一）体育锻炼与生理健康

1.体育锻炼有助于促进运动系统的发展

运动系统是大学生正常生活、学习和运动不可缺少的系统。运动生理学研究表明，大学生经常进行体育锻炼有助于骨骼的生长和发育；有助于提高关节的灵活性，增大动作的幅度；有助于增大肌肉的体积，增强肌肉的力量。

一个人的身高主要与其骨骼的发育水平有关。大学生在经历了青春期较快的发育后，其骨骼进入了缓慢发育阶段，但骨化过程尚未结束，其身高仍具有一定的可塑性。经常参加体育锻炼有利于促进人体的新陈代谢，使骨骼的新陈代谢活动加强、血液供应充足、骨细胞生长能力提高，从而使骨的长度增加、骨密质增大，使骨变粗，骨组织的排列更加整齐而有规律、机械稳定性加强。影响身高的因素除体育锻炼之外，还有营养、作息、遗传、卫生等因素。

关节是构成人体形态、连接骨骼的组织结构。经常参加体育锻炼可使韧带和肌腱的柔韧性、力量增强，使关节的灵活性加强、活动范围扩大，从而使动作舒展大方、优美协调。

肌肉是人体运动的动力组织，也是健美形体的外在组成部分。大学生肌肉的发展特点是肌纤维由纵向发展转向横向发展。在体育锻炼中，肌肉的不断伸缩可使肌球蛋白数量不断增加、肌肉储存水分的能力不断提高，进而促进肌肉的氧化反应；可使肌纤维的供能中心——线粒体的数量增加，使人体不易疲劳；可使肌肉结缔组织增厚，使肌纤维的数量增加、横断面增大，使肌肉的力量增强，使肌肉更结实、饱满。研究表明，长期坚持体育锻炼，人体肌肉的质量可由占体重的40%（女性约占35%）左右提高到占体重的50%左右，进而明显地改善身体的形态。

2.体育锻炼有助于提高心血管系统的机能

人体的心血管系统是由心脏和血管组成的血液循环管道。它担负着人体新陈代谢过程中的运输任务。心脏是血液循环的总动力中心。

长期进行体育锻炼，可使心脏毛细血管开放的数量增加，心肌的血液供应和新陈

代谢加快，心肌中蛋白质和糖原的储备量增加，心肌纤维变粗，心肌增厚，心脏的形态发生良性变化。随着心肌收缩力量的增强，心脏容积得以增加，心输出量也相应增加。一般情况下，正常成年人安静时心率为 60 ～ 100 次 / 分，而经常锻炼者的心率可降低至 50 ～ 60 次 / 分。这些变化是心血管系统机能增强的表现。

此外，体育锻炼还会影响血管壁的结构，使血管在器官中的分布状态发生良性改变，使冠状动脉口径变大、心肌毛细血管的数量增加。因此，体育锻炼对预防心血管疾病、保护心脏的健康具有一定的作用。

3. 体育锻炼有助于提高呼吸系统的机能

人体的呼吸系统由呼吸道（包括鼻、咽、喉、气管、支气管等）和肺组成。呼吸道是呼吸时气体的通道，肺是机体内进行气体交换的场所。大学生的肺部发育迅速，呼吸肌力量逐渐加强，肺活量已达到较高水平，呼吸系统已经达到健全程度。

经常参加体育锻炼可使呼吸系统的机能得到改善。体育锻炼可以使肺组织保持弹性，扩大胸廓的活动范围，使呼吸深度加大、肺活量增加。经常参加体育锻炼还可以使呼吸系统的通气和换气功能增强。健康成年人在静息状态下的呼吸频率为 16 ～ 20 次 / 分，肺通气量为 6 ～ 8 升，而经常锻炼者的呼吸频率保持在 8 ～ 10 次 / 分就可以达到同样的肺通气量。在定量工作时，经常锻炼者的呼吸机能还表现出节省化现象，即呼吸系统能够较长时间地保持高效率工作，以满足较大运动负荷对呼吸系统的要求。

（二）体育锻炼与心理健康

1. 体育锻炼有助于改善情绪

在繁重的学习压力下，有些大学生会出现忧愁、紧张、压抑等情绪。参加体育锻炼有助于改善个体的不良情绪，原因是体育锻炼能够提高人的情绪唤醒水平（一个人情绪兴奋的水平）。运动负荷达到一定程度后，就会使人的情绪唤醒水平提高，使人精神振奋、乐观自信、充满活力。

2. 体育锻炼有助于培养坚强的意志品质

坚强的意志品质既能在个体克服困难的过程中表现出来，又能在个体克服困难的过程中培养。人们在体育锻炼的过程中需要不断克服各种客观困难（如气候条件变化、动作难度加大、运动损伤等）和主观困难（如惰性、胆怯、疲劳等）。坚持体育锻炼有助于培养大学生坚强的意志品质，并促使他们将这种意志品质迁移到生活、学习中。

3. 体育锻炼有助于预防和辅助治疗心理疾病

社会竞争的日趋激烈和生活压力的增大可能会使某些人产生悲观、失落的情绪，进而导致抑郁、焦虑等各种心理问题的产生。掌握一些运动技能和技巧，个体会以自我反馈的方式将成就信息传递至大脑，从而获得自我成就的认知和情感体验，产生积极情绪。因此，适宜的体育锻炼能使有心理障碍的个体获得心理满足感，使其产生成就感，从而增强其自信心，使其摆脱压抑、悲观等消极情绪并消除心理障碍。

（三）体育锻炼与社会适应能力

体育锻炼对提高人的社会适应能力具有重要的作用，这是由体育锻炼的社会特性所决定的。人们在体育锻炼时，既会交往与合作，又会相互竞争。人们将这种在体育锻炼过程中形成的交往、合作、竞争的意识与行为迁移到日常的生活、学习和工作中，可以有效地提高自己的社会适应能力。

1. 体育锻炼有助于建立和维护社会人际关系

人际交往是指在社会活动中，人与人之间进行信息交流和情感沟通的联系过程。体育锻炼能增加人与人接触和交往的机会。参加体育锻炼，可以使人忘却烦恼和痛苦，消除孤独感，并逐渐形成与人交往的意识和习惯。研究表明，性格外向者的社会交往需要比性格内向者的社会交往需要更强烈。这种需要可通过参加集体性的体育活动得到满足。性格内向者更应该参与集体性体育活动，从而增加人际交往，使自己变得更开朗。

研究表明，个体坚持体育锻炼的一个重要动机是与他人交往或参与群体活动。个体参与群体活动可增强其群体认同感，提高其社会化程度。坚持体育锻炼者比中途退出者更易与他人建立亲密关系。

由此可见，体育锻炼能促进人的社会交往活动，同时，体育活动的社会交往特性又吸引着人们参与其中并坚持下去。

2. 体育锻炼有助于培养合作精神

合作能力是体育活动者应具备的基本能力，也是通过体育活动能够提高的一种能力。参加体育活动，特别是集体性体育活动，离不开合作。例如，小到百米赛跑，需要运动员与教练的合作；大到一场足球比赛，需要场上 11 人的合作，以及运动员与教练员的合作。合作不但有利于实现集体的目标，而且能使个体的价值得到充分发挥。

合作是建立在团体成员对团体目标认识相同的基础上的。在合作的社会情境中，个体所得有助于团体所得。合作的优越性体现在个体与他人一起工作时能够获得更多的社会效益。在完成一些团体成员之间相互依赖性高的任务（如足球比赛、篮球比赛）时，合作会使工作效率变得更高。团体要想获得成功，团体成员就必须相互协作、共同努力。

经常参加体育锻炼，特别是参加集体性体育活动，有助于增强合作意识，培养合作精神。

3. 体育锻炼有助于形成竞争意识

竞争是指个体为了自己的利益和需要而与他人争胜的行为。竞争能力是社会发展对现代人提出的基本要求。一般而言，在完成要求独立性的任务时，竞争有优越性。这样的任务对成员间相互协作的要求不是很高，个体的活动目标不是击败他人，而是获得任务的成功。现代社会的竞争日益激烈，努力培养竞争意识和竞争能力有助于大学生更好地适应社会。

竞争是体育运动的主要特征之一。"更快、更高、更强——更团结"的奥林匹克格言体现了竞争性。体育运动过程中充满竞争，这既有个体对自己运动能力的挑战，又有个体与他人的竞争；既有人与人之间的竞争，又有团体与团体之间的竞争。

需要注意的是，个体在运动中与他人竞争时，要有良好的体育道德，要遵守一定的规则，主要靠自己的能力争胜，而不是通过伤害他人或不公平竞争来达到目的。大学生要通过参与竞争来培养积极进取、顽强拼搏、团结合作的精神。

二、体育锻炼的风险

体育锻炼虽然有许多益处，但是也存在一些潜在的风险。体育锻炼的风险是影响大学生体育安全的潜在因素，包括在体育活动的整个过程中对大学生生理、心理等方面的负面影响。体育锻炼的风险不仅包括大学生在参加体育活动时所处的环境和所用的体育器械、设备不符合要求，大学生的身体受到伤害，生命健康受到威胁，还包括大学生在整个体育活动过程中一直处于郁郁寡欢的环境中，易受到来自外界环境因素的干扰及可能遇到危险的情况。

（一）不同体育项目中潜在的风险

1. 田径项目

田径项目具有广泛的群众性、激烈的竞争性、严格的技术性、能力的多样性等特点。田径项目多，田径场地构成复杂且排列紧凑。更为重要的是，部分学校的田径场地同时用于其他体育活动。田径场地的复杂性和器材的多样性构成了体育伤害事故发生的潜在风险因素。田径项目中的跳、投技术对人的各项身体素质要求较高，其潜在的风险明显高于走、跑技术。这就要求大学生对一些安全隐患具有预见性，这样才可能将田径项目中的潜在风险降到最低程度。

2. 球类项目

球类项目是一种技战术复杂多变、身体对抗性较强的运动项目。球类项目的运动场地、器材、设备的安全问题是体育伤害事故发生的重要因素之一。运动场地不平整、器材老化、设备维护不到位等都会成为大学生参加体育运动的安全隐患，由此产生的伤害一般比较严重。

对抗性和竞争性是球类项目的两大重要特点。大学生的过度兴奋和争强好胜的心理常常是造成伤害事故的重要隐患。大学生在参加球类项目前，要充分了解球类项目的运动特点，有效地控制自己的情绪与行为，最大限度地避免球类项目伤亡事件的发生。

3. 武术与体操项目

武术是中国传统体育项目，既有相击形式的搏斗运动，又有舞练形式的套路运动。在进行这些体育活动时，部分大学生的恐惧心理比较突出，若没有进行科学、合理的动作安排，发生伤害事故的可能性就会大大增加。大学生除了应在思想上加强安全防范意识之外，还要提高自己的身体素质和技术水平。

体操项目除了可以提高大学生的柔韧性、灵活性及协调性之外，还可以增强大学生的节奏感和韵律感。器械和技巧技术动作要求大学生正确掌握器械的使用方法，充分认识器械的特性，在练习的过程中能与器械完美地结合。这使得部分大学生的恐惧心理比较突出，如果没有正确的引导，引起伤害事故的可能性就会大大增加。

此外，武术与体操项目对场地、器材要求较高，由场地、器材不符合要求所导致的体操与武术项目的伤害事故不得不引起我们的高度重视。

（二）体育锻炼过程中的风险规避

为规避体育锻炼过程中可能存在的风险，大学生应注意以下几点。

（1）认真做好准备活动和整理活动，加强肌肉力量的训练，使身体处于良好的状态，在锻炼过程中时刻注意安全。

（2）在参加体育活动前应对体育设备、场地等进行严格的安全检查；做好运动防护。例如，在参加风险较大的体育活动时，穿戴必要的护具，以避免和降低风险；在打篮球时，尽量不戴玻璃眼镜；在游泳时，应该戴上游泳镜，防止眼部感染。

（3）加强心理健康教育，参加体育活动时保持正常的心理状态，胜不骄、败不馁，不做危险的动作，避免猛烈的碰撞，既保护自己，也不让他人受伤；如遇到心理问题，可以通过咨询心理医生等方式，使自己的心理障碍得到疏导。

（4）了解体育卫生常识，掌握常见运动损伤的处理方法。

第二节　体育锻炼的原则和方法

一、体育锻炼的原则

体育锻炼的原则是人类从古至今所积累的身体锻炼和养生经验的概括和总结，是人们科学参加体育锻炼所必须遵循的准则。

（一）安全第一原则

安全第一原则是锻炼者进行体育锻炼的前提和先决条件。它要求锻炼者在体育锻炼的过程中，要始终注意运动防护，做到安全第一。

安全第一原则的主要内容：① 在制订或实施锻炼计划前，锻炼者最好进行体检，并以此为基础进行体育锻炼。患有某种疾病或有某种家族遗传病史的锻炼者需要向医生咨询锻炼注意事项，按照医生的建议进行锻炼。② 刚开始锻炼时，锻炼者应请体育老师或健身教练根据自己的体质健康状况制订运动处方，有目的、有计划地进行锻炼。③ 每次锻炼前，锻炼者必须做好充分的准备活动，以克服身体器官的生理惰性，防止出现运动损伤。④ 饭后、饥饿或疲劳时，锻炼者应暂缓锻炼；疾病初愈后，锻炼者不宜进行较高强度的锻炼。⑤ 在锻炼过程中，锻炼者不要大量饮水，以免加重心脏的负担或引起肠胃的不适。⑥ 每次锻炼后，锻炼者要注意做好整理活动，这样有利于促进身体机能的恢复，且锻炼后不宜立刻洗冷水澡。

（二）自觉积极性原则

自觉积极性原则要求锻炼者在充分理解体育锻炼的目的、意义的基础上，自愿、主动、积极地进行体育锻炼。体育锻炼不同于人们日常生活和劳动中的一般身体活动，更有别于动物的走、跑、跳、攀爬等行为。人们所进行的体育锻炼是有一定的目的和

意识的身体活动过程，尤其需要发挥锻炼者的主观能动性。

（三）适宜负荷原则

适宜负荷原则是指锻炼者根据自己的身体素质和身体机能的训练适应规律，在训练中给予自己相适应的运动负荷。在进行体育锻炼时，锻炼者不仅要正确选择适合自己的运动项目，还要注意运动负荷的大小。

运动过量和运动不足都会影响体育锻炼的效果。运动过量非但收不到预期的锻炼效果，还会影响锻炼者的身体健康。锻炼者运动过量通常会有体重下降、关节及肌肉疼痛、疲惫不堪、失眠不安等症状。因此，在进行体育锻炼时，锻炼者要合理地选择运动负荷，掌握辨别疲劳程度的方法，科学识别负荷量的临界值，根据自己的身体机能水平合理安排运动负荷，力求使机体达到超量恢复的状态，增强锻炼效果。

（四）区别对待原则

每个参加体育锻炼的人的主客观条件不同，如性别、年龄、职业、运动基础、身体状况、生活条件、锻炼目的等千差万别，因此，锻炼者在选择锻炼内容、锻炼方法和运动负荷时要量力而行，特别要注意对运动负荷的控制。

适宜运动负荷的计算方法：用接近极限运动负荷的心率（一般为 200 次/分）减去安静时的基础心率（一般为 60 次/分）后乘以 70%，再加上安静时的基础心率，得到运动时心率，即（200 − 60）× 70%+60=98+60=158（次/分），此心率对应的运动负荷就是适宜运动负荷。当然，这种计算方法只是相对的，锻炼者还要根据自己锻炼时和锻炼后的感觉来确定适宜运动负荷。如果锻炼者锻炼后的主观感觉为食欲良好、睡眠颇佳、身体轻松和精力旺盛，这种运动负荷是适宜的；如果锻炼后，锻炼者出现食欲减退、身体酸痛乏力，甚至恶心、头晕等，这种运动负荷是不适宜的，需要加以调整。

（五）循序渐进原则

循序渐进原则是指锻炼者必须根据身心发展的规律和实际情况，在体育锻炼内容、锻炼方法、运动负荷等方面逐步改善和增加，以使机体功能不断得到改善。

循序渐进是人体适应环境的基本规律。人体对内外环境变化的适应是一个缓慢的、由量变到质变的过程。锻炼者不遵循这个规律进行体育锻炼，可能会引起机体损伤或运动性疾病，损害身体健康。特别是在参加极限运动或剧烈运动时，锻炼者若违背体育锻炼的循序渐进原则，使机体超负荷运转，就可能造成运动损伤。因此，锻炼者进行体育锻炼不能急于求成。

（六）持之以恒原则

持之以恒原则是指锻炼者必须持续地、系统地进行体育锻炼，使之成为个人日常生活中不可缺少的内容。

由于锻炼效应具有不稳定性，当锻炼的系统性和连续性遭到破坏、锻炼出现间断时，锻炼者已获得的全身锻炼效应（如身体机能的提高和发展、身体素质的强化和巩固、运动技能的完善和更新等）就会逐渐消退，甚至完全丧失，体质也会逐渐下降。因此，在当前体力劳动缺乏、脑力劳动较多和生活压力越来越大的现代社会中，人们要保持从体育锻炼中获得的有益于健康的锻炼效果，就有必要遵循体育锻炼的持之以恒原则。

（七）全面锻炼与发展原则

全面锻炼与发展原则是指锻炼者应通过体育锻炼全面发展身体的各个部位和器官的机能，提高各种身体素质和基本活动能力，从而实现身心全面、和谐的发展。

对于处在生长发育关键时期的青少年来说，全面发展尤为重要。各个运动项目对身体发展有其独特的锻炼作用。例如，长跑有益于改善心血管系统和呼吸系统的功能，能很好地增强中枢神经系统的调节功能。锻炼者应结合自己的兴趣、爱好，选择一两个项目作为每天必练的主要内容，同时加强其他项目的锻炼，以弥补主项的不足。在全面锻炼的过程中，锻炼者还应注意心理素质的发展，如群体意识、个性等的发展。

（八）环境监控原则

环境对体育锻炼的影响很大，加强环境监控对体育锻炼至关重要。遵循环境监控原则，锻炼者应做好对太阳射线的监控、对热环境的监控、对冷环境的监控、对空气相对湿度的监控、对空气污染的监控等。

二、体育锻炼的方法

在进行体育锻炼时，锻炼者不仅要遵循体育锻炼的科学原则，还应掌握体育锻炼的方法，以达到体育锻炼的目的。

（一）重复锻炼法

在锻炼的过程中，锻炼者重复同一练习，两三次（组）练习间有短暂的休息，从而增加运动负荷的锻炼方法称为重复锻炼法。此方法可有效地提高锻炼者的无氧与有氧混合代谢能力，提高其运动技术应用的熟练度和机体的耐力。

重复锻炼法的重点是锻炼者以适度的运动负荷反复做相同的动作。因此，锻炼者运用重复锻炼法的关键是把控好运动负荷的有效价值标准（最佳运动负荷时的心率），并据此调节重复次数。在重复锻炼中，对于负荷量如何控制，以及如何重复才能达到理想的运动强度，锻炼者应视实际情况而定。通常认为，普通大学生的心率在 130～170 次/分是较适宜的。心率低于 130 次/分，则锻炼效果不明显，锻炼者须增加重复次数；心率超过 170 次/分，则锻炼者须减少重复次数，或安排足够的间歇时间。

此外，运用重复锻炼法时，锻炼者还要注意根据运动项目的不同特点和自身体质的不同情况，随时调整负荷量，以免产生厌倦情绪。

（二）间歇锻炼法

在锻炼的过程中，锻炼者对多次锻炼的间歇时间做出严格规定，使机体在不完全

恢复状态下反复进行锻炼的方法叫作间歇锻炼法。运用该方法的关键在于锻炼者要严格控制间歇时间，使机体处于不完全恢复状态，每次练习的运动时间较长，运动强度适中。运用该方法，锻炼者的心肺功能可明显增强；锻炼者可以适时调节运动强度，使机体产生与锻炼项目相匹配的适应性变化，提高机体有氧代谢能力，从而增强体质。

同重复锻炼法一样，锻炼者也要依据运动负荷的有效价值标准来调节间歇锻炼法的间歇时间。一般来说，当负荷反应心率指标低于运动负荷的有效价值标准时，锻炼者应缩短间歇时间；当负荷反应心率指标高于运动负荷的有效价值标准时，锻炼者应延长间歇时间。在运动实践中，一般心率在 130 次／分左右时，锻炼者就应再次开始锻炼。间歇时，锻炼者不应做静止的消极性休息，而应做积极性休息，如慢走、做伸展运动或做深且慢的呼吸等。这类活动可使肌肉对血管有按摩作用，有助于血液回流和排出代谢废物。

总之，间歇锻炼法是通过适当的间歇，把运动负荷调节到运动负荷有效价值范围内，以收到良好的锻炼效果的。

（三）持续锻炼法

在锻炼的过程中，锻炼者为了保持有价值的运动负荷，不间断地进行锻炼的方法叫作持续锻炼法。此方法要求运动强度较低、运动时间较长、运动不间断，持续、间歇和重复都能在整个锻炼过程中得以实现。持续、间歇、重复等因素在持续锻炼中各有作用，其中持续的作用在于使运动负荷维持在一定的水平上。

锻炼者同样要根据运动负荷的有效价值标准来确定持续锻炼的时间。通常认为，心率在 140 次／分左右、锻炼者持续锻炼 20～30 分钟，可使机体各个机体的部位长时间地获得充分的血液和氧的供应，能有效地提高机体的有氧代谢能力，提高机体的耐力素质。在运动实践中，用于持续锻炼的内容主要是那些比较容易且已被锻炼者熟练掌握的运动项目。

（四）循环锻炼法

锻炼系统由几个不同的锻炼点（也称作业站）组成。锻炼者按照既定顺序和路线，依次完成每个锻炼点的锻炼任务，即完成一个锻炼点的锻炼任务后，锻炼者就迅速转移到下一个锻炼点。锻炼者完成各个锻炼点的锻炼任务，就算完成了一组循环锻炼。这种锻炼方法就叫循环锻炼法。使用循环锻炼法，锻炼者应提前制订锻炼计划，内容包括每个锻炼点的锻炼内容、每个锻炼点的运动负荷、锻炼点的顺序安排、锻炼点之间的间歇时长、每组循环之间的间歇时长、锻炼点的个数和循环锻炼的组数。

循环锻炼法对锻炼者的运动技术要求不高，且各项目的运动负荷较小，实施起来简单、有趣，可有效调动不同层次水平锻炼者的运动情绪和积极性；可以使锻炼者合理地增加锻炼密度；可以使锻炼者随时根据具体情况调整锻炼内容，做到区别对待；可以防止身体局部负担过重，延缓疲劳的产生；可以交替刺激锻炼者身体的不同部位，使其达到全面锻炼的目的。

运用循环锻炼法时，锻炼者要按照全面锻炼与发展原则去搭配运动项目。根据已有经验，锻炼者一般选择 6～12 个已掌握的简单易行的运动项目。在搭配运动项目时，锻炼者要注意上肢动作与下肢动作、剧烈的跑跳动作与静力屏气动作之间的合理交替。锻炼者根据不同的锻炼项目安排循环锻炼的各锻炼点，也可分队比赛，增加竞争性，增强锻炼兴趣。

（五）变换锻炼法

锻炼者通过不断变换运动负荷、锻炼内容、锻炼形式和锻炼条件，提高积极性、适应性和应变能力的方法称作变换锻炼法。该方法可以有效地调节锻炼者的生理负荷，提高其兴奋性，强化其锻炼意识，克服其疲劳与厌倦情绪，从而增强锻炼效果。

刚参加锻炼的人可多做些引导性锻炼和辅助性锻炼。随着锻炼水平的提高，锻炼者应加大锻炼难度，如用越野跑代替在田径场上的长跑等。锻炼条件的变化，可使锻炼者的大脑皮质不断地产生新的刺激，提高锻炼者的兴奋度，激发其锻炼兴趣，从而提高其机体对运动负荷的承受能力，增强锻炼效果。另外，锻炼内容、时间和动作速率等的变换可有效地调节运动负荷，使机体不断产生适应性变化，以达到更好地锻炼身体的目的。

（六）负重锻炼法

负重锻炼法是锻炼者使用杠铃、哑铃、沙袋等重物进行身体运动来锻炼身体、增强体质的方法。负重锻炼法既适用于普通人为增强体质而进行的锻炼，又适用于运动员为提高专项运动技术水平而进行的训练，还适用于身体疾病患者为恢复身体机能而进行的康复训练。

一般进行负重锻炼，锻炼者应该采用最大摄氧量和最大心输出量以下的运动负荷。过大的运动负荷可能给心血管系统和呼吸系统带来不良的影响。为了保证负重锻炼法对身体的良好作用，锻炼者应在运动负荷的有效价值范围内多次重复或连续进行同一动作。

第三节 制订与实施体育锻炼计划的依据

体育锻炼的效果在很大程度上取决于运动负荷刺激的强度。过度运动不会达到运动的目的，反而会使锻炼者过度疲劳，损害其健康。因此，大学生应制订科学的体育锻炼计划，选择适合自己的运动项目、锻炼时间和锻炼负荷等。

一、依据大学生身体发育规律制订与实施体育锻炼计划

大学生正处于身体发育的重要阶段，应根据自己的爱好和身体特点选择适合自己的运动，坚持规律锻炼。一般来说，体质较弱的人应选择能改善心肺功能但运动强度较低的运动，如有氧运动等，等身体素质有所改善后，可逐渐参加运动强度较高的运动。经过一段时间的体育锻炼后，大学生可以根据自己的兴趣和强项选择一项或两项运动进行深度学习和锻炼。另外，由于女性特殊的生理特点，女生不宜多做支撑、悬吊等静力性运动，而应多做锻炼腹肌和盆底肌的运动，如仰卧起坐、扭腰、转身等。

二、依据大学生个人生活习惯制订与实施体育锻炼计划

大学生应根据个人的生活习惯、身体状况等实际情况选择适合自己的锻炼时间。体育锻炼一般安排在清晨、下午或晚上。

早晨的空气清新，大学生在运动时可以吸入更多的氧气，加快身体的新陈代谢，增强运动的效果。因为清晨运动多在空腹的状态下进行，运动量不宜过大，时间也不宜过长。

大学生在下午进行一定强度的体育锻炼，不仅可以增强体质，还可以调节身心。下午运动时，运动强度可以高一些，以身体机能容易恢复、不影响后续活动为度。

大学生在晚上适当进行体育锻炼，不仅可以强身健体，还能促进睡眠。大学生晚上锻炼应以慢跑、健步走等低强度运动为主，一般运动时间不超过 1 小时，运动强度不宜过高，心率应控制在 120 次/分左右。另外，晚上锻炼结束与睡眠之间的间隔应在 1 小时以上，否则会影响睡眠。

三、依据 FITT-VP 原则制订与实施体育锻炼计划

FITT-VP原则包括运动频率（frequency）、运动强度（intensity）、运动时间（time）、运动形式（type of exercise）、运动量（volume）、体育锻炼计划的进度（progression）。大学生要想获得良好的体育锻炼效果，就必须自觉地遵循FITT-VP原则，并根据自己的爱好和身体状况，适当地选择运动项目和运动方式，合理制订与实施体育锻炼计划。

运动频率是指每周进行体育锻炼的次数。运动频率越高，人体消耗的热量就越多；运动频率越低，身体机能恢复的时间就越长。要想获得良好的体育锻炼效果，大学生每周宜进行 3 ～ 5 次体育锻炼。

运动强度是指身体机能所要承受超负荷的水平。运动强度越高，人体消耗的热量就越多。大学生必须遵守循序渐进的原则，充分考虑自己的身体状况和适应能力来控制运动强度。例如，进行有氧运动时，心率宜控制在最大心率的60%～80%。

运动时间是指每次体育锻炼的持续时间。运动时间与运动频率、运动强度的不同组合，可以收到相同或不同的锻炼效果，如提高运动强度、减少运动频率和缩短运动时间的组合，或者降低运动强度、增加运动频率和缩短运动时间的组合。

运动形式是指不同的运动类型。根据运动时能量供应形式的不同，运动形式可分为有氧运动、无氧运动和混合运动。有氧运动包括健步走、慢跑、跳绳、游泳、跳健美操、骑自行车、划船等。进行有氧运动持续 30 分钟或以上，可使大组肌肉及有氧能量系统进行韵律性运动。无氧运动可使无氧能量系统进行短暂的（30 分钟以下）爆发性运动，包括举重、短跑、投掷等，主要作用是训练肌力和肌耐力。

运动量是由运动频率、运动强度和运动时间共同决定的。运动量对促进健康的重要作用已被证实，对身体成分和体重管理的重要性尤为突出。

体育锻炼计划的进度取决于大学生的健康状况、体能、运动目的等。大学生在实施体育锻炼计划时，可以通过改变运动频率、运动时间和运动强度中的任何一项或几项来达到运动目的。在实施体育锻炼计划的开始阶段，大学生应逐渐增加运动时间。进行体育锻炼时，大学生应该遵照循序渐进的原则，避免大幅度增加运动频率、运动

时间或提高运动强度等，这样可以将肌肉酸痛、运动损伤、过度疲劳的风险及过度训练的长期风险降到最低。当因运动量增加而产生不良反应，如运动后呼吸急促、疲劳和肌肉酸痛，无法耐受调整后的体育锻炼计划时，大学生应及时减少运动量。

体育思政课堂

　　凯洛夫在《教育学》中指出，"体育是增进青年健康，发展他们的体力和各种能力的必要条件"。科学锻炼要求我们用科学理论认识自己的身体，增强体质。大学生在锻炼时应采用科学的锻炼方法，遵循科学的锻炼原则，增强安全意识，从而增强锻炼效果。

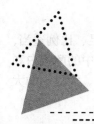

第四章　运动与营养

第一节　科学运动的营养学基础

营养和运动是维持、促进人体健康的两个重要因素，二者相辅相成。掌握营养学的基础知识对提高运动水平、促进身心健康至关重要。运动方式不当，或者只注重运动而忽视合理的膳食营养，都难以达到维持和促进健康的目的。

机体的生长发育和各种生理活动的进行，都有赖于体内的物质代谢。人体内物质代谢的顺利进行依赖于不断地从外界获取新的物质，而新的物质主要从食物中摄取。营养是指人体吸收、利用食物中营养素的过程，也是人体通过摄取食物以满足机体生理需要的过程。营养素是指能够被人体消化、吸收，以供给热量、构成机体组织和调节人体生理机能，保持身体正常物质代谢的必需物质。人体必需的营养素有蛋白质、碳水化合物、脂类、无机盐、维生素、水和膳食纤维七大类。

一、蛋白质

蛋白质是所有细胞组织的基本构成物质，人体中蛋白质的含量仅次于水分。氨基酸是组成蛋白质的基本单位，多种氨基酸以不同的方式组合在一起构成不同种类的蛋白质。

（一）蛋白质的作用

蛋白质的作用主要表现在以下几个方面。
（1）构成人体组织与修补人体组织，促进生长发育。
（2）构成机能物质。
（3）增强人体抵抗力，构成抗体。
（4）维持血浆渗透压平衡。
（5）供给能量。
（6）增强神经系统的功能。

（二）蛋白质的分类

根据蛋白质的营养价值，蛋白质可分为完全蛋白质、半完全蛋白质和不完全蛋白质三类。

1.完全蛋白质

完全蛋白质是优质蛋白质，其所含必需氨基酸种类齐全、数量充足、比例适当，不但可以维持生命，而且可以促进生长发育。常见的完全蛋白质有奶类中的酪蛋白和乳白蛋白、蛋类中的卵白蛋白和卵黄蛋白、肉类中的白蛋白和肌肉蛋白、大豆中的大豆蛋白等。

2.半完全蛋白质

半完全蛋白质所含必需氨基酸种类齐全，但其中某些氨基酸的比例不适当或数量不能满足人体的需要。如果将这类蛋白质作为膳食中唯一的蛋白质来源，则只能维持生命，不能促进生长发育。常见的半完全蛋白质有小麦中的麦胶蛋白等。

3.不完全蛋白质

不完全蛋白质所含必需氨基酸种类不全。其既不能维持生命，也不能促进生长发育。常见的不完全蛋白质有玉米中的玉米胶蛋白、动物结缔组织和肉皮中的胶质蛋白、豌豆中的豆球蛋白等。

二、碳水化合物

碳水化合物是健身活动的主要能量来源。食物中的碳水化合物不论分子大小如何，一旦被机体摄入，都会在胃和肠道内被分解为最小的单元，通常是葡萄糖。葡萄糖被血液吸收并被运转到肌肉和其他组织，进一步分解产生能量。如果葡萄糖不需要马上用于提供能量，其就会以糖原的形式储存于肌肉和肝脏中。机体储存糖原是有限度的。一旦储存在肌肉和肝脏里的糖原超量，多余的葡萄糖就将转化为脂肪。

（一）碳水化合物的作用

碳水化合物的作用主要表现在以下几个方面。
（1）组成身体成分。
（2）提供机体所需的能量。
（3）增强神经系统的功能。
（4）调节脂肪代谢。
（5）节约蛋白质。
（6）增强消化系统的功能。

（二）碳水化合物的分类

碳水化合物分为单糖、低聚糖和多糖三类。

1.单糖

单糖是碳水化合物最简单的结构单位，常见的有葡萄糖、果糖、半乳糖等。

（1）葡萄糖：血液中主要的碳水化合物，肝脏、肌肉和其他器官储存糖原的来源，细胞中主要的碳水化合物的能量来源。

（2）果糖：主要存在于水果和蜂蜜中的单糖。果糖比常见的食用糖（如蔗糖等）甜度高。

（3）半乳糖：己醛糖的一种，常参与各种糖蛋白、糖脂及聚糖的组成。

2. 低聚糖

低聚糖是由 2～10 个单糖分子通过糖苷键构成的聚合物，常常被称为简单碳水化合物。

（1）低聚果糖。

低聚果糖广泛存在于蔬菜和水果中，尤以菊芋、洋葱、芦笋、香蕉等含量高。低聚果糖具有抗龋齿等优点，因而备受人们的重视。

（2）大豆低聚糖。

大豆低聚糖是大豆中可溶性糖质的总称，主要成分是棉籽糖和水苏糖。大豆低聚糖可作为保健食品的原料，也可代替蔗糖用于乳酸菌饮料、面包、巧克力等食品中。

（3）低聚异麦芽糖。

在自然界中，低聚异麦芽糖极少以游离状态存在，但作为支链淀粉或多糖的组成部分，在某些发酵食品（如酱油、黄酒等）中有少量存在。

3. 多糖

多糖由多个单糖分子缩合、脱水而成，是一类分子结构复杂且庞大的糖类物质。凡符合高分子化合物概念的碳水化合物及其衍生物均称为多糖。多糖在自然界分布极广，也很重要，有的是构成动植物细胞壁的组成成分，如纤维素；有的是作为动植物储藏的养分，如糖原和淀粉；有的具有特殊的生物活性，如肺炎球菌细胞壁中的多糖有抗原作用。

三、脂类

脂类是人体构成细胞组织、储存能量、维持健康所必需的物质，是生命活动的辅助剂。

（一）脂类的作用

脂类的作用主要表现在以下几个方面。

（1）维持体温。

（2）构成人体组织。

（3）促进脂溶性维生素的吸收。

（4）供给必需脂肪酸。

（5）有助于延迟胃的排空，抑制饥饿感。

（6）保护人体器官。

（二）脂类的分类

脂类包括脂肪和类脂两大类。

1. 脂肪

脂肪是由甘油和脂肪酸组成的甘油三酯。其中，甘油的分子结构比较简单，而脂肪酸的种类和碳链长度却不相同，因此脂肪的性质和特点主要取决于脂肪酸。不同食物脂肪酸的种类和含量也不同。我们通常所说的脂肪主要是油和脂：一般将常温下是液体的称作油，将常温下是固体的称作脂。

2. 类脂

类脂是一种在某些理化性质上与脂肪相似的物质，主要包括以下几类。

（1）磷脂：含有磷酸的脂质，对脂肪的吸收、转运及脂肪酸的储存起重要作用。

（2）糖脂：一种携带有一个或多个以共价键连接糖基的复合脂质，包括甘油糖脂、鞘糖脂、脂多糖等。

（3）脂蛋白：一种与脂质复合的水溶性蛋白质，包括低密度脂蛋白、高密度脂蛋白等。

（4）类固醇：相对分子质量很大的化合物，如动植物组织中的胆固醇和植物组织中谷固醇。

四、无机盐

人体内无机盐的种类很多，其在人体内的质量占体重的 4% ～ 5%，是构成机体组织和调节人体生理机能的重要物质。

（一）钙

1. 作用

钙是人体含量最多的无机盐。钙是构成骨骼和牙齿的重要成分。钙能够调节离子的跨膜运输，调节各种激素、消化酶和神经递质的分泌，尤其在神经传导方面极为重要。钙能够帮助维持正常血压，是肌肉收缩的必需元素，对维护心功能也很重要。此外，钙在血液凝固过程中起重要作用。

2. 食物来源

钙的食物来源主要有牛奶、肉类、豆腐、紫菜、甘蓝等。

（二）磷

1. 作用

磷在人体内的含量非常丰富，主要存在于骨骼和牙齿中，是骨基本结构的组成成分。血液中的磷有助于维持酸碱平衡，并且磷还是细胞遗传物质的组成成分，参与能量代谢，帮助构建细胞膜。

2. 食物来源

磷的食物来源主要有牛奶、蛋黄、肉类、黑米、小麦胚粉等。另外，天然的、具有生物活性的磷大量存在于豌豆、海带、红藻等中。

（三）钠

1. 作用

人体内的钠主要存在于细胞外液，是细胞外液中的主要阳离子。阳离子钠与阴离子氯一同参与调节细胞外液的渗透压，是调节人体体液平衡的关键物质。钠与钾的平衡，是维持细胞内外水分稳定的基本条件。钠可以控制血浆中的电解质水平，帮助调节神经和肌肉功能。此外，钠也帮助维持人体酸碱平衡，在肌肉收缩、神经传导过程中占有重要地位。

2.食物来源

钠的食物来源主要有橄榄、小虾、甜菜根、火腿、芹菜、甘蓝、螃蟹、奶酪等。

（四）钾

1.作用

钾是细胞内部主要的阳离子，对维持细胞新陈代谢、电解质平衡及细胞的完整性有重要作用。葡萄糖和氨基酸进入细胞合成糖原和蛋白质时，必须有适量的钾离子参与。如果没有钾，细胞、神经和肌肉就不能正常运作。此外，钾还是一种细胞体积增大剂，因为它像肌酸一样，把水分"拽"进细胞，使肌肉中的水分含量临时增加，额外增加的水分进入细胞后，也能促进肌肉蛋白质的合成。此外，与钠不同，钾并不是被身体储存在皮下，而是被储存在细胞和血浆中。因此，补充钾在理论上可以改善体内的水分分配情况，而又不导致身体脱水。

2.食物来源

钾的食物来源主要有大豆、豌豆、番茄、香蕉、橘子、卷心菜、芹菜、西兰花、蘑菇、南瓜、蜂蜜等。

（五）镁

1.作用

镁是一种人体必需的微量元素，是骨骼的重要成分。其作用主要表现在以下几个方面。

（1）作为酶的激活剂，参与多种酶促反应。

（2）促进骨的形成。在骨骼中，镁的含量仅次于钙、磷，是骨细胞结构和功能所必需的元素，对促进骨形成和骨再生，维持骨骼和牙齿的强度、密度具有重要作用。

（3）调节神经肌肉的兴奋性。

（4）维护胃肠道和激素的功能。

（5）镁是重要的神经传导物质，可以使肌肉得到放松；与含钙食品一同补充，能促进钙的吸收。

2.食物来源

镁的食物来源主要有深色绿叶蔬菜、谷类、坚果类（杏仁、亚麻籽、胡桃等）、海产类、牛奶等。

（六）铁

1.作用

铁在人体内的含量相对于其他某些元素较少，但非常重要。人体内大部分的铁用来构建两种蛋白质——红细胞中的血红蛋白和肌肉细胞中的肌红蛋白。血红蛋白负责将氧从肺部通过血液循环运送到全身各个组织、器官；肌红蛋白负责为肌肉细胞运输和储存氧。此外，铁在生成新细胞，合成氨基酸、激素和神经递质过程中也是必不可少的。

2.食物来源

铁的食物来源主要有动物内脏、瘦肉、干豆、深色绿叶蔬菜、水果干、蛋黄、蜂蜜等。

（七）锰

1.作用

锰对激活与软骨合成有关的酶系统非常重要。它是一些酶的成分，这些酶可以保护组织不受自由基的侵害。锰是合成甲状腺激素和性激素不可或缺的成分，对胆固醇和胰岛素的合成也很重要。肝脏储存葡萄糖和骨骼的健康生长同样需要锰。

2.食物来源

锰的食物来源主要有藻类、菠萝、生菜、葡萄、草莓、黑梅、燕麦、芹菜等。

（八）锌

1.作用

锌的作用主要表现在以下几个方面。

（1）促进生长发育。

（2）加速创伤、伤口愈合。

（3）维持正常的免疫功能。

（4）维持味觉、嗅觉的正常功能。

（5）维持维生素C、维生素A的正常代谢。

（6）维持胎儿的正常发育。

（7）维持正常性机能。

2.食物来源

锌的食物来源主要有贝类、牛肉、羊肉、核桃、虾、蛋黄、鱼类、谷类、坚果类等。一般来说，富含蛋白质的食物是锌的极佳来源，如贝类、牛肉等。

（九）铬

1.作用

铬是人体必需的微量元素之一，在维持人体健康方面起关键作用。铬在所有胰岛素调节活动中起重要作用，是重要的血糖调节剂。铬有助于人体生长发育，对血液中的胆固醇浓度也有控制作用，缺乏时可能会导致心脏疾病。铬还是葡萄糖耐量因子的组成成分，可促进胰岛素在体内充分地发挥作用。

2.食物来源

铬的食物来源主要有肉类、鱼贝类、全谷物、海藻、奶酪、绿豆、西兰花、蘑菇等。

（十）硒

1.作用

硒是构成含硒蛋白质与含硒酶的成分。硒具有抗氧化作用，它通过消除脂质过氧化物，起到延缓衰老乃至预防某些慢性病发生的作用。此外，硒对甲状腺激素具有调

节作用，还能维持人体正常的免疫功能。

2. 食物来源

硒的食物来源主要有金枪鱼、牛肉、鳕鱼、鸡胸肉、鸡蛋、麦片、糙米、绿豆芽、南瓜籽、芝麻、葵花籽等。

五、维生素

维生素是维持人体正常生理功能所必需的一种营养素，是低分子有机化合物。大多数维生素在人体内不能合成，因此维生素必须从食物中获得。维生素不能为机体提供能量，也不是机体的构成物质。虽然机体对维生素的需要量很少，但是维生素有重要的生理功能。当缺乏某种维生素时，机体将出现代谢紊乱及相应的病理症状，即维生素缺乏症。

（一）维生素 A

1. 作用

维生素 A 的作用主要表现在以下几个方面：① 维持正常的视觉反应；② 维持上皮组织的正常形态与功能；③ 维持正常的骨骼发育；④ 维持皮肤细胞的功能，可使皮肤柔软细嫩。

2. 食物来源

维生素 A 的食物来源主要有动物内脏、胡萝卜、西葫芦、番茄、甘蓝、菠菜、杏、橘子、芦笋等。

（二）维生素 D

1. 作用

维生素 D 的作用主要表现在以下几个方面：① 提高机体对钙、磷的吸收，使血浆中钙和磷的水平达到饱和程度；② 促进骨骼生长；③ 调节细胞生长分化；④ 调节免疫功能。

2. 食物来源

维生素 D 的两个主要来源是皮肤组织内的合成（紫外线照射）和富含维生素 D 的食物产品，如大马哈鱼、牡蛎、沙丁鱼、金枪鱼、鱼肝油、动物内脏、蛋黄等食物是维生素 D 的主要来源。

（三）维生素 E

1. 作用

维生素 E 的作用主要表现在以下几个方面：① 降低血浆胆固醇水平，预防动脉粥样硬化；② 辅助防治糖尿病及其并发症；③ 维持正常生殖机能，防止肌肉萎缩。

2. 食物来源

维生素 E 的食物来源主要有糙米、胚芽米、玉米油、向日葵、花生、芝麻籽、种子类油等。

（四）维生素 K

1.作用

维生素 K 的作用主要表现在以下几个方面：① 促进凝血；② 参与骨骼代谢，降低骨折发生率；③ 抑制血管钙化，降低冠心病发生的风险。

2.食物来源

维生素 K 的食物来源主要有西兰花、菠菜、生菜、甘蓝、蚕豆、豌豆、芦笋、马铃薯、玉米油、西红柿、牛奶、蜂蜜等。

（五）维生素 C

1.作用

维生素 C 的作用主要表现在以下几个方面：① 增强人体免疫功能；② 辅助防治缺铁性贫血；③ 促进胶原的形成和类固醇的代谢；④ 有利于维持骨骼和牙齿的正常功能。

2.食物来源

维生素 C 的食物来源主要有辣椒、甘蓝、西兰花、菜花、草莓、柠檬、猕猴桃、豌豆、瓜类、番茄等。

（六）维生素 B_1

1.作用

维生素 B_1 的作用主要表现在以下几个方面：① 维持体内代谢平衡；② 抑制胆碱酯酶的活性，促进胃肠蠕动；③ 维持神经组织的正常功能。

2.食物来源

维生素 B_1 的食物来源主要有瘦肉、酵母、豆类、谷物、动物内脏、蘑菇、蒜、西兰花、菜花、西葫芦、芦笋、生菜、辣椒、甘蓝、番茄等。

（七）维生素 B_2

1.作用

维生素 B_2 参与体内生物氧化与能量代谢，在碳水化合物、蛋白质、脂类等的代谢中起重要的作用；可提高机体对蛋白质的利用率，促进生长发育。

2.食物来源

维生素 B_2 的食物来源主要有鸡蛋、瘦肉、牛奶、西兰花、全麦面包等。

（八）维生素 B_6

1.作用

维生素 B_6 的作用主要表现在以下几个方面：① 通过转氨基作用、脱羧基作用和转硫作用参与氨基酸代谢；② 参与烟酸合成及维生素 B_{12} 等的吸收；③ 调节神经递质代谢。

2. 食物来源

维生素 B_6 的食物来源主要有鸡肉、金枪鱼、豆类、谷类、辣椒、香蕉、西兰花、菜花、蛋类、西葫芦、芦笋、洋葱等。

（九）维生素 B_{12}

1. 作用

维生素 B_12 的作用主要表现在以下几个方面：① 促进红细胞的发育和成熟，预防恶性贫血；② 维护神经系统健康；③ 帮助消除烦躁不安，集中注意力。

2. 食物来源

维生素 B_12 只存在于动物性食品中，如奶制品、肉类、蛋类、鱼类等。

六、水

水是由氢、氧两种元素组成的无机物，在常温、常压下为无色、无味的透明液体。

（一）水的作用

（1）构成机体的重要成分。水是机体中含量最多的组成成分。

（2）保证和参与物质代谢过程。机体内的代谢过程是在体液环境中进行的，而体液由水、电解质、低分子有机化合物、蛋白质等物质组成。水是良好的溶剂。营养物质的消化、吸收、生物氧化及代谢物的排出都离不开水。

（3）调节体温。水的比热容较大，可使体温保持稳定。排汗是调节体温的一种重要方式。

（4）参与体内物质的运输。水的流动性强，在体内形成体液，可循环运输物质。

（5）维持腺体正常分泌。各种腺体分泌物的主要成分是水。

（二）水的摄入量

人体的需水量取决于人体的排水量，人体每日摄入的水量应与人体通过各种途径排出的水量保持动态平衡。1500～1700 毫升是推荐的成年人每日水摄入量。出于安全考虑，每千克体重每日供水量以 40 毫升为宜。出汗多时，锻炼者应相应地增加供水量。

七、膳食纤维

膳食纤维是一类多聚物的混合体，是一种不被人体肠道分泌物消化的植物成分，包括纤维素、半纤维素、木质素、果胶、树胶等。它们虽不能被机体消化和吸收，却是人体必需的营养素之一，有利于其他营养物质的消化和吸收，具有预防部分疾病的作用。

（一）膳食纤维的作用

（1）降低胆固醇水平。膳食纤维可在小肠内包裹胆酸，阻断胆酸被小肠吸收，使其难以回到肝脏生成胆固醇，从而降低血液中的胆固醇水平，有利于预防心脑血管疾病。

（2）预防便秘，减少肠道疾病的发生。膳食纤维有很强的吸水性和膨胀性，可刺激肠道蠕动，促进排便，缩短致癌物质在肠道内停留的时间，降低直肠癌和痔疮的发生率。

（3）预防糖尿病。膳食纤维能在肠道内形成一层黏膜，延缓食物营养素的消化过程，降低血糖水平。

（4）控制体重，防止肥胖。富含膳食纤维的食物所含能量通常较少，吸水后体积较大，容易使人产生饱腹感，可以抑制食欲。膳食纤维还能减少人体对食物中脂肪的吸收量，从而有利于控制体重、预防肥胖。

（二）膳食纤维的推荐摄入量与主要来源

中国营养学会推荐的健康成年人膳食纤维的每日摄入量为 30 克。

膳食纤维的主要来源是植物性食物，包括谷类、豆类、蔬菜类、水果类、薯类、菌类、藻类等。

第二节　运动时的营养特点

随着体育科学的迅速发展，运动营养学受到了人们的重视。一些体育科学发达的国家已将运动营养学与运动训练有机地结合在一起，使运动员的运动训练效果和运动成绩得到提高。

一、不同专项运动的营养特点

体育运动项目有很多，由于各个项目的技术结构、运动强度和运动员神经紧张程度不同，人体运动时的能量消耗和三大产能营养素的供能比例也不同。因此，各运动项目对营养素的需求量存在差异，在营养补充方面有各自的特点。

（一）速度性运动的营养特点

速度性运动的特点是能量代谢率高，人体在运动中高度缺氧，能量供给主要依靠磷酸原系统和碳水化合物的无氧酵解。因此，膳食中应供给较多易吸收的碳水化合物、维生素 B_1 和维生素 C，同时还应供给足够的蛋白质。

（二）耐力性运动的营养特点

耐力性运动的特点是运动时间长，能量与各营养素的消耗大，能量代谢以有氧氧化为主；肌糖原消耗量大，蛋白质分解加强，脂类供能比例随运动时间延长而增大。因此，膳食应供给充足的碳水化合物，以增加体内糖原储备量；运动者还应增加蛋白质和铁的摄入量，并可适当增加脂肪、维生素 C 及 B 族维生素的摄入量。

（三）力量性运动的营养特点

力量性运动要求肌肉有较大的力量和较强的爆发力，因此肌肉对蛋白质的需要量较大。特别是在训练初期，膳食要供给充足的蛋白质和维生素 B_1，同时要保障碳水化合物、铁、钙和维生素 C 的供给。

（四）技巧性运动的营养特点

技巧性运动要求机体的协调性高，神经系统紧张。由于运动者要完成高难动作，对体重的控制有较高的要求，膳食要供给充足的蛋白质、维生素 B_1、维生素 C 和磷。

（五）球类运动的营养特点

球类运动对运动者的速度素质、耐力素质、灵敏素质、力量素质等都有较高要求。因此，球类运动的营养供给应全面。运动者在球类比赛间歇可少量饮用含水果酸及维生素 C 的饮料；当感到饥饿时，可适当补充葡萄糖。

（六）游泳运动的营养特点

游泳运动使机体的散热量增加，能量消耗增大。因此，膳食的能量要高，同时运动者要注意补充较多的脂类和维生素 A，以利于保持体温和保护皮肤。

二、比赛不同时期的营养特点

（一）比赛前期的营养特点

比赛前 10 天左右一般属于调整期，这时的训练强度突出而训练量较小。在此阶段，膳食中的能量应减少，以防止运动者体重增加，从而对比赛不利。参加短跑和跳跃项目者的膳食应保证有较多的蛋白质和足够的碳水化合物，应减少脂类；参加投掷项目者对肌肉的最大力量及爆发力要求较高，在此阶段主要进行相当于比赛强度的完整技术练习，因此应注意摄取蛋白质含量高的食物，保证每千克体重摄取不少于 3 克的蛋白质；对于参加耐力项目者而言，为了提高比赛时的运动能力，他们应特别注意增加体内糖原的储备量，可选择碳水化合物含量达到 60% 及以上的膳食，不要过多摄入蛋白质、脂类等。

此外，运动者在比赛前 10 天内还应多吃蔬菜、水果，以补充充足的维生素和微量元素。每日维生素 A、维生素 B_1、维生素 B_2、维生素 C、维生素 E 等的摄入量可增加到平时的 1～2 倍。参加短跑、中长跑项目者可以在赛前 60 分钟服维生素 C 和维生素 E 各 100 毫克。参加长跑、马拉松项目者可在赛前 30 分钟服维生素 C、维生素 E 各 200 毫克，这对维持心脏、肌肉、红细胞的功能都有好处。

（二）比赛当日的营养特点

1. 赛前饮食

运动者不要空腹参加比赛，应在赛前 2～3 小时进食最后一餐；食物应体积小、能量足、易消化、合胃口，以碳水化合物为主；尽量不吃难消化、多纤维、多产气、易胀腹的食物。参加长时间耐力项目者，其饮食能量应充足，除了补充碳水化合物外，还应吃一些富含蛋白质和脂类的食物，以维持饱腹感，并且运动时可以节省碳水化合物，以免碳水化合物被过早耗尽而出现疲劳现象；另外，还要补充维生素和无机盐。

2. 赛中饮料

在超长距离项目的比赛中，运动者水分、盐分流失多，能量消耗大，因此在途中要通过运动饮料补充能量、盐分和水分，以维持良好的运动能力。饮料摄入量视气温而定，原则是少量多次。

在运动时，运动者饮用适量的运动饮料可增强体力，推迟运动性疲劳的出现。例如，参加耐力项目者可饮用高能运动饮料等；在短时间剧烈运动中，运动者会出现缺氧现象，其体内酸性物质生成较多，可选用碱性电解质饮料；当体力下降、身体机能不佳时，运动者可选择滋补强身的饮料。

（三）比赛后恢复期的营养特点

运动者参加长时间项目的竞赛，如马拉松、足球比赛等，其恢复期补充营养的主要目的是尽快恢复体液平衡和体能平衡，消除疲劳。比赛结束后，运动者可以饮用一杯含 100 ～ 150 克葡萄糖的果汁，这对促进肝糖原水平的恢复、防止肝脂肪浸润、消除中枢神经疲劳有良好的作用。其后，运动者按照少量多次的补水原则补水，逐步恢复机体的水盐平衡。在休息 2 ～ 3 小时后，运动者可吃一些精细、可口、高能量的食物，以促进能量及其他营养素恢复平衡。

比赛后两三天内的膳食，仍应维持较高的能量和丰富的营养，原因是运动者在比赛时所消耗的能量和营养不可能在一天内就得到恢复。此外，在恢复期，由于运动者身心负担小，运动负荷小，运动强度较低，食欲会不断增加，此时运动者要注意控制体重。

第三节　平衡膳食

平衡膳食是指机体摄入营养素种类齐全、配比适宜，并含有足够能量和膳食纤维的一种饮食。平衡膳食的目的是促进人体正常生长发育，确保各组织器官和机能的正常活动，提高人体对疾病的抵抗力，进而提高工作效率。

现代医学研究证明，人类各种疾病的发生，或多或少、或轻或重都与人体内营养平衡失调有关，如心血管疾病与人体内钾、镁、锌含量低而铜含量高有关，高血压与人体内钠含量高、钾含量低、镁含量不足有关，脑血管疾病与人体内钙、镁、锌、硒含量不足有关。因此，人体营养平衡是至关重要的。

一、一般人群膳食指南核心推荐

《中国居民膳食指南（2022）》中的一般人群膳食指南适用于 2 岁以上健康人群，并针对此人群提出了八大准则及核心推荐。

（一）食物多样，合理搭配

坚持谷类为主的平衡膳食模式。每天的膳食应包括谷薯类、蔬菜水果、畜禽鱼蛋奶和豆类食物。平均每天摄入 12 种以上食物，每周 25 种以上，合理搭配。每天摄入谷类食物 200 ～ 300 克，其中包含全谷物和杂豆类 50 ～ 150 克，薯类 50 ～ 100 克。

（二）吃动平衡，健康体重

各年龄段人群都应天天进行身体活动，保持健康体重。食不过量，保持能量平衡。坚持日常身体活动，每周至少进行 5 天中等强度身体活动，累计 150 分钟以上；主动身体活动最好每天 6000 步。鼓励适当进行高强度有氧运动，加强抗阻运动，每周 2 ～ 3 天。减少久坐时间，每小时起来动一动。

（三）多吃蔬果、奶类、全谷、大豆

蔬菜水果、全谷物和奶制品是平衡膳食的重要组成部分。餐餐有蔬菜，保证每天摄入不少于 300 克的新鲜蔬菜，深色蔬菜应占 1/2。天天吃水果，保证每天摄入 200 ～ 350 克的新鲜水果，果汁不能代替鲜果。吃各种各样的奶制品，摄入量相当于每天 300 毫升以上液态奶。经常吃全谷物、大豆制品，适量吃坚果。

（四）适量吃鱼、禽、蛋、瘦肉

鱼、禽、蛋类和瘦肉摄入要适量，平均每天 120 ～ 200 克。每周最好吃鱼 2 次或 300 ～ 500 克，蛋类 300 ～ 350 克，畜禽肉 300 ～ 500 克。少吃深加工肉制品。鸡蛋营养丰富，吃鸡蛋不弃蛋黄。优先选择鱼，少吃肥肉、烟熏和腌制肉制品。

（五）少盐少油，控糖限酒

培养清淡饮食习惯，少吃高盐和油炸食品。成年人每天摄入食盐不超过 5 克，烹调油 25 ～ 30 克。控制添加糖的摄入量，每天不超过 50 克，最好控制在 25 克以下。反式脂肪酸每天摄入量不超过 2 克。不喝或少喝含糖饮料。儿童青少年、孕妇、乳母以及慢性病患者不应饮酒。成年人如饮酒，一天饮用的酒精量不超过 15 克。

（六）规律进餐，足量饮水

合理安排一日三餐，定时定量，不漏餐，每天吃早餐。规律进餐、饮食适度，不暴饮暴食、不偏食挑食、不过度节食。足量饮水，少量多次。在温和气候条件下，低身体活动水平成年男性每天喝水 1700 毫升，成年女性每天喝水 1500 毫升。推荐喝白水或茶水，少喝或不喝含糖饮料，不用饮料代替白水。

（七）会烹会选，会看标签

在生命的各个阶段都应做好健康膳食规划。认识食物，选择新鲜的、营养素密度高的食物。学会阅读食品标签，合理选择预包装食品。学习烹饪、传承传统饮食，享受食物天然美味。在外就餐，不忘适量与平衡。

（八）公筷分餐，杜绝浪费

选择新鲜卫生的食物，不食用野生动物。食物制备生熟分开，熟食二次加热要热透。讲究卫生，从分餐公筷做起。珍惜食物，按需备餐，提倡分餐不浪费。做可持续食物系统发展的践行者。

二、中国居民平衡膳食宝塔

中国居民平衡膳食宝塔（以下简称"宝塔"）是根据《中国居民膳食指南（2022）》的准则和核心推荐，把平衡膳食原则转化为各类食物的数量和所占比例的图形化表示。（图4-3-1）

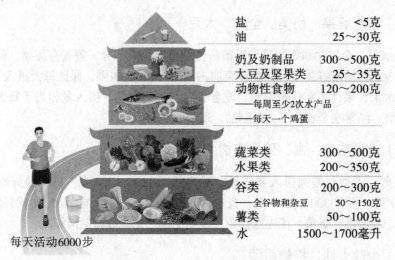

图4-3-1

（资料来源：中国营养学会官网）

宝塔形象化的组合，遵循了平衡膳食的原则，体现了在营养上比较理想的基本食物构成。宝塔共分5层，各层面积大小不同，体现了5大类食物和食物量的多少。5大类食物包括谷薯类、蔬菜水果、畜禽鱼蛋奶类、大豆和坚果类以及烹调用油盐。食物量是根据不同能量需要量水平设计的。宝塔旁边的文字注释标明了在1600～2400千卡（1千卡≈4.2千焦）能量需要量水平时，一段时间内成年人每人每天各类食物摄入量的建议值范围。

体育思政课堂

党的十八大以来，党中央把维护人民健康摆在更加突出的位置，召开全国卫生与健康大会，确立新时代卫生与健康工作方针，印发《"健康中国2030"规划纲要》，发出建设健康中国的号召，明确了建设健康中国的大政方针和行动纲领，人民健康状况和基本医疗卫生服务的公平性可及性持续改善。在抗击新型冠状病毒肺炎疫情的斗争中，我国的医药卫生体系经受住了考验，为维护人民生命安全和身体健康、恢复经济社会发展做出了重要贡献。

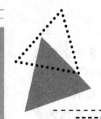

第五章 体育文化

第一节 体育文化概述

一、体育文化的概念

体育文化，广义的概念是指人类在历史发展进程中，在体育方面创造的一切物质文明与精神文明的总和；狭义的概念是指有关体育的精神文明或观念文化。体育文化包含以下几层意义：体育运动不是简单的身体活动，而是一种文化现象；体育运动的产生具有其自身的文化背景；对体育运动与文化的关系、体育运动的文化意义的研究，可以确立体育文化在人类文化大系统中的地位；人类应自觉塑造具有独立形态价值的体育文化。

著名文化人类学家鲁思·本尼迪克特曾说过："文化是通过某个民族的活动而表现出来的一种思维和行动方式。"体育被称作文化的原因如下。

（1）体育运动本身是人类创造的、后天习得的，具有非遗传性的身体活动。它不是动物本能的肢体活动和嬉戏。它是人类思维方式的表达和传递。因此，体育的产生具有文化意义。

（2）体育运动具备文化的各种特质。体育不仅具有外在的身体活动形式，以及设施、器材等物态体系，还具有内在的价值观念、意识形态、行为规范等。

（3）体育是以人自身的活动改变人自身的自然属性和社会属性，实现人自身自然价值和社会价值的转变的。体育本身已超过了物质文化体系，成为社会上层建筑的一部分。

（4）体育运动的发展历程表达了文化的民族性、时代性、社会性、差异性、继承性等。

二、体育文化的特性

（一）民族性

人类体育文化的存在和发展不仅存在共性，还存在差异性。人类体育文化的差异性就是体育文化的民族性的体现。不同地域的人创造了不同类型、不同形态的体育文化，而不同的体育文化又塑造了具有不同文化特征的群体。任何形式的民族体育文化

都与本民族的形成、延续和发展密切相关，都与本民族的地理环境、文化传统、风俗习惯、经济条件、生产力水平乃至社会结构相适应。这些反映本民族的、传统的体育文化规范着本民族的体育行为，也影响着人们不同的体育价值观念。例如，中国传统的体育文化在儒家文化的长期影响下，形成了以追求"统一""中和"，重在修身养性为主要特色的体育文化。

（二）时代性

随着时代的发展，不同的历史时期有不同的生产方式。人们总是生活在一个特定的环境中，这个特定的生活环境对人类有重大的影响。人们在生活实践中所创造的体育文化都会打上这个时代的烙印。因此，体育文化具有特定的性质、特定的内容和特定的形态，表现出鲜明的时代性。

（三）社会性

体育文化具有社会性。所有的文化都必须在社会中才能够形成和发展。体育文化是存在于社会中的，是社会发展的结果。体育文化的社会性还体现在体育文化具有广泛的群众性。体育运动几乎和不同地区、民族、职业、年龄的人有关。体育文化已成为现代社会生活不可缺少的一部分，是促进社会发展的重要力量。

（四）地域性

体育文化的地域性是指不同区域的体育文化由于自然和地理环境的差异而表现出鲜明的区域特色。在不同的地域环境中，各民族发展出适宜本民族的生活、文化活动，这些活动经过长时间的演化会发展成特殊的民族体育活动，形成鲜明的民族体育文化区域性特征。

（五）继承性

体育文化的继承性是指体育文化经过不同时代仍然保留其原有的一些属性。体育文化具有借助语言、文字、图像等媒介在人们的意识领域或社会价值体系中传承的特性。随着社会的发展，人们对体育文化的认识也在不断加深。

第二节　奥林匹克运动文化

一、古代奥运会

（一）古代奥运会的起源

古代奥林匹克运动是在古希腊民族的尚武精神影响下形成的一种习俗。当时在祭祀或各种庆典上，古希腊人把竞技献艺列为活动的主要内容。进入奴隶社会后，这些活动已经成为传统活动。此为古代奥林匹克运动会（简称"古代奥运会"）的雏形。

古代奥运会的举办地奥林匹亚小镇位于希腊首都雅典西南，处于伯罗奔尼撒半岛的山谷中、古伊利斯城邦南部的阿尔菲斯河和克拉德斯河汇合处，面向海洋，是多种文明的汇聚点，有利于促进政治、经济和文化的交流。古希腊不但是西方文明的发祥地，而且是古代奥林匹克运动的发源地。

（二）古代奥运会的兴衰历程

古代奥运会自公元前776年首届开始，每四年一届，到公元394年被入侵的罗马皇帝狄奥多西一世下令禁止，共举办了293届，此后中断了1500多年。其在千余年的历程中，大致可分为以下三个阶段。

第一阶段（公元前8世纪至公元前6世纪）：古代奥运会是只限于伯罗奔尼撒半岛的西部城邦参与的小范围的祭祀赛会。

第二阶段（公元前6世纪至公元前4世纪）：全希腊200多个城邦都来参与盛会，尤其是公元前5世纪，古希腊人打败波斯人后建起辉煌雄伟的宙斯神庙和完善的德尔菲竞技场，古代奥运会进入鼎盛期。

第三阶段（公元前4世纪至公元4世纪）：古希腊于公元前338年被马其顿王国征服。这期间古代奥运会虽然继续举办，但是随着国内城邦奴隶制的瓦解，古代奥运会不再是全希腊的祭祀盛典和氏族文化集会。到公元前146年，希腊又被罗马人占领，成为罗马帝国的一个行省，古代奥运会更加衰落。第175届古代奥运会被强令改在罗马举行，奥林匹亚只留下一个少年赛跑的比赛项目。公元394年，罗马皇帝狄奥多西一世下令废止古代奥运会。至此，古代奥运会结束了。

二、现代奥运会

现代奥运会兴起于欧洲资本主义工业时代。它以坚实的社会经济、政治、文化基础为依托，顺应了社会发展的需要和体育发展的潮流，极大地丰富了体育的内涵，扩大了体育的作用。

法国教育学家、体育活动家、历史学家顾拜旦是现代奥运会的发起人。从1888年开始，顾拜旦就提出复兴奥林匹克运动会的倡议，并前往多国宣传呼吁。在他的推动下，1894年，国际奥林匹克委员会（简称"国际奥委会"）在法国巴黎成立。

国际奥委会是现代奥运会的领导机构。国际奥委会主席通过国际奥林匹克委员会全体会议选举，从委员中产生，任期8年，连选连任时，每届任期4年。第1届国际奥林匹克委员会全体会议选举希腊人维凯拉斯为国际奥委会第一任主席，顾拜旦为秘书长。1984年，国际体育会议在巴黎召开。该会议决定于1896年4月在希腊雅典举行第1届现代奥运会，以后每4年举办一届。

三、奥林匹克宗旨、精神与文化

（一）奥林匹克宗旨和精神

1.奥林匹克宗旨

奥林匹克宗旨是通过没有任何歧视、具有奥林匹克精神——以友谊、团结和公平精神相互了解的体育活动来教育青年，从而为建立一个和平的、更美好的世界做出贡献。

2.奥林匹克精神

奥林匹克精神是相互了解、友谊、团结和公平竞争的精神。奥林匹克精神强调对文化差异的容忍和理解，强调竞技运动的公平与公正。

（二）奥林匹克文化

奥林匹克主义谋求把体育运动与文化和教育融合。为此，各国组织并开展了一系列丰富多彩的奥林匹克文化活动。

1.奥林匹克文化节

奥林匹克文化节是指在奥运会开幕前后，由主办国和主办城市组织举行的各种艺术表演和艺术展览。其充分展示了本国民族传统文化和其他国家的民族文化，是奥林匹克文化的重要内容。

奥林匹克文化节以文艺表演和展览为主。随着奥运会规模的不断扩大，显示主办国文化多样性、普遍性的奥林匹克文化节的举行时间也从奥运会期间延伸至奥运会开幕前后的几个月，甚至几年。例如，1968年墨西哥城奥运会的文化节为期一年；2000年悉尼奥运会的文化节为期近四年；2008年北京奥运会从2003年6月23日开始了第1届文化节，以后每年举办一届。

2.奥林匹克收藏和展览

奥林匹克收藏随着现代奥林匹克运动会的复兴和发展而形成。一些国家不仅有庞大的奥林匹克收藏队伍和各种体育收藏协会，还建有多种内容和形式的体育博物馆，用于举办展览会、交易会和展销会。奥林匹克收藏分为三大系列：奥林匹克邮票收藏、奥林匹克纪念币收藏和奥林匹克纪念物收藏。

奥林匹克展览是奥林匹克收藏的展示手段。目前，许多国家都建有各类体育博物馆、体育名人堂，用于举办临时性奥林匹克体育展览及博览会等。

3.奥林匹克雕塑和绘画

早在古希腊时代，人们就认为雕塑是融艺术与生活于一体的表现形式。与奥运会有关的雕塑始见于公元前7世纪，古希腊的奥林匹亚有数千座雕塑。奥林匹克赛场上英姿飒爽的运动员及其健美的形体、发达的肌肉，甚至激烈竞争的场面，都是艺术家喜爱表现的题材。一百多年来，历届奥运会主办城市都会出现许多雕塑作品。1989年，中国奥林匹克委员会（简称"中国奥委会"）将《千钧一箭》和《走向世界》两件雕塑作品赠送给了国际奥委会，分别陈列在奥林匹克博物馆和瑞士洛桑奥林匹克公园。

奥林匹克的绘画艺术在古代奥运会期间也已出现。由于难以保存，古希腊时期的绘画作品以陶器彩绘形式保留下来的居多。现代奥林匹克题材的绘画呈现多元的发展趋势。在每届奥运会期间的主题绘画艺术展上，人们都可以看到各国艺术家的作品。当今，艺术家借助于现代科技手段强化奥林匹克绘画的效果，计算机技术也被运用于奥林匹克绘画创作，这给奥林匹克绘画作品带来了更大的创作空间。

四、奥林匹克运动与中国

（一）中国早期的奥林匹克竞赛活动

1890 年，上海圣约翰书院举办的以田径为主项的运动会，是中国最早的运动会。随后，各地学校纷纷效仿，各种学校运动会和校际运动会大量出现。

1910 年 10 月 18 日，全国学校区分队第一次体育同盟会成立。这是中国近代史上成立的第一个全国性体育组织。

1922 年，王正廷担任国际奥委会委员。中国与国际奥委会建立了直接联系。

1928 年，中国派人参加在荷兰阿姆斯特丹举行的第 9 届奥运会，但由于准备不足，只派了宋如海一人作为观察员出席而未参赛。

1932 年，第 10 届奥运会在美国洛杉矶举行。中国原计划派足球和田径选手参赛，但限于当时的国内形势，计划落空。后来，中国派出了一个代表团：代表沈嗣良，教练宋君复，选手刘长春。因旅途疲劳，体力不支，刘长春在 100 米跑、200 米跑预赛中被淘汰。这是中国运动员第一次正式进入奥运会赛场，向全世界宣告了中国奥林匹克运动的存在。

1936 年，第 11 届奥运会在德国柏林举行。中国代表团派出了 69 名运动员参赛。除符保卢撑竿跳高项目进入复赛外，其余各项目的选手均在初赛时被淘汰。

1948 年，第 14 届奥运会在英国伦敦举行。中国派出 33 名运动员参赛，但各项参赛运动员均未进入决赛。

（二）中华人民共和国成立后的奥林匹克运动

中华人民共和国成立后，中国发生了翻天覆地的变化，这为奥林匹克运动在中国的开展提供了良好的环境基础。奥林匹克运动由此在中国蓬勃地发展起来。

1949 年 10 月，全国体育工作者代表大会在北京召开，商议中国体育发展事宜。

1952 年，中华全国体育总会成立。同年，中国派体育代表团参加了第 15 届奥运会。当时出于某些原因，当中国代表团抵达芬兰赫尔辛基时，奥运会的赛程已过大半，只有游泳选手吴传玉有机会参加了 100 米仰泳比赛。

1958 年 8 月，中国宣布中断与国际奥委会及有关单项体育联合会的联系，并退出国际奥委会。

1979 年 11 月，国际奥委会通过决议，承认中国奥委会是中华人民共和国唯一合法国家代表。

1984 年 7 月 29 日，在美国洛杉矶举行的第 23 届奥运会上，射击运动员许海峰夺得金牌。这是本届奥运会的首枚金牌，也是世界体育史上第一枚属于中国的奥运金牌。在这届奥运会中，中国获金牌 15 枚，金牌总数位列第 4 名，揭开了中国奥运史上新的一页。

在 2008 年北京奥运会上，我国雄居金牌榜首位。运动健儿在奥运赛场上取得的骄人战绩为我国屹立于世界体育之林奠定了雄厚的基础。

（三）2008 年北京奥运会理念

2008 年北京奥运会既是历史赋予我们的机遇，也是历史给予我们的挑战。"绿色奥运、科技奥运、人文奥运"三位一体的口号本身就是 2008 年北京奥运会的一大特色和亮点。

1. 绿色奥运

绿色奥运是奥林匹克运动发展的新潮流。北京为实现绿色奥运所采取的措施包括如下几点：加快实施北京市的环保规划，促进城市的可持续发展，兴建奥林匹克公园，扩大人均占有森林和绿地的面积，改善水体质量，唤起民众的环保意识，提高城市的文明水平。

2. 科技奥运

科技奥运是指在奥林匹克运动中广泛运用高科技手段。首先，科技奥运要求科技产业迅速发展，通过举办奥运会带动相关技术和产品的升级换代；其次，奥运会是最新科技成果的展示场，如各种应用程序、电子计分系统、通信手段的应用等；最后，奥运会可以提高整个城市的现代化水平，促进高科技在电子、信息、环保、交通、旅游产业等方面的应用。科技奥运在北京发展知识经济的过程中发挥了重要作用。

3. 人文奥运

人文奥运突出"以人为本"的理念，倡导体育与文化、教育的有机结合。人文精神强调人的尊严和人的价值。2008 年北京奥运会成为歌颂人、尊重人的展示窗口，一切以人为中心，构建和谐、文明的人文舞台。人文奥运是人文精神与社会环境的结合。人文精神是社会环境的内化，社会环境是人文精神的外化，人文奥运彰显出来的北京奥运特色也由这两者淋漓尽致地展现出来。每种文化传统都有其独特的人文精神。中国优秀传统文化有其充满魅力的价值观念、人文观念、思维模式和行为模式。追求和谐是中国传统文化的一个特色，也是 2008 年北京奥运会的特色之一。

（四）2022 年北京冬奥会

2022 年 2 月 4 日至 2 月 20 日，北京冬奥会成功举办。2022 年北京冬奥会设 7 个大项，109 个小项。北京主办冰上项目，张家口主办雪上项目，延庆协办张家口的雪上项目。2022 年北京冬奥会大项的项目介绍如下。

1. 滑雪

（1）高山滑雪。2022 年北京冬奥会高山滑雪设 11 个小项，男子、女子项目各 5 项，另设混合项目。男子项目设滑降、回转、大回转、超级大回转、全能；女子项目设滑降、回转、大回转、超级大回转、全能。高山滑雪将速度与技巧完美地结合在一起。运动员在滑行过程中左右盘旋，将健美与优雅融于一体。

（2）自由式滑雪。自由式滑雪从 20 世纪中叶首先在美国发展起来。2022 年北京冬奥会自由式滑雪项目包括空中技巧、雪上技巧、障碍追逐、U 型场地技巧、坡面障碍技巧、大跳台、空中技巧混合团体等小项，不同小项各具特色。

（3）单板滑雪。单板滑雪又称滑板滑雪，起源于 20 世纪 60 年代中期的美国，其产生与冲浪运动有关，因此也被称为"冬季冲浪运动"。1998 年，单板滑雪成为冬奥会正式比赛项目。单板滑雪选手是用一个滑雪板而不是一双滑雪板，利用身体和两脚来控制方向。

（4）跳台滑雪。跳台滑雪起源于挪威，于 1924 年被列为第 1 届冬奥会比赛项目。2022 年北京冬奥会跳台滑雪包括男子项目、女子项目、混合项目。其中，男子项目包括个人标准台、个人大跳台、团体，女子项目为个人标准台，混合项目为混合团体。

（5）越野滑雪。越野滑雪是最基础的雪上传统项目，于 1924 年被列为第 1 届冬奥会比赛项目。参加越野滑雪比赛的运动员的体力消耗巨大，在终点冲刺时，摔倒常被当作撞线战术使用。

（6）北欧两项。北欧两项起源于北欧，由越野滑雪和跳台滑雪组成，只设男子项目。北欧两项在挪威、瑞典流传了很长时间，是北欧的传统项目，故又称北欧全能。19 世纪中期，北欧两项运动首先出现在挪威，在 1924 被列为第 1 届冬奥会正式比赛项目。1988 年卡尔加里冬奥会开始设北欧两项团体项目。2022 年北京冬奥会北欧两项设男子个人标准台 +10 公里越野滑雪、男子个人大跳台 +10 公里越野滑雪、男子团体大跳台 +4×5 公里越野滑雪。

2. 滑冰

（1）短道速滑。短道速滑全称短跑道速度滑冰，比赛场地的大小为 30 米 ×60 米，跑道每圈的长度为 111.12 米。19 世纪 80 年代，短道速滑起源于加拿大。当时加拿大一些速度滑冰爱好者常到室内冰球场上练习，随之产生了室内速度滑冰比赛。20 世纪初，这项比赛逐渐在欧美国家广泛开展。1992 年，短道速滑被列为冬奥会正式比赛项目。短道速滑比赛采用淘汰制，以预赛、次赛、半决赛、决赛的比赛方式进行。

（2）速度滑冰。速度滑冰是一项在 400 米赛道上比赛滑行速度的冰上运动。男女速度滑冰分别于 1924 年、1960 年被列为冬奥会比赛项目。2022 年北京冬奥会速度滑冰项目共产生 14 枚金牌。

（3）花样滑冰。花样滑冰是运动员穿着脚底装有冰刀的冰鞋，靠自身力量在冰上滑行，表演预先以技术动作为基础编排的节目，由裁判组评估打分、排出名次。

3. 冰球

冰球又称"冰上曲棍球"。冰球将多变的滑冰技艺与敏捷娴熟的曲棍球技艺相结合，是对抗性较强的集体冰上运动项目之一。运动员穿着冰鞋，手拿冰杆滑行拼抢击球。球一般用硬橡胶制成，高 2.54 厘米，直径为 7.62 厘米，球的质量为 156 ～ 170 克。比赛时，每队上场 6 人，其中前锋 3 人、后卫 2 人、守门员 1 人，共进行 3 局。运动员用冰杆将球击入对方球门，以进球多者为胜。

4. 冰壶

冰壶被称为"冰上国际象棋"，这一比喻很好地诠释了冰壶的趣味性和高雅性。冰壶是一种以队为单位在冰上进行的投掷性竞赛项目，设男子冰壶、女子冰壶和混合双人冰壶项目，每队 4 人。冰壶为圆壶状，由壶体、手柄和螺栓组成。冰壶周长约为 91.44 厘米，高（从壶的底部到顶部）为 11.43 厘米，质量（包括手柄和螺栓）近 20 千克。

5. 雪车和钢架雪车

2022 年北京冬奥会的雪车项目包括雪车和钢架雪车两种。雪车起源于瑞士，从第 1 届冬奥会就被列为比赛项目。雪车的速度是最大的看点，雪车的平均时速为 100 千米左右，最高可达 160 千米。1892 年，英国人蔡尔德使用一架主要以金属为材料制成的新雪橇，后来此新雪橇被命名为"钢架雪车"。钢架雪车由于过于惊险、刺激，曾被取消冬奥会资格，最终于 2002 年才成为冬奥会中较为稳定的一个项目。钢架雪车和雪

车最主要的区别是钢架雪车要求运动员头向前俯卧滑行。

6. 雪橇

雪橇在 1964 年因斯布鲁克冬奥会上被列为正式比赛项目。雪橇比赛线路男子为 1000～1350 米，女子为 800～1200 米，赛道宽最大值为 1.5 米，全程设 11～18 个弯道。雪橇比赛允许运动员通过配重增加重量，但如果配重超出规定的范围，则运动员会被取消比赛资格。

7. 冬季两项

冬季两项起源于北欧，是雪上项目之一，是由越野滑雪与射击相结合的运动。其要求运动员身背专用小口径步枪，每滑行一段距离进行一次射击，最先到达终点者为优胜者。1960 年斯阔谷冬奥会将这一项目改称冬季两项，并将其列为冬奥会正式比赛项目。1992 年阿尔贝维尔冬奥会增设女子冬季两项比赛。

第三节　校园体育文化

一、校园体育文化的含义

校园体育文化是指校园内所呈现的一种特定的体育文化氛围。它是学校的师生、员工在体育教学、健身运动、运动竞赛、体育设施建设等活动中所形成和拥有的所有的物质财富和精神财富，以及体育观念和体育意识。它是以学生为主体，以课外体育文化活动为主要内容，以校园精神为主要特征的一种群体文化。它与校园德育文化、智育文化、美育文化等一起构成了校园文化群，又与竞技体育文化、大众体育文化组成了广义的体育文化群。

二、校园体育文化的特点

每一种文化都具有其独特性和特殊性。校园体育文化的产生和发展既受社会文化的影响，又有其自身在精神形态方面的独特表现。

（一）校园体育文化的客观性和时代性

高校的体育场地、设施健全，学生的课余活动时间充裕，校园体育文化相对丰富多彩、生动活泼，校园体育文化对学校的发展所起到的作用表明了它的客观性。校园体育文化的形成在一定程度上受到时代的政治体制、经济体制、教育体制及社会结构、文化风尚等因素的制约，在一定程度上反映了每个时代的体育面貌和主旋律，体现出一定的时代性。

（二）校园体育文化的连续性和延展性

校园体育活动（如季赛、年赛等）是一种带有普遍参与性、重复出现性且相对稳定性的集体行为，具有连续性。体育活动也不再局限于校园内，学生也会在课外时间进行相关体育活动，不断提高和展现自我的身体能力和竞技水平，这体现出校园体文化具有一定的延展性。

（三）校园体育文化的动态性、闭合性和开放性

动态性是体育活动与文化课学习最大的区别。体育活动是学生以运动态的身体为基础进行的一系列有关于身体教育的活动。体育竞赛可以把班级、系部乃至全校的学生集合、团结起来，使学生们齐心协力共进退，这体现了校园体育文化的闭合性。然而，在整个竞赛过程中的较量、学习和展示却是开放的，但这种开放并不是无限的，而是基于社会主义教育目标本质、实现终身体育和健康第一的有选择的分层开放，这体现了校园体育文化的开放性。

三、校园体育文化建设措施

（一）加强宣传力度

学校运用标语、图片展览、广播等形式进行体育文化宣传，使校内人员真正了解本校体育文化并认识到强身健体的重要性，培养他们对体育的兴趣，提高他们的体育参与度，使他们了解体育、参与体育、享受体育带来的乐趣。

（二）重视课外体育活动

课外体育活动是开展体育文化活动的主要途径。它既有督促学生完成体育锻炼任务的作用，又有丰富学生的课余文化生活的作用。课外体育活动对增强学生的锻炼意识和提高学生参加锻炼的积极性有促进作用。

（三）组织体育知识讲座

体育知识讲座是丰富学生体育知识的重要手段。学校可以邀请校内外体育专家、运动员配合体育教学任务进行讲座，介绍国内外体育赛事、体育形势、体育文化等，以拓宽学生的视野，丰富学生的体育文化知识。

（四）组织体育知识竞赛

学校组织体育知识竞赛具有简单易行的特点。学校可组织班级、年级甚至全校学生进行体育知识竞赛活动，以提高学生对体育文化的兴趣和参加体育活动的积极性。

（五）发挥本校体育传统，形成特色

学校体育传统具有普遍性、延续性，是一种相对稳定且独具特点的文化形态，具有教育、导向、规范、凝聚和激励的作用。各个学校的类型、规模、办学条件、师生构成等不同，加上学校所处地区的环境、地理条件、气候等存在差异，这就决定了不同学校建设校园体育文化的具体思路会有所不同。在建设校园体育文化的过程中，各个学校都应该根据自己的具体情况发展校园体育文化，最终形成自己的体育文化特色。

（六）加强校园体育物质文化建设

校园里的体育雕塑、体育设施、体育场地等本身就是体育文化的体现。它们是体

育文化的载体，凝聚和展示着人类的知识、思想和智慧，体现着人们的情操、意志、价值观念等多种文化特质，这些文化特质会对人起到潜移默化的熏陶作用。此外，体育设施、体育场地等是师生进行体育锻炼的物质保证。因此，学校要努力创造条件，加强校园体育物质文化建设，包括建造体育场馆、完善体育设施，以及合理地使用已有的体育场地、设施和体育用品。

体育思政课堂

　　北京是世界上首个既举办过夏季奥运会又举办过冬季奥运会的"双奥之城"，在奥林匹克史上书写了浓墨重彩的一笔。中华大地再次走过了奥林匹克主火炬点燃的神圣时刻，全世界运动员齐聚在五环旗下，在"更快、更高、更强——更团结"的奥林匹克格言感召下，追求卓越荣耀，展现运动之美。2022年北京冬奥会和冬残奥会主题口号"一起向未来"，是中国向全世界发出的携手共创未来的时代之音，更是构建人类命运共同体理念在奥林匹克运动领域的生动诠释。

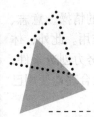

第六章 学生体质健康测试

第一节 《国家学生体质健康标准（2014 年修订）》* 简介

一、说明

　　《国家学生体质健康标准》（以下简称《标准》）是国家学校教育工作的基础性指导文件和教育质量基本标准，是评价学生综合素质、评估学校工作和衡量各地教育发展的重要依据，是《国家体育锻炼标准》在学校的具体实施，适用于全日制普通小学、初中、普通高中、中等职业学校、普通高等学校的学生。

　　本标准的修订坚持健康第一，落实《国家中长期教育改革和发展规划纲要（2010—2020 年）》《国务院办公厅转发教育部等部门关于进一步加强学校体育工作若干意见的通知》（国办发〔2012〕53 号）和《教育部关于印发〈学生体质健康监测评价办法〉等三个文件的通知》（教体艺〔2014〕3 号）有关要求，着重提高《标准》应用的信度、效度和区分度，着重强化其教育激励、反馈调整和引导锻炼的功能，着重提高其教育监测和绩效评价的支撑能力。

　　本标准从身体形态、身体机能和身体素质等方面综合评定学生的体质健康水平，是促进学生体质健康发展、激励学生积极进行身体锻炼的教育手段，是国家学生发展核心素养体系和学业质量标准的重要组成部分，是学生体质健康的个体评价标准。

　　本标准将适用对象中高校部分分为以下组别：大学一、二年级为一组，三、四年级为一组。

　　大学各组别的测试指标均为必测指标。其中，身体形态类中的身高、体重，身体机能类中的肺活量，以及身体素质类中的 50 米跑、坐位体前屈为各年级学生共性指标。

　　本标准的学年总分由标准分与附加分之和构成，满分为 120 分。标准分由各单项指标得分与权重乘积之和组成，满分为 100 分。附加分根据实测成绩确定，即对成绩超过 100 分的加分指标进行加分，满分为 20 分；大学的加分指标为男生引体向上和1000 米跑，女生 1 分钟仰卧起坐和 800 米跑，各指标加分幅度均为 10 分。

---

* 节选自教育部印发的《国家学生体质健康标准（2014 年修订）》，略有改动。

根据学生学年总分评定等级：90.0 分及以上为优秀，80.0～89.9 分为良好，60.0～79.9 分为及格，59.9 分及以下为不及格。

每个学生每学年评定一次，记入《〈国家学生体质健康标准〉登记卡》。特殊学制的学校，在填写登记卡时可以按规定和需求相应地增减栏目。学生毕业时的成绩和等级，按毕业当年学年总分的 50% 与其他学年总分平均得分的 50% 之和进行评定。

学生测试成绩评定达到良好及以上者，方可参加评优与评奖；成绩达到优秀者，方可获体育奖学分。测试成绩评定不及格者，在本学年度准予补测一次，补测仍不及格，则学年成绩评定为不及格。普通高等学校学生毕业时，《标准》测试的成绩达不到50 分者按结业或肄业处理。

学生因病或残疾可向学校提交暂缓或免予执行《标准》的申请，经医疗单位证明，体育教学部门核准，可暂缓或免予执行《标准》，并填写《免予执行〈国家学生体质健康标准〉申请表》，存入学生档案。确实丧失运动能力、被免予执行《标准》的残疾学生，仍可参加评优与评奖，毕业时《标准》成绩需注明免测。

各学校每学年开展覆盖本校各年级学生的《标准》测试工作，《标准》测试数据经当地教育行政部门按要求审核后，通过"中国学生体质健康网"上传至"国家学生体质健康标准数据管理系统"。测试和数据上传时间由教育行政部门确定。

二、单项指标与权重

单项指标与权重如表 6-1-1 所示。

表 6-1-1　单项指标与权重

测试对象	单项指标	权重
大学各年级	体重指数（BMI）	15%
	肺活量	15%
	50 米跑	20%
	坐位体前屈	10%
	立定跳远	10%
	引体向上（男）/1 分钟仰卧起坐（女）	10%
	1000 米跑（男）/800 米跑（女）	20%

注：体重指数（BMI）=体重（千克）/身高^2（米^2）。

三、评分表

《国家学生体质健康标准（2014 年修订）》中大学阶段的评分表如表 6-1-2 至表6-1-8 所示。

表 6-1-2　体重指数（BMI）单项评分表　　　（单位：千克 / 米²）

等级	单项得分	大学男生	大学女生
正常	100	17.9 ～ 23.9	17.2 ～ 23.9
低体重	80	≤ 17.8	≤ 17.1
超重		24.0 ～ 27.9	24.0 ～ 27.9
肥胖	60	≥ 28.0	≥ 28.0

表 6-1-3　大学男生各测试项目评分表　　　（大一、大二适用）

等级	单项得分	肺活量 / 毫升	50 米跑 / 秒	坐位体前屈 / 厘米	立定跳远 / 厘米	引体向上 / 次	耐力跑 1000 米 / （分 : 秒）
优秀	100	5040	6.7	24.9	273	19	3:17
	95	4920	6.8	23.1	268	18	3:22
	90	4800	6.9	21.3	263	17	3:27
良好	85	4550	7.0	19.5	256	16	3:34
	80	4300	7.1	17.7	248	15	3:42
	78	4180	7.3	16.3	244		3:47
	76	4060	7.5	14.9	240	14	3:52
	74	3940	7.7	13.5	236		3:57
	72	3820	7.9	12.1	232	13	4:02
及格	70	3700	8.1	10.7	228		4:07
	68	3580	8.3	9.3	224	12	4:12
	66	3460	8.5	7.9	220		4:17
	64	3340	8.7	6.5	216	11	4:22
	62	3220	8.9	5.1	212		4:27
	60	3100	9.1	3.7	208	10	4:32
不及格	50	2940	9.3	2.7	203	9	4:52
	40	2780	9.5	1.7	198	8	5:12
	30	2620	9.7	0.7	193	7	5:32
	20	2460	9.9	−0.3	188	6	5:52
	10	2300	10.1	−1.3	183	5	6:12

表 6-1-4　大学男生各测试项目评分表　　　（大三、大四适用）

等级	单项得分	肺活量 / 毫升	50 米跑 / 秒	坐位体前屈 / 厘米	立定跳远 / 厘米	引体向上 / 次	耐力跑 1000 米 / （分 : 秒）
优秀	100	5140	6.6	25.1	275	20	3:15
	95	5020	6.7	23.3	270	19	3:20
	90	4900	6.8	21.5	265	18	3:25

续表

等级	单项得分	肺活量/毫升	50米跑/秒	坐位体前屈/厘米	立定跳远/厘米	引体向上/次	耐力跑1000米/（分∶秒）
良好	85	4650	6.9	19.9	258	17	3∶32
	80	4400	7.0	18.2	250	16	3∶40
及格	78	4280	7.2	16.8	246		3∶45
	76	4160	7.4	15.4	242	15	3∶50
	74	4040	7.6	14.0	238		3∶55
	72	3920	7.8	12.6	234	14	4∶00
	70	3800	8.0	11.2	230		4∶05
	68	3680	8.2	9.8	226	13	4∶10
	66	3560	8.4	8.4	222		4∶15
	64	3440	8.6	7.0	218	12	4∶20
	62	3320	8.8	5.6	214		4∶25
	60	3200	9.0	4.2	210	11	4∶30
不及格	50	3030	9.2	3.2	205	10	4∶50
	40	2860	9.4	2.2	200	9	5∶10
	30	2690	9.6	1.2	195	8	5∶30
	20	2520	9.8	0.2	190	7	5∶50
	10	2350	10.0	-0.8	185	6	6∶10

表6-1-5　大学女生各测试项目评分表　　　　　（大一、大二适用）

等级	单项得分	肺活量/毫升	50米跑/秒	坐位体前屈/厘米	立定跳远/厘米	1分钟仰卧起坐/次	耐力跑800米/（分∶秒）
优秀	100	3400	7.5	25.8	207	56	3∶18
	95	3350	7.6	24.0	201	54	3∶24
	90	3300	7.7	22.2	195	52	3∶30
良好	85	3150	8.0	20.6	188	49	3∶37
	80	3000	8.3	19.0	181	46	3∶44
及格	78	2900	8.5	17.7	178	44	3∶49
	76	2800	8.7	16.4	175	42	3∶54
	74	2700	8.9	15.1	172	40	3∶59
	72	2600	9.1	13.8	169	38	4∶04
	70	2500	9.3	12.5	166	36	4∶09
	68	2400	9.5	11.2	163	34	4∶14

等级	单项得分	肺活量/毫升	50米跑/秒	坐位体前屈/厘米	立定跳远/厘米	1分钟仰卧起坐/次	耐力跑800米/（分：秒）
及格	66	2300	9.7	9.9	160	32	4:19
	64	2200	9.9	8.6	157	30	4:24
	62	2100	10.1	7.3	154	28	4:29
	60	2000	10.3	6.0	151	26	4:34
不及格	50	1960	10.5	5.2	146	24	4:44
	40	1920	10.7	4.4	141	22	4:54
	30	1880	10.9	3.6	136	20	5:04
	20	1840	11.1	2.8	131	18	5:14
	10	1800	11.3	2.0	126	16	5:24

表 6-1-6 大学女生各测试项目评分表 （大三、大四适用）

等级	单项得分	肺活量/毫升	50米跑/秒	坐位体前屈/厘米	立定跳远/厘米	1分钟仰卧起坐/次	耐力跑800米/（分：秒）
优秀	100	3450	7.4	26.3	208	57	3:16
	95	3400	7.5	24.4	202	55	3:22
	90	3350	7.6	22.4	196	53	3:28
良好	85	3200	7.9	21.0	189	50	3:35
	80	3050	8.2	19.5	182	47	3:42
及格	78	2950	8.4	18.2	179	45	3:47
	76	2850	8.6	16.9	176	43	3:52
	74	2750	8.8	15.6	173	41	3:57
	72	2650	9.0	14.3	170	39	4:02
	70	2550	9.2	13.0	167	37	4:07
	68	2450	9.4	11.7	164	35	4:12
	66	2350	9.6	10.4	161	33	4:17
	64	2250	9.8	9.1	158	31	4:22
	62	2150	10.0	7.8	155	29	4:27
	60	2050	10.2	6.5	152	27	4:32
不及格	50	2010	10.4	5.7	147	25	4:42
	40	1970	10.6	4.9	142	23	4:52
	30	1930	10.8	4.1	137	21	5:02
	20	1890	11.0	3.3	132	19	5:12
	10	1850	11.2	2.5	127	17	5:22

表 6-1-7 大学生加分指标测试项目评分表一　　　　　　（单位：次）

加分	引体向上（男）		1分钟仰卧起坐（女）	
	大一、大二	大三、大四	大一、大二	大三、大四
10	10	10	13	13
9	9	9	12	12
8	8	8	11	11
7	7	7	10	10
6	6	6	9	9
5	5	5	8	8
4	4	4	7	7
3	3	3	6	6
2	2	2	4	4
1	1	1	2	2

注：引体向上（男）、1分钟仰卧起坐（女）均为高优指标，学生成绩超过单项评分100分后，以超过的次数所对应的分数进行加分。

表 6-1-8 大学生加分指标测试项目评分表二　　　　　　（单位：秒）

加分	1000 米跑（男）		800 米跑（女）	
	大一、大二	大三、大四	大一、大二	大三、大四
10	−35	−35	−50	−50
9	−32	−32	−45	−45
8	−29	−29	−40	−40
7	−26	−26	−35	−35
6	−23	−23	−30	−30
5	−20	−20	−25	−25
4	−16	−16	−20	−20
3	−12	−12	−15	−15
2	−8	−8	−10	−10
1	−4	−4	−5	−5

注：1000 米跑（男）、800 米跑（女）均为低优指标，学生成绩低于单项评分100分后，以减少的秒数所对应的分数进行加分。

第二节 学生体质健康测试方法

一、身高

（一）测试目的

身高测量与体重测量相结合，评定学生的身材匀称度，评价学生的生长发育水平和营养状况。

（二）测试方法

受试者赤足，以立正姿势站在身高计的底板上（上肢自然下垂，两脚脚跟并拢，两脚脚尖分开约 60°）。脚跟、骶骨部和两肩胛区与立柱相接触，躯干自然挺直，头部正直，耳屏上缘与眼眶下缘成水平位（图 6-2-1）。测试人员站在受试者右侧，将水平压板轻轻沿立柱下滑，轻压于受试者头顶。测试人员读数时，两眼应与压板水平面等高；记录员复述后进行记录。以厘米为单位记录测试成绩，精确到小数点后 1 位。测试误差不得超过 0.5 厘米。

图 6-2-1

（三）注意事项

（1）身高计应选择在平坦靠墙的地方放置，立柱的刻度尺应面向光源。

（2）严格掌握"三点靠立柱""两点成水平"的测量姿势要求。测试人员读数时，两眼一定要与压板水平面等高，两眼高于压板时要下蹲，低于压板时应垫高。

（3）水平压板与头顶接触时，松紧要适度，头发蓬松者要压实，头顶的发辫、发结要放开，饰物要取下。

（4）读数完毕，立即将水平压板轻轻推向安全高度，以防碰坏。

（5）测量身高前，受试者应避免进行剧烈的体育活动或体力劳动。

二、体重

（一）测试目的

体重测量与身高测量相结合，评定学生的身材匀称度，评价学生的生长发育水平和营养状况。

（二）测试方法

测试时，体重秤应放在平坦的地面上，确保起始值为 0。受试者赤足，男性受试者身着短裤（图 6-2-2），女性受试者身着短裤、短袖衫，站在秤台中央。读数以千克为单位，保留 1 位小数。记录员复诵

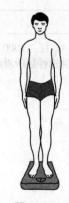

图 6-2-2

后进行记录。测试误差不超过 0.1 千克。

（三）注意事项

（1）测量体重前，受试者不得进行剧烈的体育活动或体力劳动。

（2）测量时，受试者应站在秤台中央。上下秤动作要轻。

三、肺活量

（一）测试目的

测试学生的肺通气功能。

（二）测试方法

房间通风良好；使用干燥的一次性口嘴（若使用非一次性口嘴，则每换一名受试者须消毒一次，消毒后必须保持干燥）。肺活量计主机应放置在平稳桌面上。检查电源线及接口是否牢固。测试者按工作键，屏幕上显示 "0" 即表示机器进入工作状态。预热 5 分钟后测试为佳。

测试者首先告知受试者不必紧张，以中等速度和力度尽全力吹气效果最好。受试者手持吹气口嘴，面对肺活量计站立，试吹 1 次或 2 次，首先看仪表有无反应，还要试口嘴或鼻处是否漏气，调整口嘴和用鼻夹（或自己捏鼻孔）；学会深吸气（避免耸肩提气，应该像闻花似的慢吸气）。测试时，受试者进行一两次较平日深一些的呼吸动作后，更深地吸一口气，屏住气向口嘴处慢慢呼出至不能再呼为止，防止此时从口嘴处吸气，测试中不得中途二次吸气。吹气完毕后，液晶屏上最终显示的数字即肺活量值。每位受试者测 3 次，每次间隔 15 秒，记录 3 次数值，选取最大值作为测试结果。以毫升为单位记录测试成绩，不保留小数。

（三）注意事项

（1）保持电子肺活量计计量部位的通畅和干燥是确保测量准确的关键。吹气筒的导管必须在上方，避免唾液或杂物堵住气道。

（2）每测试 10 人及测试完毕后，测试者用干棉球及时清理和擦干气筒内部。严禁用水、酒精等任何液体冲洗气筒内部。

（3）导气管存放时不能弯折。

（4）定期校对仪器。

四、50 米跑

（一）测试目的

测试学生速度素质、灵敏素质和神经系统灵活性的发展水平。

（二）测试方法

受试者至少两人一组测试，采用站立式起跑姿势。受试者听到"跑"的口令后开始起跑。发令员在发出口令的同时要摆动发令旗。计时员视旗动开表计时，在受试者躯干部到达终点线的垂直面时停表。以秒为单位记录测试成绩，精确到小数点后1位，小数点后第二位数按非0进1原则进位，如10.11秒读成10.2秒，并记录。

（三）注意事项

（1）受试者最好穿运动鞋或平底布鞋参加测试，赤足亦可，但不得穿钉鞋、皮鞋、塑料凉鞋。

（2）测试人员如发现有人抢跑，应立即将该测试组召回重跑。

（3）如遇风一律顺风跑。

五、坐位体前屈

（一）测试目的

测量学生在静止状态下躯干、腰、髋等部位的活动幅度，主要评定学生柔韧素质的发展水平。

（二）测试方法

受试者坐在平地上，两腿伸直，两脚分开10～15厘米，平蹬测试纵板，上体前屈，两臂伸直，用两手中指指尖逐渐向前推动游标，直到不能前推为止（图6-2-3）。测试计的脚蹬纵板内沿平面为0点，向内为负值，向前为正值。以厘米为单位记录测试成绩，保留1位小数。测试2次，取最好成绩。

图6-2-3

（三）注意事项

（1）上体前屈；两手向前推动游标时，两腿不能弯曲。

（2）受试者应匀速地向前推动游标，不得突然发力。

六、立定跳远

（一）测试目的

测试学生下肢爆发力和身体协调能力的发展水平。

（二）测试方法

受试者两脚自然开立，站在起跳线后，脚尖不得踩线（可用线绳做起跳线）。两脚原地同时起跳，不得有垫步或连跳动作。测试人员丈量起跳线后缘至受试者最近着地点后的垂直距离。每人试跳 3 次，记录其中成绩最好的一次。以厘米为单位记录测试成绩，不计小数。

（三）注意事项

（1）受试者犯规时，则此次成绩无效。3 次试跳均无成绩者，应允许其再跳，直至取得成绩为止。

（2）受试者可以赤足，但不得穿钉鞋、皮鞋、塑料凉鞋参加测试。

七、引体向上（男）

（一）测试目的

测试学生上肢肌肉力量和肌肉耐力的发展水平。

（二）测试方法

受试者跳起，两手正握杠，两手分开与肩同宽，成直臂悬垂姿势。静止后，两臂同时用力引体（身体不能有附加动作），上拉到下颌超过横杠上缘为完成 1 次。记录受试者完成引体向上的次数。

（三）注意事项

（1）受试者应两手正握杠，待身体静止后再开始测试。

（2）引体向上时，身体不得有大幅度的摆动，也不得借助其他附加动作撑起。

（3）两次引体向上的间隔时间超过 10 秒则终止测试。

八、1 分钟仰卧起坐（女）

（一）测试目的

测试学生的腹肌耐力。

（二）测试方法

受试者仰卧于垫上，两腿稍分开，屈膝约成 90°，两手手指交叉抱于脑后。受试者坐起时，两肘触及或超过两膝为完成 1 次。仰卧时，两肩胛必须触垫。测试人员发出"开始"口令的同时开表计时，记录 1 分钟内完成次数（图 6-2-4）。1 分钟到时，受试者虽已坐起，但肘关节未达到两膝者不计该次数，精确到个位。

图 6-2-4

（三）注意事项

（1）受试者如借用肘部撑垫或臀部起落的力量起坐，则该次不计数。

（2）在测试过程中，测试人员应向受试者报数。

（3）受试者两脚必须放于垫上。

九、1000 米跑（男）/800 米跑（女）

（一）测试目的

测试学生耐力素质的发展水平，特别是心血管系统和呼吸系统的机能及肌肉耐力。

（二）测试方法

受试者至少两人一组进行测试，采用站立式起跑姿势。受试者听到"跑"的口令后开始起跑。发令员在发出口令的同时摆动发令旗。计时员视旗动开表计时，在受试者的躯干部到达终点线的垂直面时停表。以分、秒为单位记录测试成绩，不计小数。

（三）注意事项

（1）如果在非 400 米标准场地上进行测试，测试人员应向受试者报告剩余圈数，以免受试者跑错距离。

（2）测试人员应告知受试者在跑完后要继续缓慢走动，不要立刻停下，以免损伤身体。

（3）受试者不得穿皮鞋、塑料凉鞋、钉鞋参加测试。

（4）测试人员在记录成绩时要细心，避免出错。

第三节　促进体质健康测试达标的锻炼方法

一、优化体重指数的锻炼方法

影响体重指数的主要因素是肥胖。体重较轻的学生通过一般体育锻炼即可达到优化体重指数的目的。以下锻炼方法旨在提高肥胖学生的体重指数。

（1）锻炼目的：① 减轻体重，防止肥胖；② 保持和增强体力，提高身体机能。

（2）锻炼内容：长距离慢跑、骑自行车、游泳和球类运动。

（3）运动强度：运动中心率保持在 120 ～ 160 次/分，保持在 130 ～ 140 次/分最佳。

（4）运动时间和频率：每次 60 分钟，每周 4 次或 5 次。

（5）锻炼方法与程序。

① 准备活动 5 分钟，包括腰、腿和髋关节的拉伸活动。

② 慢跑 30 分钟，运动强度控制在运动中心率在 120 ～ 160 次/分。若运动中心率低于 120 次/分，则跑速应加快；若运动中心率高于 160 次/分，则跑速应降低。

③ 身体素质练习 20 分钟，包括仰卧起坐 40 次、提踵 50 次、立卧撑 40 次和纵跳 40 次。

④ 整理活动 5 分钟，包括腰、背、腿和手臂的放松活动。

【注意事项】在锻炼时，锻炼者若感觉过于轻松或过于吃力，则可适当调整锻炼内容（如改变速度、变换动作等）或运动量，以锻炼后第二天不感到疲劳为宜；每周可适当增加运动量；身体状态不佳时，应停止锻炼。

（6）锻炼时间安排：早晨或晚饭后 1 小时。

（7）锻炼伙伴：锻炼者最好与同样体形或同一运动水平的同学一起锻炼。

（8）锻炼环境：锻炼者应选择在干净、空气清新的环境中锻炼，以附近有树木和绿地的场地为宜。

（9）锻炼监督：锻炼者应选择可靠的指导者进行监督。

（10）锻炼习惯：锻炼者争取养成按时、按量锻炼的习惯，保证锻炼计划的执行。

二、提高肺活量的锻炼方法

（1）锻炼目的：① 提高肺活量水平，使肺通气量、呼吸深度等发生良性改变；② 保持和增强体力，提高身体机能。

（2）锻炼内容：长距离慢跑、球类运动、健美操、游泳、台阶跑等。

（3）运动强度：运动中心率保持在 120 ～ 160 次/分。

（4）运动时间和频率：每次 60 分钟，每周 3 次或 4 次。

（5）锻炼方法与程序。

① 准备活动 5 分钟，包括腰、腿和髋关节的拉伸活动。

② 台阶跑 30 分钟，做 10 组，运动中心率保持在 160 次/分左右。

③ 身体素质练习 20 分钟，包括跨跳 40 米 2 次、后蹬跑 50 米 3 次、加速跑 30 米 3 次。

④ 整理活动 5 分钟，包括腰、背、腿和手臂的放松活动。

【注意事项】在锻炼时，锻炼者若感到过于轻松或过于吃力，则可适当地调整锻炼内容（如改变速度、变换动作等）或运动量，以锻炼后第二天不感到疲劳为宜；每周可适当增加运动量；身体状态不佳时，应停止锻炼。

（6）锻炼时间安排：早晨或晚饭后 1 小时。

（7）锻炼伙伴：锻炼者最好与同一运动水平的同学一起锻炼。

（8）锻炼环境：锻炼者可在田径场地上进行慢跑，在看台上进行台阶跑练习。

（9）锻炼监督：锻炼者应选择可靠的指导者进行监督。

（10）锻炼习惯：锻炼者应坚持按已制订的锻炼计划执行，保证每次的运动量。

三、50 米跑、立定跳远的锻炼方法

（1）锻炼目的：① 提高短距离跑的能力；② 发展下肢肌肉力量，尤其是爆发力；③ 改善四肢的协调性。

（2）锻炼内容：30 ～ 50 米计时跑、上下坡跑、半蹲跳、跳远、多级蛙跳、负重深蹲、多级跨跳等。

（3）运动强度：运动中心率保持在 120 ～ 160 次/分。

（4）运动时间和频率：每次 60 ～ 90 分钟，每周 3 次或 4 次。

（5）锻炼方法与程序。

① 准备活动 5 分钟，包括腰、腿和髋关节的拉伸活动。

② 慢跑 5 ～ 10 分钟；跑的专门性练习 30 ～ 40 分钟，包括小步跑 30 ～ 50 米 3 次、高抬腿跑 30 米 3 次、后蹬跑 30 米 3 次、50 米计时跑 5 次。

③ 身体素质练习 20 分钟，如半蹲跳 10 次。

④ 整理活动 5 ～ 10 分钟，包括腰、背、腿和手臂的放松活动或放松跑。

【注意事项】在锻炼时，锻炼者应坚持较高的运动强度，可适当调整间歇时间；锻炼后必须认真完成放松活动；每周可适当增加运动量；每次锻炼后，应至少有 24 小时的休息时间；身体状态不佳时，应停止锻炼。

（6）锻炼时间安排：饭后 1 ～ 2 小时。

（7）锻炼伙伴：锻炼者最好与同一运动水平的同学一起锻炼。

（8）锻炼环境：田径场地。

（9）锻炼监督：锻炼者应选择可靠的指导者进行监督。指导者记录锻炼者每次锻炼的时间和间歇时间，以保证运动强度。

（10）锻炼习惯：锻炼者应保证运动强度，坚持完成锻炼计划。

四、1000 米跑（男）/800 米跑（女）的锻炼方法

（1）锻炼目的：① 改善呼吸系统和心血管系统的机能；② 提高肌肉的耐力水平。

（2）锻炼内容：加速跑、变速跑、重复跑、中速跑、台阶跑等。

（3）运动强度：保持运动中心率在 120 ～ 160 次/分。

（4）运动时间和频率：每次 60 ～ 90 分钟，每周 3 或 4 次。

（5）锻炼方法与程序。

① 准备活动 5 分钟，包括腰、腿和髋关节的拉伸活动。

② 加速跑 40 ～ 60 米 3 次，每次间歇时间为 1 分钟；变速跑 1500 ～ 2500 米 2 次或 3 次，每次间歇时间为 3 ～ 5 分钟，要求快跑与慢跑相结合，如采用 100 米慢跑接 100 米快跑，或者 200 米慢跑接 200 米快跑，再或者 400 米慢跑接 400 米快跑相结合的方法。

③ 身体素质练习 20 分钟，可做 3 组仰卧起坐，每组 20 次；或做 3 组收腹举腿，每组 20 次。

④ 整理活动 5 ～ 10 分钟，包括腰、背、腿和手臂的放松活动或慢速跑。

【注意事项】在锻炼时，锻炼者若感到过于轻松或过于吃力，可适当调整锻炼内容（如改变速度、变换动作等）或运动量，以锻炼后第二天不感到疲劳为宜；每周可适当增加运动量；身体状态不佳时，应停止锻炼。

（6）锻炼时间安排：通常饭后1小时左右。若吃得较饱，则应在饭后2小时后进行锻炼。

（7）锻炼伙伴：锻炼者最好与同一运动水平的同学一起锻炼。

（8）锻炼环境：田径场地。

（9）锻炼监督：锻炼者应选择可靠的指导者进行监督。指导者记录锻炼者每次锻炼的时间和间歇时间，以保证运动强度。

（10）锻炼习惯：锻炼者应坚持按已制订的锻炼计划执行，保证每次的运动量和运动强度。

五、其他项目的锻炼方法

（1）坐位体前屈的锻炼方法：5～10分钟的慢跑后，锻炼者可做正压腿、侧压腿、正踢腿、并腿体前屈等活动；采用静力性肌肉韧带伸展与动力性肌肉韧带伸展相结合的运动方式。

（2）引体向上（男）的锻炼方法：每周可进行2次上肢力量练习。每次做5～10分钟准备活动，上肢力量练习约持续20分钟，如引体向上3组，每组3～5个；俯卧撑5组，每组10个；使用哑铃锻炼肱二头肌和肱三头肌，各3组，每组8～12个。

（3）1分钟仰卧起坐（女）的锻炼方法：5～10分钟的慢跑后，锻炼者可大量地做仰卧起坐、收腹举腿、仰卧团身、头手并起等活动；应坚持每天锻炼，最好不间断。

体育思政课堂

　　学生体质健康测试体现了"健康第一"的指导思想，有利于大学生积极参加体育锻炼，从而增强体质和提高健康水平，具有重要的现实意义和长远的社会意义。大学生不仅要有智慧的头脑，还要有健康的体魄。大学生树立正确的健身理念，遵循科学的锻炼原则，根据学生体质健康测试的目标和要求进行体育锻炼，可以很好地促进身心健康，使自己以良好的状态投入学习，从而更好地适应现代社会发展的需要，为全面建设社会主义现代化国家贡献自己的力量。

运动技能篇

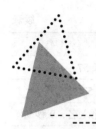

第七章　基础运动

第一节　田径运动

一、田径运动概述

田径运动包括竞走、赛跑、跳跃、投掷和全能运动五个部分。竞走和赛跑项目统称径赛；跳跃和投掷项目统称田赛；由赛跑、跳跃、投掷的部分项目组成的项目称全能运动。田径运动是从人们生活技能中发展起来的具有自身特点的竞技性运动，对发展速度素质、力量素质、耐力素质、灵敏素质等有良好的作用，能为其他运动项目打好身体训练和技术训练的基础。19世纪初，田径运动在英国兴起，19世纪末传入中国。在1896年第一届奥运会上，田径运动被列为主要比赛项目。1912年，国际业余田径联合会（后改为国际田径联合会）成立。

田径运动具有广泛的群众性，是大众开展较广泛、参与人数较多的运动项目之一。田径运动是学校体育的重要内容，具有广泛的参与性。田径运动是体育运动的重要项目之一，包括很多单项，是大型运动会中比赛项目和参赛运动员较多的项目之一。田径运动对全面提高人体健康水平的效果明显，不同身体状况、不同兴趣爱好、不同年龄和性别的人都能够选择适合自己的田径运动项目。田径运动是提高人们身体素质的有效手段，也是培养人们勇敢顽强的意志品质和同心协力的团队精神的重要方法。

二、优秀田径运动员及其大型赛事成绩

在2020年东京奥运会上，中国田径队有很多突破性成绩：获得奥运会铅球和标枪项目的第一枚金牌，打破男子100米亚洲纪录，男女4×100米接力队首次同时闯入奥运会决赛，等等。中国田径队的健儿用他们的努力拼搏，振奋了国人的精神。（表7-1-1）

表7-1-1　2020年东京奥运会中国优秀田径运动员及其成绩

项目	运动员	成绩
女子铅球	巩立姣	金牌，20米58
女子标枪	刘诗颖	金牌，66米34
女子链球	王峥	银牌，77米03

项目	运动员	成绩
男子三级跳远	朱亚明	银牌，17 米 57
女子 800 米跑	王春雨	第五名，1 分 57 秒
男子 100 米跑	苏炳添	半决赛 9 秒 83；决赛第六名，9 秒 98
男子 4×100 米接力跑	汤星强、谢震业、苏炳添、吴智强	铜牌，37 秒 79
女子 4×100 米接力跑	梁小静、葛曼棋、黄瑰芬、韦永丽	第六名，42 秒 71

三、田径基本技术

（一）跑

1. 短跑

短跑包括 100 米跑、200 米跑、400 米跑等项目。

（1）100 米跑。

① 起跑。短跑比赛运动员必须采用蹲踞式起跑姿势，必须使用起跑器，要按发令员的口令和枪声完成起跑动作。起跑器的安装方式主要有普通式和拉长式两种。运动员可根据个人的身高、体形、身体素质和技术水平等情况来选择起跑器的安装方式。（图 7-1-1）

图 7-1-1

普通式：前抵足板距起跑线一脚半长，后抵足板距前抵足板一脚半长；前后抵足板与地面夹角分别约为 45°和 75°，两抵足板的左右间隔约为 15 厘米。拉长式：前抵足板距起跑线两脚长，后抵足板距前抵足板一脚长，两抵足板与地面的夹角及左右间隔与普通式基本相同。

起跑技术包括"各就位""预备"和鸣枪三个阶段。

听到"各就位"口令后，运动员走到起跑器前，俯身，两手撑地，两脚蹬在抵足板上，脚尖应触及地面，后腿膝关节触地，然后两手收回到起跑线后撑地，两臂伸直，两手间距离比肩稍宽，四指并拢与拇指成八字形，颈部自然放松，身体重心落在两手、前腿和后膝之间，注意听"预备"口令。

听到"预备"口令后，运动员逐渐抬起臀部，臀部要稍高于肩部，身体重心适当向前上方移动，肩部稍超出起跑线，身体重心落在两臂和前腿之间。两脚紧贴起跑器抵足板，集中注意力听枪声。

听到枪声后，两手迅速推离地面，两臂屈肘，积极、有力地前后摆动，同时两腿快速用力蹬起跑器，后腿迅速屈膝向前上方摆出，前腿快速有力地蹬伸。

② 起跑后的加速跑。起跑后的加速跑是从蹬离起跑器到途中跑之间的一个跑段，一般为 30 米左右。在此跑段，运动员的任务是尽快加速到自己的最快速度。

起跑后，第一步步幅约为三脚半长，第二步步幅为四脚至四脚半长，之后步幅逐渐增大至途中跑的步幅。脚蹬离起跑器后，身体处于较大幅度的前倾姿势，为了不使身体向前倾倒，运动员要积极加快腿的蹬伸与臂的摆动，保持身体的平衡。

加速跑的最初几步两脚着地点并不在一条直线上，随着速度的加快，两脚内侧着地点逐渐趋于一条直线。

③ 途中跑。途中跑是整个 100 米跑中最长的一个跑段。在此跑段，运动员的主要任务是继续保持较长距离的最快速度。其动作特点是前脚落在身体重心投影点的稍前面，脚触地后膝关节微屈，脚跟下沉，使身体重心迅速地移过垂直阶段；接着后腿的髋关节、膝关节、踝关节依次迅速伸展，完成快速有力的后蹬。后蹬的角度约为50°，后蹬方向要正。随着支撑腿的落地，摆动腿的大腿迅速前摆，小腿随惯性弯曲。支撑腿蹬地时，摆动腿大腿积极向前上方摆动，并把同侧髋一起带出。落地前，大腿要迅速积极地下压，这时由于惯性，小腿自然前伸，接着前脚掌迅速并有弹性地向下、向后做扒地动作。

途中跑时，头要正对前方，两眼平视，上体保持正直或微向前倾。以肩关节为轴，两臂有力地前后摆动。前摆时，手不超过身体中线和下颌，上臂和前臂之间所成的角度约为90°；后摆时，肘关节要稍微向外。摆臂动作应以自然协调为原则。（图7-1-2）

图 7-1-2

④ 终点跑。终点跑是全程跑的最后一段，要求运动员在离终点线 15～20 米处时，尽力加快两臂的摆动速度，保持上体前倾的角度。当离终点线一步距离时，上体急速前倾，两手后摆，用胸部或肩部冲向终点线，冲过终点后逐渐减速。

（2）200 米跑和 400 米跑。

200 米跑和 400 米跑有一半以上的距离是在弯道上进行的。弯道跑与直道跑的技术有所区别。

① 弯道起跑和起跑后的加速跑。为了便于弯道起跑后能有一段直线距离进行加速跑，起跑器应安装在弯道的右侧，对着弯道的切线方向。弯道起跑后，前几步应沿着内侧分道线的切线跑进。起跑时，上体抬起较早，加速跑的距离可适当缩短。在进入弯道时，运动员应尽可能地沿着跑道内侧跑，身体及时向内侧倾斜。

② 弯道跑。运动员从直道进入弯道时，身体应有意识地向内倾斜，加大右腿和右臂的摆动力量和幅度。后蹬时，右脚前脚掌内侧、左脚前脚掌外侧蹬地。两腿摆动时，右腿膝关节稍向内摆动，左腿膝关节稍向外摆动。右臂前摆时稍偏向左前方，后摆时肘关节稍偏向右后方；左臂稍离躯干前后摆动。弯道跑时，两腿蹬地与摆动方向都应与身体向圆心倾斜方向趋于一致。从弯道跑进直道时，身体应在弯道最后几步逐渐减

小内倾程度，自然地跑几步，然后做一个进入直道的调整，按直道途中跑技术跑进。

2. 中长跑

中长跑包括 800 米跑、1500 米跑、5000 米跑、10000 米跑等。

（1）起跑和起跑后的加速跑。

除 800 米跑采用半蹲式起跑姿势外，其他中长跑项目一般采用站立式起跑姿势。当运动员听到"各就位"的口令后，迅速走到起跑线后，一般力量较大的脚在前，两脚前后距离约为一脚长，左右距离约为半脚长，后脚脚掌触地，眼看起跑线前方 5 ～ 10 米处，两臂一前一后，身体保持稳定，集中注意力听枪声。当听到枪声后，两腿迅速用力蹬地，两臂配合腿部动作做快速有力的摆动，身体迅速向前冲出，在短时间内获得较快的跑速，然后进入匀速、有节奏的途中跑。

（2）途中跑。

途中跑是中长跑中距离最长的一个跑段。中长跑的强度小于短跑，跑速较慢，动作速度和用力程度较小，除了因战术需要而改变跑的节奏外，多采用匀速跑。途中跑时，运动员要做到技术合理、速度均匀、节奏感强、全身动作协调有力。

（3）终点跑。

终点跑是运动员在十分疲劳的情况下，竭尽全力进行的最后一段距离的冲刺跑。在运动员实力接近的条件下，终点跑将决定比赛的结果。

终点冲刺的时机要根据比赛的项目、训练的水平、战术的要求和临场的情况等因素决定。一般情况下，800 米跑可在最后 200 ～ 300 米或稍长的距离开始加速，1500 米跑可在最后 300 ～ 400 米或稍长的距离开始加速，5000 米跑及更长距离跑可在最后 400 米或稍长的距离开始加速，长距离的项目加速距离可更长些。速度占优势的运动员可采取紧跟战术，在进入最后直道时，再开始做最后冲刺。

（4）中长跑的呼吸。

中长跑时，运动员应注意呼吸的节奏。呼吸应自然、有一定的深度，一般跑两三步一呼气，跑两三步一吸气。随着跑速的提高，呼吸频率也相应加快。中长跑时，由于强度大、竞争激烈，为了提高呼吸效率，运动员可采用半张的嘴巴与鼻子同时呼吸，以最大限度地满足身体对氧气的需要。

中长跑时，运动员在跑一段距离后会出现不同程度的胸闷、呼吸困难、动作无力的感觉，从而导致跑速降低，这种生理现象叫作"极点"。当"极点"现象出现时，运动员应适当降低跑速，深呼吸，同时要以顽强的意志坚持下去。

3. 接力跑

接力跑一般分为 4×100 米接力跑和 4×400 米接力跑。

（1）4×100 米接力跑。

起跑分为持棒起跑和接棒人起跑两种。

持棒起跑：第一棒运动员采用蹲踞式起跑姿势，其基本技术同短跑起跑，接力棒不得触及起跑线和起跑线前面的地面。持棒的方法一般是用中指、无名指和小指握住接力棒的末端，用拇指和食指分开撑地。

接棒人起跑：第二棒、第三棒、第四棒运动员多采用半蹲式或站立式起跑姿势。第二棒、第四棒选手站在跑道外侧，第三棒选手站在跑道内侧。接棒运动员起跑姿势的选择主要取决于其能否快速起跑和快速进入加速跑，并能清晰地看到传棒运动员及设定的起动标志。

传接棒姿势有上挑式和下压式两种。

上挑式：接棒人手臂自然后伸，手臂与躯干的夹角为40°～45°，掌心向后，虎口向下；传棒人将棒由下向前上方挑送到接棒人手中。（图7-1-3）

下压式：接棒人手臂后伸，手臂与躯干的夹角为50°～60°，掌心向上，虎口向后；传棒人将棒由上向下压送到接棒人手中。（图7-1-4）

图7-1-3　　　　　　　　　　　图7-1-4

（2）4×400米接力跑。

4×400米接力跑的传接棒技术相对简单，传棒人最后的跑速相对较慢，因此，接棒人应目视传棒人，顺其跑速接棒，再快速跑出。

4. 跨栏跑

（1）110米跨栏跑。

起跑至第一栏技术。起跑至第一栏要求步数固定，步幅稳定，准确地踏上起跨点。运动员如果跑8步，则应将起跨腿放在前抵足板上；如果跑7步，则应将摆动腿放在前抵足板上。与短跑相比，跨栏跑上体抬起较早，大约在第6步时身体姿势已接近短跑途中跑的姿势。

途中跑技术。跨栏途中跑是由9个跨栏周期组成的，每个跨栏周期由1个跨栏步和栏间三步跑构成。

过栏技术由起跨攻栏、腾空过栏、下栏着地构成。（图7-1-5）

图7-1-5

起跨攻栏：起跨腿着地时，摆动腿由体后向前摆动，大小腿开始在身后折叠，脚跟靠近臀部，膝关节朝下，以髋关节为轴，大腿带动小腿积极向前上方摆至膝关节超过腰部高度。起跨腿离地前，身体重心积极前移，身体重心移过支点后，起跨腿脚跟提起，上体加速前移，在摆动腿屈膝积极前摆的配合下完成后蹬动作，形成有利的攻摆姿势。

在两腿蹬摆配合完成起跨动作的过程中，上体加大前倾幅度，摆动腿异侧臂屈肘向前上方摆出，肘关节达到肩的高度，另一臂屈肘摆至身体侧后方，身体集中向前用力。

腾空过栏：起跨腿跨栏结束后，摆动腿的大腿继续向前上方抬起，当膝关节超过栏板高度时，摆动腿的小腿迅速前摆，待前脚掌接近栏板时，摆动腿几乎伸直，脚尖微微上翘，使大腿伸肌拉长，准备积极下压着地。当摆动腿前摆时，异侧臂伸向栏板上方，与摆动腿基本平行。同侧臂后摆，上体加大前倾幅度，躯干与摆动腿形成锐角，目视前方。

在摆动腿前脚掌跨越栏板之前，起跨腿一侧的髋关节保持伸展状态，小腿约与地面平行或膝略高于踝，两腿在过栏前形成120°以上的夹角。

下栏着地：摆动腿前脚掌移过栏板的同时，起跨腿屈膝外展，小腿收紧抬平，脚尖勾起，脚跟靠近臀部，以膝关节领先经腋下加速提拉；当起跨腿前脚掌过栏后，起跨腿膝关节继续收紧向身体中线高抬，前脚掌沿最短路线向前摆出，身体成高抬腿跑的姿势。

过栏时，两腿剪绞换步动作是在两臂与躯干协调配合下完成的。摆动腿的异侧臂和经腋下向前提拉的起跨腿做相向运动，肘关节、膝关节几乎相擦而过，手臂的摆动积极、有力，一臂摆过肩轴以后屈肘内收摆向体后，另一臂屈肘前摆，以维持身体平衡。

伸直下压的摆动腿在接近地面时，前脚掌做积极扒地的动作。脚落地后，踝关节稍有缓冲，脚跟不触地面，膝关节、踝关节保持伸直，使身体重心保持在较高的部位。躯干应保持一定的前倾姿势，起跨腿大幅度带动髋关节向上提拉，两臂积极摆动，形成有利的跑进姿势。

栏间跑技术：用三步跑过。

第一步：为使跨、跑紧密结合，在下栏着地时，运动员应充分发挥踝关节及前脚掌的力量，借起跨腿的高抬快摆和两臂的前后用力摆动，加速前移身体重心。

第二步：起跨腿大腿高抬，前脚掌着地，上体稍前倾，两臂前后积极摆动。

第三步：动作特点与跨第一栏前的最后一步相同，形成一个快速的短步，摆动腿不用抬起过高，放脚积极、迅速。

合理的栏间跑技术表现为栏间三步的步幅比例合理，身体重心高且起伏小，动作频率快，节奏稳定，直线性强，更加接近平跑技术。

全程跑技术。全程跑技术与栏间跑技术要有机地结合。运动员跨过最后一个栏架后，要像短跑终点跑一样冲刺。

（2）400米跨栏跑。

400米跨栏跑距离较长，与110米跨栏跑相比，对节奏和耐力有更高的要求。400米跨栏跑起跑技术与400米跑起跑技术基本相同。全程跑固定步数过栏的效果较好，但由于身体疲劳，最后几个栏间步数可能增加，运动员应该掌握两腿轮换起跨过栏技术。好的跨栏跑技术表现为跑速均匀、节奏准确、动作轻松等。

（二）跳

1. 跳高

随着跳高技术的发展，正式比赛已经普遍采用背越式跳高技术。背越式跳高技术由助跑、起跳、过杆和落地四个部分组成。（图7-1-6）

图 7-1-6

（1）助跑。

助跑一般分为前段直线跑和后段弧线跑。直线跑时，前脚掌着地，富有弹性地跑，提高身体重心，步幅均匀，不断加速；进入弧线跑时，前脚掌沿弧线落地，外侧摆动腿有弹性地蹬地，上体逐渐加大向弧线内侧倾斜的角度。助跑的节奏要快，特别是助跑的最后两步，髋关节前送幅度要大，迈步时上体接近垂直姿势，摆动腿积极、充分后蹬，起跳腿快速前伸，髋部自然前送。助跑时，两臂积极、有力地前后摆动。弧线跑时，外侧手臂的摆动幅度应大于内侧手臂的摆动幅度。

（2）起跳。

起跳腿以大腿带动小腿积极下压着地，起跳脚脚跟外侧先着地，然后迅速过渡到全脚掌着地，脚尖朝向弧线的切线方向。随着身体由内倾转为垂直，运动员迅速完成缓冲和蹬伸动作，顺势向上跳起。

摆动腿蹬离地面以后，以髋部发力加速向前摆动大腿，同时以膝关节领先，屈膝折叠。当摆动腿摆过起跳腿前方向内转时，小腿和脚要稍外展。摆动腿沿着助跑弧线的延伸方向加速上摆，直至减速制动。两臂的摆动要与摆动腿的摆动协调配合。

（3）过杆。

当起跳腿蹬离地面结束起跳以后，身体应保持伸展的姿势向上腾起；同时在摆动腿和同侧臂的带动下，身体围绕身体纵轴旋转至背对横杆。当头和肩越过横杆以后，及时仰头、倒肩和展体，并利用身体向上的惯性，收腿挺髋，身体成背弓姿势。这时，两腿屈膝稍后收，两臂置于体侧。当身体重心移过横杆时，含胸收腹，控制上体继续下旋，同时髋部发力带动大腿和小腿加速向后上方甩腿，使整个身体脱离横杆。

（4）落地。

运动员保持屈髋伸膝的姿势下落，最后以上背部先落于海绵垫上。落地时，运动员要做好缓冲控制，防止受伤。

2. 跳远

跳远技术由助跑、起跳、腾空和落地四个部分组成。（图 7-1-7）

图 7-1-7

（1）助跑。

助跑是为了获得理想的水平速度，并为准确踏板和快速有力地起跳做好准备。助跑距离与运动员的年龄、运动水平和利用速度的能力有关，一般为 28～50 米。男子助跑步数为 16～24 步，女子助跑步数为 14～18 步。在助跑过程中，运动员应注意对身体重心和节奏的把握，最后一步达到助跑的最快速度。

（2）起跳。

助跑的倒数第二步，摆动腿着地时，膝关节迅速前移，上体正直，起跳腿自然、积极地前摆。在起跳腿前摆时，大腿抬腿高度要比短跑时低些，并积极、主动下压，以全脚掌踏上起跳板，然后屈膝缓冲，身体重心稍降低。当身体重心移至起跳腿支点的垂直部位时，起跳腿迅速用力蹬伸，髋关节、膝关节、踝关节迅速伸直，上体挺起，摆动腿的大腿积极向前上方摆至水平位置，小腿自然下垂，完成起跳动作。

起跳腿充分蹬伸的同时，其同侧臂屈肘向前上方摆起，异侧臂屈肘向侧摆起。当两臂肘关节摆至略低于肩或与肩同高时，突停，借助于摆臂的惯性提肩、拔腰、挺胸、顶头，以提高身体重心，增强起跳效果。

（3）腾空。

起跳腾空后的空中动作主要有挺身式、蹲踞式和走步式三种，下面介绍挺身式。

起跳腾空后，摆动腿的大腿积极下放，小腿随之向下、向后摆动，留在体后的起跳腿向摆动腿靠拢。腾空达到最高点时，身体充分伸展，形成挺胸展髋的姿势。两臂上举或后摆，然后收腹团身，落地瞬间两腿前伸。

（4）落地。

落地前，上体不要过分前倾，大腿要尽量抬高，靠近胸部。将要落地时，小腿积极前伸。两脚接触沙面后，两腿迅速屈膝缓冲，两臂积极向前挥摆，臀部前移，上体前倾，使身体重心迅速移过支撑面。为了避免落地时身体后坐，运动员可采用以下两种落地姿势。

前倒姿势：当两脚脚跟着地后，前脚掌下压，两腿屈膝前跪，身体移过支撑点后继续向前移动，并向前倒下。

侧倒姿势：当两脚脚跟着地后，一腿紧张支撑，另一腿放松，身体向放松腿的前侧方倒下。

3. 三级跳远

三级跳远由助跑、单足跳、跨步跳和跳跃四个部分组成。（图 7-1-8）

图 7-1-8

（1）助跑。

助跑是为了获得更快的速度和准确地踏上起跳板。三级跳远的助跑技术与跳远的助跑技术基本相同。

（2）单足跳。

起跳腿积极主动地下压，全脚掌踏上起跳板，然后屈膝缓冲，身体重心稍降低。当身体重心移至起跳腿支点的垂直部位时，起跳腿迅速用力，充分蹬伸，摆动腿的大腿积极向前上方摆至水平位置，然后开始做换腿动作，即摆动腿的大腿带动小腿自然向下、向后摆动，同时起跳腿屈膝向前上方摆动，完成换步动作。

（3）跨步跳。

随着身体重心的下降，前摆的起跳腿积极、有力地下压，小腿迅速前伸，做积极有力的扒地动作，起跳腿着地后要及时屈膝缓冲并迅速过渡到前脚掌着地，同时摆动腿的大腿快速、有力地向前上方摆动至水平位置。

（4）跳跃。

随着身体重心的下降，摆动腿的大腿积极下压，小腿前伸，做有力的向下、向后的快速扒地动作。摆动腿着地后，两腿适度屈膝、伸踝，积极缓冲，使身体快速前移。前两跳中的起跳腿此时成为摆动腿，与两臂积极配合，快速有力、大幅度地向前上方摆动，及时完成第三跳的起跳动作。

（三）投

以铅球项目为例。背向滑步推铅球技术由握球和持球、预备姿势、滑步、最后用力和维持身体平衡五个部分组成。

1. 握球和持球

五指分开，将球放在食指、中指、无名指指根处，拇指和小指扶在球的两侧，手腕后伸。握好球后，将球放在锁骨窝处，贴于颈部，右臂屈肘，肘尖向外，掌心向内。（图 7-1-9、图 7-1-10）

图 7-1-9　　　图 7-1-10

2. 预备姿势

持球后，站在投掷圈的后部，背对投掷方向，右脚在前，贴近投掷圈，身体重心落在右脚前脚掌上；左脚在后，脚尖自然点地。身体从正直姿势开始向前屈，待上体与地面几乎平行时，两腿屈膝下蹲，形成团身动作。

3. 滑步

预备姿势完成后，身体重心略向投掷方向移动，使其移离身体的支撑点（右脚），以便于滑步并避免身体重心起伏过大。接着，左腿以大腿带动小腿迅速向抵趾板方向摆出并外旋，右腿积极蹬伸，及时拉收并内旋，两腿摆蹬协调配合，推动身体向投掷方向快速移动。

4. 最后用力

最后用力是背向滑步推铅球技术的重要环节。滑步结束后，左脚脚掌内侧着地支撑，右腿弯曲，支撑身体。左脚脚尖与右脚脚跟在一条直线上，肩轴与髋轴成扭紧状态，右腿积极蹬转，推动右侧髋向投掷方向转动。左臂由胸前向投掷方向牵引摆动，身体重心逐渐移至左腿，左膝被动微屈。左臂由上向身体左侧靠压制动，右臂向投掷方向伸出，用力推球。铅球快离手时，手腕、手指向外拨球。

5. 维持身体平衡

铅球离手后，两腿及时交换位置，降低身体重心，维持身体平衡。

四、田径练习方法

（一）技术训练

技术训练方法见表7-1-2。

表7-1-2　技术训练方法

训练内容	初级	中级	高级	注意事项
短跑	（1）观看优秀短跑运动员比赛图片和录像。 （2）各种跑的专门练习（小步跑、摆臂、高抬腿、后蹬跑、车轮跑等）。 （3）起跑的模仿练习。 （4）30～80米加速跑，做4～6次。 （5）30米冲刺撞线跑，每组4～6次，做2或3组	（1）蹲踞式起跑30米，做4～8次 （2）100米变节奏跑（30米快跑+40米惯性跑+30米快跑，每组4～6次，做1～3组）。 （3）100米弯道跑和加速跑，做5～8次	（1）50～100米跑练习。 （2）弯道跑接直道跑和直道跑接弯道跑，每组4～6次，做1～3组。 （3）各种距离的反复跑。 （4）各种距离的下坡跑	（1）保持良好的心态。 （2）做好充分的准备活动。 （3）掌握好起跑技巧。 （4）保持良好的爆发力。 （5）跑步时注意节奏。 （6）加速跑时调整好步伐。 （7）掌握好呼吸节奏
中长跑	（1）400米变速跑（200米快速跑+200米慢速跑）；800米变速跑（300米快速跑+100米慢速跑，重复）。 （2）快速跑练习：60米、80米、100米、150米、200米、300米快速跑等	（1）1000米变速跑（300米快速跑+200米慢速跑，重复）。 （2）各种跳跃练习：跨步跳、单足跳、蛙跳、多级跳、跳台阶、深蹲跳起等	（1）各种距离的全程跑练习：800米跑、1000米跑、1500米跑、3000米跑。 （2）专项距离的测验、比赛等	注意跑步的节奏和呼吸节奏

训练内容	初级	中级	高级	注意事项
跳远	（1）30 米、60 米、100 米计时跑。 （2）在跑道上连续进行 3～7 步起跳练习。 （3）4～8 步助跑起跳，摆动腿落在跳箱盖上	（1）100 米、150 米、200 米重复跑。4～8 步下坡跑起跳练习。 （2）反复进行 8～12 步助跑成腾空步练习	（1）40 米标记跑，50 米快速跑+50 米慢速跑。 （2）短距离、中距离、全程助跑跳远	（1）无论是何种助跑节奏，起跳前助跑速度都应达到最高助跑速度。 （2）维持空中的身体平衡
跳高	（1）S 形加速跑。 （2）弧线加速跑。 （3）正面助跑直体过杆。 （4）助跑摸高	（1）单足跳，深过杆。 （2）摆腿触高物。 （3）助跑起跳，直体过杆。 （4）弹板跳高	（1）负阻力做弧线助跑迈步支撑练习。 （2）完整技术重复练习	注重对速度与技巧性的练习
推铅球	（1）握持球的练习方法：一手握球向上举，手腕、手指向外拨。 （2）原地正面推铅球。 （3）原地侧向推铅球。 （4）屈膝团身动作、徒手侧向滑步、徒手背向滑步练习	（1）原地背向推铅球。 （2）侧向滑步推铅球。	（1）圈内徒手背向滑步推铅球完整技术练习。 （2）圈内背向滑步推各种质量的铅球。 （3）圈内背向滑步推标准质量的铅球	优先发展和建立快速动作节奏

（二）热身训练和拉伸训练

1. 热身训练

（1）脚尖走或脚跟走：用脚尖或脚跟行走能加强小腿周围肌肉的力量，预防小腿肌肉拉伤。

（2）侧身跳跃、踢臀跑、脚尖踮跳、交叉步、后退跑。

（3）颈部绕环，直臂向前绕环，腰部（髋关节）绕环，活动膝关节、踝关节。

（4）高踢腿、直腿大步走、直腿跳、直腿大步跑（正常步幅起动，加大每步跨步的距离）。

2. 拉伸训练

（1）两手交叉互握，翻掌向上推，两臂伸展，直到感觉到两臂紧绷时，停住，做动作时配合呼吸，保持 10 秒以上。

（2）一手抓着另一侧的肘部，向着头部方向缓缓地往内拉，拉至极限后停住，保持 15～20 秒。

（3）两手放在背后互握，然后手臂徐徐地往上抬高到极限，保持 10～15 秒。

（4）两脚打开，与肩同宽，两腿微屈，一手向上伸直，横越头部向另一侧伸展，另一手自然放在腹前，腰部配合手臂弯曲伸展。做动作时配合呼吸，保持 10 秒。

（5）坐在地上，左腿平放，右腿跨越左腿并弯曲。右手放在臀部右侧，左手缓缓地将弯曲的右膝往胸前拉，直到感觉肌肉紧绷，保持 15～20 秒。

（6）仰卧，两手同时拉一腿腘窝，将该腿缓缓地拉向胸部，保持腿部伸直，另一腿保持弯曲，保持 10 秒。

（7）单脚站立，一手抓住另一脚的踝关节，然后慢慢地往后拉至臀部，髋关节不要倾斜，同时躯干保持正直，保持 15～20 秒。

（8）站立，一腿向前跨出，膝关节弯曲，不要超过脚尖，另一腿向后伸直，脚尖向前，脚跟不能抬起，保持肌肉的拉紧状态。

五、田径战术训练

田径战术就是田径运动员在比赛中根据对手情况和外部条件，充分发挥自己的能力，力争好成绩而采用的一种专门方法。

田径战术在不同项目中有不同的体现。例如，短跑战术主要体现为在小组预赛中，运动员在力求不用全力的情况下争取出线，以便养精蓄锐在决赛中全力以赴地战胜对手和创造优异成绩；中长跑战术体现在运动员根据比赛中所处的跑位是采用匀速跑还是变速跑，采用领跑还是跟跑等；跳高战术体现在运动员确定起跳高度和免跳的时机上；投掷项目战术体现在运动员力争首先投出最好成绩，为获胜创造心理优势。在战术训练中，运动员应该培养合理分配体力、迅速判断意外情况并迅速采取有效对策的能力。在制定比赛战术前，运动员应详细了解比赛规模、场地器材条件、对手水平与特点、竞赛规则和规程、裁判方法及天气等情况。田径战术的成功取决于运动员最有效地运用自己的优势、外部条件（风向、风力、场地器材质量等），以及利用对手的弱点和错误等方面。

六、田径竞赛规则简介

（一）运动员号码布

应为每名运动员提供两块号码布，比赛中，将其分别佩戴在胸前和后背的显著位置，跳跃项目比赛除外，跳跃项目运动员可在胸前或背后只佩戴一块号码布。不按规定佩戴号码布和（或）身份识别者不得参加比赛。

（二）取消比赛资格

1. 因违反技术规则而被取消比赛资格

如果运动员在比赛中因违反技术规则而被取消比赛资格，他在该项目该轮次中取得的成绩无效，但在前面轮次比赛中取得的成绩有效。这一事实也不影响该运动员参加其他所有后续项目的比赛。

2. 因违反体育道德或有不当行为而被取消比赛资格

运动员在比赛中违反体育道德或有不当行为，他将被取消该项目的比赛资格。如果运动员的第二次警告出现在另外的比赛项目中，他将被取消第二次警告所在项目的比赛资格。他在该项目该轮次比赛中取得的成绩无效，但在受警告前面轮次以及前面的其他项目取得的成绩或全能项目中前面的单项成绩有效。有了这种取消比赛资格的判罚，运动员将不能继续参加本次赛会所有后续项目（包括全能项目的单项、同时参赛的其他项目及接力赛）的比赛。

（三）短跑项目简要规则

（1）400米及400米以下的各个径赛项目（包括4×200米、异程接力和4×400米接力的第一棒），规定采用蹲踞式起跑和使用起跑器。

（2）运动员在做好最后起跑姿势之后，只能在接收到发令枪发出的信号之后开始起跑。如果发令员判定运动员在发令枪发出信号之前起跑，应判为起跑犯规。除全能项目之外，任何对起跑犯规负责的运动员将被发令员取消该项目的比赛资格。

（3）在分道跑的比赛中，运动员应自始至终在自己的分道内跑进。

（四）中长跑项目简要规则

（1）400米以上的各径赛项目（除了4×200米、异程接力和4×400米），所有起跑均应采用站立姿势。在"各就位"口令后，运动员应走向起跑线，并在起跑线后做好起跑姿势（在分道起跑项目比赛中，应完全在各自的分道内）。"各就位"后，运动员不应用手接触地面，且不应用脚触及起跑线或起跑线前的地画。一旦发令员认为所有运动员的起跑姿势正确和稳定后，即可鸣枪。

（2）800米跑，运动员应在自己的分道内跑过第一个弯道末端，越过抢道线后沿（距起跑线较近的边沿）之后，即可离开各自的分道。

（五）田赛项目的成绩

每名运动员的成绩，取其所有试跳掷中最优的，包括跳高和撑竿跳高比赛中因成绩相等决定第一名的比赛成绩。除了跳高和撑竿跳高项目外，如果成绩相等，应以其次优成绩判定名次。如次优成绩仍相等。则以第三较优成绩判定，依次类推。如成绩依然相等，应判定运动员的比赛名次并列。除高度跳跃项目外，无论任何名次，包括涉及第一名，成绩相等运动员的名次应并列。

（六）跳高的简要规则

（1）运动员必须用单脚起跳。

（2）出现下列情况之一者，应判为试跳失败。

①试跳后，由于运动员的试跳动作，致使横杆未能留在横杆托上。

②在越过横杆之前，运动员身体的任何部位触及横杆后沿（靠近助跑道）垂面以前的（在两个立柱之间或之外的）地面或落地区。如果运动员在试跳中一只脚触及落地区，而裁判员认为他并未从中获得利益，则不应因此原因判该次试跳失败。

③运动员助跑后未起跳，触及横杆或两立柱垂面以前的地面或落地区。

（七）跳远的简要规则

（1）如参赛运动员人数多于8人，则每名运动员有3次试跳机会，有效成绩最优的前8名运动员可再有3次试跳机会。当运动员人数为8人或少于8人时，每人均有6次试跳机会。每名运动员的成绩，取其所有试跳中最优的。

（2）所有远度跳跃项目，记录测量距离的最小单位为0.01米，不足1厘米不计。

（3）如出现下列情况，应判为试跳失败：在起跳过程中，无论是助跑后未起跳还是做了试跳动作，运动员身体任何部位触及起跳线以前的地面（包括橡皮泥显示板的任何部分）；从起跳板两端之外起跳，无论是否超过起跳线的延长线；在助跑或试跳中采用任何空翻姿势；起跳后，在第一次触及落地区之前，运动员触及了助跑道、助跑道以外地面或落地区以外地面；在落地过程中（包括任何的失去平衡）触及落地区边沿或落地区以外地面，而落地区外的触地点较落地区内的最近触地点更靠近起跳线。

（八）三级跳远的简要规则

（1）三级跳远的三跳顺序是一次单足跳、一次跨步跳和一次跳跃。

（2）单足跳时应用起跳腿落地，跨步跳时用另一腿（摆动腿）落地，然后完成跳跃动作。运动员在跳跃中摆动腿触地不应视为试跳失败。

（3）男子起跳线至落地区远端的距离不得少于 21 米。

（4）在国际比赛中，起跳线至落地区近端的距离：男子不少于 13 米，女子不少于 11 米。在其他比赛中，次距离应与比赛水平相适应。

（5）为了便于运动员完成跨步跳和跳跃，在起跳板和落地区之间应有 1.22 米 ±0.01 米宽的坚实、匀质的地面。

（九）推铅球的简要规则

（1）铅球只能用单手从肩部推出。当运动员在投掷圈内开始试掷时，铅球要抵住或靠近颈部或者下颌，在推球过程中持球手不得降到此部位以下。不得将铅球置于肩轴线后方。

（2）抵趾板用木料或其他适宜材料制成，漆成白色，其形状为弧形，以便使其内侧面与投掷圈内缘重合，并与投掷圈地平面垂直。抵趾板的中心应与落地区的中心线重合。并且牢固固定于地面或投掷圈外的水泥地面。

第二节　游泳运动

一、游泳运动概述

游泳运动是人类在与自然界不断抗争、改造自然的生产劳动过程中发展起来的运动，与战争、娱乐等密切相关。

游泳运动是备受人们喜爱的体育健身项目之一，是将水浴、空气浴和日光浴三者结合起来的运动。它老幼皆宜，尤其受到广大大学生的喜爱。在历届奥运会中，游泳比赛竞争十分激烈。近年来，游泳的各项世界纪录不断被打破，吸引了大批观众，成为世界体育关注的焦点之一。

现代游泳运动起源于英国。1828 年，英国在利物浦乔治码头修建了世界上第一个室内游泳池。在 1896 年雅典奥运会上，游泳被列为正式比赛项目，设有 100 米自由泳、500 米自由泳和 1200 米自由泳 3 个比赛项目。在 1900 年巴黎奥运会上，仰泳被分列出来。在 1904 年圣路易斯奥运会上蛙泳被分列出来。在 1912 年斯德哥尔摩奥运

会上，女子游泳被列为比赛项目。1956 年墨尔本奥运会又增加了蝶泳。从此竞技游泳定型为四种泳姿。

21 世纪以来，我国游泳运动呈现出良好的发展势头。我国游泳运动员达到国际水平的人数明显增加。我国游泳队在 2008 年北京奥运会上获得 1 枚金牌、3 枚银牌、2 枚铜牌；在 2012 年伦敦奥运会上获得 5 枚金牌、2 枚银牌、3 枚铜牌；在 2016 年里约热内卢奥运会上获得 1 枚金牌、2 枚银牌、3 枚铜牌，在 2020 年东京奥运会上获得 3 枚金牌、2 枚银牌、1 枚铜牌。

游泳运动不仅具有较高的观赏性和趣味性，还具有很大的健身价值。游泳是在水中进行全身活动的运动。人们在水中不能像在陆地上那样自然地呼吸，同时又要克服水的阻力。因此，游泳运动能增强心血管系统、呼吸系统、神经系统和消化系统的功能，促进人体正常生长发育和新陈代谢，提高全身的协调性，增强全身肌肉力量和肌肉耐力，增强机体的耐寒能力。游泳对于慢性疾病患者还是一种有效的体育锻炼手段。游泳还能磨炼意志，培养人们勇敢顽强的意志品质。

二、优秀游泳运动员及其大型赛事成绩

汪顺，1994 年 2 月出生于浙江省宁波市，中国男子游泳运动员。汪顺于 2016 年 12 月夺得世界短池游泳锦标赛男子 200 米个人混合泳冠军，这是中国男子混合泳的首个世界冠军；2021 年 7 月，夺得 2020 年东京奥运会男子 200 米混合泳冠军；2021 年 9 月，夺得第 14 届全国运动会男子 400 米个人混合泳冠军、男子 200 米自由泳冠军、男子 4×200 米自由泳接力赛冠军、男子 200 米个人混合泳冠军；2021 年 12 月，荣获 "2021 年中国十佳运动员" 称号；2022 年 5 月，荣获第 26 届中国青年五四奖章。

张雨霏，1998 年 4 月出生于江苏省徐州市，中国女子游泳运动员，国际级运动健将。张雨霏于 2018 年 8 月夺得雅加达亚运会女子 100 米蝶泳银牌、女子 200 米蝶泳金牌、男女混合 4×100 米混合泳金牌，并打破赛会纪录；2019 年 10 月，夺得世界军人运动会女子 4×100 米混合泳接力金牌、女子 4×200 米自由泳冠军；2021 年 7 月，夺得 2020 年东京奥运会女子 100 米蝶泳银牌、女子 200 米蝶泳金牌，并创造了新的奥运会纪录。在 2020 年东京奥运会上，张雨霏还为中国游泳队夺得奥运会女子 4×200 米自由泳接力金牌和 4×100 米混合泳接力银牌。2021 年 9 月，张雨霏获得第 14 届全国运动会女子 100 米蝶泳金牌、200 米蝶泳金牌、4×100 米混合泳接力金牌。张雨霏于 2021 年 8 月被授予中国青年五四奖章；9 月，被授予全国五一劳动奖章；12 月，获得 "2021 年中国十佳运动员" 称号；2022 年 5 月，获得第 26 届中国青年五四奖章。

三、基本技术

（一）熟悉水性

游泳运动是在水中进行的。初学者首先要体会和了解水的特性，逐步适应水中环境，消除怕水心理，培养对水的兴趣。熟悉水性的主要目的是体会水的浮力和阻力，学习保持水中平衡的方法，并掌握游泳中的一些基本动作，如水中行走与移动、浸水与呼吸、浮体与站立、水中滑行等，为以后学习各种游泳技术打下基础。

1. 水中行走与移动练习

水中行走与移动的练习方法如下。① 向前、向侧行走，水中跳跃、转身、下沉等，由扶池边行走过渡到自由行走。② 侧对池壁或面向池壁，手扶池边，向前、向后迈步行走或向左、向右迈步行走。③ 扶池壁或几人手拉手向前、后、左、右走动。④ 与同伴手拉手成圆圈做游戏性的走、跑动作或互相推水动作。⑤ 在水中进行走、跑、捉人、接力等比赛。⑥ 独自划水向前走，进行跑、跨步跳、原地向上跳等动作。

2. 浸水与呼吸练习

运动员在游泳过程中是用嘴吸气的，然后在水中用嘴、鼻慢慢地呼气。浸水与呼吸练习可使初学者掌握在水中的呼吸方法，提升把头浸入水中的勇气，进一步消除怕水的心理。

浸水与呼吸的练习方法如下。① 两手扶池边或拉同伴的手，练习用嘴吸气后闭气，然后下蹲，把头全部浸入水中，停留片刻后起立。② 同上练习，把头浸入水中，然后用嘴、鼻慢慢地呼气，起立后再用嘴吸气。③ 同上练习，连续有节奏地做吸、闭、呼动作。吸气要快而深，呼气要慢，最后用力将气呼尽。④ 两脚开立，按上述要求连续做呼吸动作 15 ～ 20 次，稍事休息后重复练习。（图 7-2-1）

图 7-2-1

3. 浮体与站立练习

浮体与站立练习的目的是体会水的浮力，初步学会在水中控制平衡和在水中站立的方法，树立学会游泳的自信心。

浮体与站立的练习方法如下。① 抱膝浮体练习：原地站立，深吸气后下蹲，低头，抱膝团身，自然漂浮于水中（图 7-2-2）。② 展体漂浮练习：两脚开立，两臂放松向前伸出，深吸气后身体前俯低头，两脚轻轻蹬离池底，成俯卧姿势漂浮于水中，两臂、两腿自然伸直；站立时，收腹、收腿，两臂向下压水并抬头，两腿向下伸，脚触池底站立（图 7-2-3）。

图 7-2-2   图 7-2-3

4. 水中滑行练习

水中滑行是各种泳姿的基础，是熟悉水性的重点。水中滑行练习的目的是进一步

体会水的浮力，掌握水中滑行姿势。

水中滑行的练习方法如下。① 蹬池底滑行练习：两脚前后开立，两臂前伸，两手并拢；深吸气后上体前倾，当头和肩浸入水中时，两脚前脚掌用力蹬离池底，随后两脚并拢，使身体成流线型向前滑行。② 蹬池边滑行练习：背向池壁，一手拉水槽，另一手前伸，一脚站立，另一脚贴住池壁；支撑脚向上收起，两脚脚掌贴住池壁，臀部尽量靠近池壁，随即两手前伸并拢，头夹在两臂之间，两脚用力蹬离池壁，使身体成流线型向前滑行。

（二）爬泳

爬泳，又称自由泳，是身体俯卧在水中，两腿交替上下打水，两臂依次向后划水的一种泳姿。其动作结构比较合理，推进力均匀，阻力小，既省力又能产生较大速度，因此，在各泳姿中，爬泳是游得最快的一种姿势。在游泳竞赛中，自由泳项目可以选择任何泳姿进行比赛，运动员大多选用爬泳游进，故爬泳被称为自由泳。

自由泳在奥运会游泳比赛中占有很重要的地位。在 2020 年东京奥运会中，男子自由泳项目设有 50 米、100 米、200 米、400 米、800 米、1500 米、4×100 米接力和 4×200 米接力 8 项；女子自由泳项目设有 50 米、100 米、200 米、400 米、800 米、1500 米、4×100 米接力和 4×200 米接力 8 项。自由泳项目在全部室内游泳比赛 37 个小项中占 16 项，且个人混合泳和混合泳接力中也包括自由泳，因此自由泳水平往往被看作衡量一个国家游泳水平的标志。

1. 身体姿势

爬泳时，身体要尽量保持俯卧的水平姿势，头部应自然稍抬，两眼注视前下方，头的 1/3 露出水面，发际接近水面，两腿处于最低点，身体纵轴与水平面的夹角为 3°～5°。爬泳游进时，身体围绕身体纵轴做有节奏的转动，转动的角度一般为 35°～45°。身体俯卧在水中，背部和臀部肌肉保持适当紧张，身体自然伸展成流线型。（图 7-2-4）

图 7-2-4

2. 腿部动作

爬泳腿部动作虽产生一定的推进力，但主要起平衡作用，以保持身体的稳定和协调两臂有力地划水。游进时，要求两腿自然并拢，两脚稍内旋，踝关节放松，以髋关节为轴，大腿带动小腿和脚掌，两腿交替做鞭打动作，两脚脚尖上下摆动的幅度为 30～40 厘米，大腿与小腿的夹角约为 160°。（图 7-2-5）

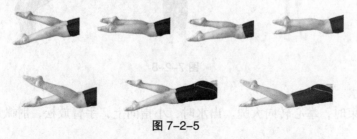

图 7-2-5

3. 臂部动作

臂部动作是推动身体前进的主要动力源。臂部动作的一个周期分为入水、抱水、划水、出水和空中移臂五个连续的阶段。

（1）入水。

手臂自然放松入水。手臂的入水点一般在身体纵轴与肩关节的延长线之间。入水时，手指自然伸直并拢，手臂内旋使肘关节抬至最高点，手掌向斜外下方，使手指首先触水，接着前臂入水，最后是上臂入水。（图7-2-6）

（2）抱水。

手臂入水后，在积极向下方插水的过程中，手掌从向斜外下方转向斜内后方并开始屈腕、屈肘，肘高于手，以便能迅速过渡到较好的划水位置。抱水结束时，手掌已经接近垂直对水，肘关节屈至150°左右，整个手臂像抱着一个大圆球，为划水做准备。（图7-2-7）

图7-2-6   图7-2-7

（3）划水。

划水是发挥最大推进作用的主要阶段，其动作过程可分为拉水和推水两个阶段。紧接抱水阶段的是拉水阶段，这时肘关节要保持抬起，上臂内旋，同时手臂继续屈肘，使手部动作迅速赶上身体的前进速度。这能使拉水动作促成合理的游进方向，也能使主要肌肉群在良好的工作条件下进入推水阶段。拉水至肩的垂直平面后，即进入推水阶段，这时上臂与前臂的夹角为90°～120°。上臂保持内旋姿势，带动前臂用力向后推水。同时，肩部后移以加长有效的划水路线。向后推水有一个从屈臂到伸臂的加速过程，手掌从下向上加速划至大腿旁。整个划水动作过程中，手的轨迹始于肩前，然后到腹下，最后到大腿旁，成S形。（图7-2-8）

90°～120°

图7-2-8

（4）出水。

划水结束时，掌心转向大腿。出水时，小指向上，手臂放松，肘微屈。上臂带动

肘部向外上方提拉，带动前臂和手出水面，掌心转向后上方。出水动作必须迅速、连贯，同时应柔和、放松。

（5）空中移臂。

紧接出水阶段的是空中移臂阶段。移臂时，肘高于手。

4. 动作技术配合

（1）两臂配合。

爬泳时，两臂的配合有前交叉、中交叉和后交叉三种形式。前交叉是指一侧手臂入水时，另一侧手臂已前摆至肩前方，前臂与水平面的夹角约为 30°；中交叉是指一侧手臂入水时，另一侧手臂处在向内划水阶段，前臂与水平面的夹角约为 90°；后交叉是指一侧手臂入水时，另一侧手臂划至腹下，前臂与水平面的夹角约为 150°。

（2）完整技术配合。

爬泳时，一般在两臂各划水一次的过程中进行一次呼吸。以头转向右侧吸气为例，右手入水后，嘴和鼻开始慢慢地呼气。右臂划水至肩下，头开始向右侧转，增大呼气量。右臂推水即将结束时，用力呼气。右臂出水时，张嘴吸气，至右臂前移至肩侧时吸气结束，并开始转头还原。直至右臂入水结束，有一个短暂的闭气过程，头转正。头稳定时，右臂入水，再开始下一次呼气过程。

呼吸与臂部动作、腿部动作的配合：初学者一般采用 1:2:6 的方法，即呼吸 1 次、划臂 2 次、打水 6 次。这种配合方法易使身体保持平衡，有助于初学者较快掌握爬泳技术。

（三）蛙泳

蛙泳是指身体俯卧在水中，两肩与水平面平行，依靠两臂对称向后划水，两腿对称向后蹬夹水而向前游进的泳姿。蛙泳的整个动作与青蛙游水十分相似，因此而得名。蛙泳的特点是游时省力，容易学，游动动作全部在水下，声音较小，嘴可以出水面呼吸，视野开阔，容易观察目标位置。蛙泳实用价值大，常用于渔猎、泅渡、救护、水上搬运等。蛙泳比赛项目有男子、女子 100 米蛙泳和男子、女子 200 米蛙泳。

蛙泳教学

1. 身体姿势

滑行时，身体俯卧在水中，两臂前伸并拢，头略抬，发际与水平面齐平，稍挺胸，腹部和下肢尽量处于水平姿势，身体纵轴与水平面的夹角为 5°～10°。在游进时，身体随划臂和呼吸动作有一定幅度的上下起伏。（图 7-2-9）

图 7-2-9

2. 腿部动作

腿部动作是游进中产生主要推进力的动作之一。蛙泳的腿部动作分为收腿与翻脚、蹬夹水和滑行三个连续的动作阶段。

（1）收腿与翻脚。

在两腿完全伸直并稍下沉时，屈髋、屈膝，同时两腿小腿向大腿后折叠，向臀部靠拢，边分边收，两膝距离与肩同宽。当小腿、脚跟接近臀部时，两膝稍向内扣，脚

尖向两侧外翻做翻脚动作。（图7-2-10）

图7-2-10

（2）蹬夹水。

两腿蹬夹水时，边后蹬边内夹，以蹬为主，髋关节、膝关节和踝关节相继伸直。（图7-2-11）

图7-2-11

（3）滑行。

蹬夹水结束后，由于蹬腿的惯性作用，身体有一个短暂的滑行阶段。这时，两腿应尽量伸直并拢，腿部肌肉和踝关节自然放松，为下一个动作周期做好准备。

3. 臂部动作

（1）抓水与划水。

蛙泳开始时，手臂前伸内旋，两手掌心转向斜外下方，两手分开向斜下方抓水。当手感到有阻力时，手臂便开始向侧、向下、向后、向内成椭圆曲线划水。划水时，以肩关节为轴，动作连贯，肘关节保持在比手高的位置。

（2）收手与伸臂。

划水结束，手臂由内向前收，两手相对，并掌。当两手收至下颌前下方时，两臂借收手惯性弧形向前伸肘，掌心向下。（图7-2-12）

图7-2-12

4. 呼吸

呼吸要与臂部动作协调配合。划水结束时，抬头用鼻和嘴呼气；手臂划水时，用嘴吸气；收手时，低头闭气；伸臂时，缓慢呼气。

5. 动作技术配合

蛙泳在一个动作周期中，一般采用1次呼吸、1次划水、1次蹬腿的配合。手臂开始划水时，两腿伸直不动；划水将结束时，两腿自然放松，并在收手时开始收腿。手臂开始前伸时，收腿结束并做翻脚动作；手臂接近伸直时，两腿开始向后蹬。伸臂蹬腿结束后，身体伸直，向前滑行。（图7-2-13）

图 7-2-13

（四）仰泳

仰泳

仰泳是指身体仰卧在水中进行游泳的一种泳姿。仰泳时，头部露出水面，便于呼吸，仰卧在水面上游进比较省力，学习起来也比较容易，因此深受中老年人和体质较弱者的喜爱。仰泳技术包括身体姿势、腿部动作、臂部动作和动作技术配合。

仰泳已有较长的历史，1794 年就有了关于仰泳技术的记载，但是直到 19 世纪初，仰泳仍采用两臂同时向后划水、两腿做蛙泳的蹬水动作，即反蛙泳动作。自1902 年爬泳技术出现后，由于此技术动作合理且速度较快，人们开始采用类似爬泳的两臂轮流向后划水的仰泳技术，直到 1921 年才初步形成了现在的仰泳技术。

（五）蝶泳

蝶泳

蝶泳是游泳项目之一，是四种竞技泳姿中最后发展起来的泳姿。蝶泳技术是在蛙泳技术的动作基础上演变而来的。蝶泳时的腿部动作酷似海豚，因此蝶泳又称为海豚泳。

蝶泳的身体姿势与其他泳姿的身体姿势不同，没有固定的身体位置。在游进过程中，躯干各部位和头部不断改变相对位置。头部和躯干有时露出水面，有时潜入水中，形成波浪形上下起伏的位置变化。

游进时，以身体横轴（腰际）为中心，躯干和腿做有节奏的摆动，发力点在腰腹部，以大腿带动小腿，两腿一起做上下的鞭状打水动作。腿部动作与头部、臀部的动作紧密联系在一起，形成蝶泳所特有的波浪动作，因此前进时身体的阻力较小。

四、基本战术

（一）比赛初期放慢配速

适用范围：比赛中有比自己成绩好的对手。

己方对一些预赛成绩比自己好的对手运用此战术可能奏效（注意，不要盲目相信道次安排，有的选手可能会使用隐藏战术）。对于真实成绩强于自己的对手，己方在比赛前期故意放慢速度，可能会扰乱对方的配速，使其也跟着降低游速，这样己方在冲刺阶段放手一搏会增加获胜的可能性。此战术尤其适合冲刺能力强的选手采用。

（二）比赛初期加快配速

适用范围：比赛中有比自己冲刺能力强的对手。

对于冲刺能力较强的对手，己方如果冲刺能力较弱但有氧耐力比较好，那么可采用这种战术。在比赛初期故意加快配速，可以使对手在冲刺前因体力消耗过大而失去最后冲刺的体力，这会使己方在冲刺阶段获得非常大的优势。

（三）跟随游战术

跟随游战术适用的泳姿：自由泳、仰泳。

头雁飞行时，身后会形成风洞，有利于成排的雁群飞行。同理，在以自由泳或者仰泳泳姿游进时，有些运动员会游偏，而这种游偏并不是技术性游偏，而是战术性游偏，此时，他们应采用跟随游战术，即在游进时贴近泳道线并且接近前一名运动员的脚部位置。前一名运动员在腿部打水时会形成一定的低压区，在低压区内游进会减少身后运动员一部分的能量消耗。

（四）领先游战术

领先游战术适用的泳姿：蝶泳。

采用蝶泳泳姿游进时，身后会形成较大的湍流，这种湍流会对身后的运动员产生不良影响。己方如果有能力保持领先，那么就尽量保持领先位置，从而使领先的差距越来越大；己方如果难以保持领先，那么在控制速度时也尽量不要离前一名运动员太近。

五、练习方法

（一）技术训练

技术训练方法见表 7-2-1。

表 7-2-1　技术训练方法

训练内容	初级	中级	高级	注意事项
基础训练	熟悉水性：在浅水池中玩耍，让水与身体进行充分接触	学习呼吸：深吸一口气，闭气，把头浸入水里，用嘴慢慢吐气，同时慢慢抬头，当嘴接近水平面时猛地吐气，把水吹开	学会漂浮：在泳池中站立，不能让水淹没颈部，深吸一口气，把头浸入水里，闭气不动，然后两手抱住两膝，再慢慢地放松两手使四肢完全漂浮在水中，感受一下漂浮	当水的高度超过胸的位置时，练习者会产生恐惧感，这时应当保持冷静，两脚踩住池底不要随意乱动
蛙泳	腿部练习： （1）陆上模仿练习：跪撑翻脚压腿、坐撑模仿。 （2）水中练习：俯卧练习	手臂练习：划水练习、划水与呼吸的配合练习	完整配合练习：一般采用1次划臂、1次蹬腿、1次呼吸的配合	练习时，注意收腿时抬头吸气，蹬腿时埋头呼气，一定要勾脚尖蹬水

训练内容	初级	中级	高级	注意事项
爬泳	腿部练习：陆上模仿练习、水中练习	臂部动作和呼吸的配合练习：陆上模仿练习、水中练习	完整配合练习	完整配合时，一开始不要过于强调臂部、腿部动作的准确性，而应着重于动作配合的协调性和练习时身体的放松程度

（二）准备活动和整理活动

1.准备活动

（1）肩绕环：身体直立，两腿左右开立，两臂向后或向前绕环，逐渐加速。

（2）跳绳。

（3）双臂滑雪：身体前屈，两腿稍屈膝，两臂伸直前伸，然后模仿滑雪姿势，两臂屈肘同时向身体后侧摆动。

（4）手摸对侧脚：两腿左右开立，上体前屈，两臂伸直，两手交替摸对侧脚的踝关节。

（5）双臂交叉上摆：两腿左右开立，上体前倾，两臂由侧方向上摆，于胸前交叉。

（6）内收肌牵拉：坐姿，两脚脚掌相对，两手抓住两脚踝关节，两膝尽量靠近地面，最大限度地拉伸大腿内侧肌肉。

（7）内旋提升组合拉伸：侧向靠墙站立，上抬靠墙一侧的手臂，使前臂靠在墙上，并与上臂保持直角，然后，缓慢将身体向墙的一侧倾斜，直至感受到上臂外侧肌肉的拉伸。

2.整理活动

（1）放松小腿：俯身，用两臂和一腿（伸直，脚尖着地）支撑身体，另一腿屈于体前放松，身体重心集中在支撑脚的脚尖处，脚跟向后、向下用力，感受小腿后部肌肉被拉紧，保持紧张状态10秒再放松，重复3次，然后换另一腿。重复3次。

（2）放松大腿内侧：保持坐姿，两脚脚掌靠拢，膝关节外撑并尽量靠近地面，两手抓住两脚踝关节，身体尽量往前俯，保持10秒，放松。重复3次。

（3）放松大腿后部：仰卧，抬起一腿，两手尽力将抬起腿拉向胸部，保持另一腿伸直并贴近地面，上体尽量平躺，保持10秒，放松，然后换另一腿。重复3次。

（4）放松肩部：两手手指在头顶交叉互握，掌心朝上，两臂向上、向后伸展，保持15秒。

六、游泳竞赛规则简介

（一）出发

1.出发的规定

（1）自由泳、蛙泳、蝶泳、个人混合泳及自由泳接力的比赛必须从出发台出发。当执行总裁判发出长哨声信号后，运动员应站到出发台上，当发令员发出"各就位"

的口令后，运动员应立即做好出发准备姿势，即至少有一只脚位于出发台的前端，手臂位置不限。当所有运动员都处于静止状态时，发令员发出"出发信号"。

（2）仰泳比赛、混合泳接力比赛的第1棒，必须从水中出发。当执行总裁判发出第1声长哨声信号后，运动员应立即下水；当执行总裁判发出第2声长哨声信号后，运动员应迅速游回池端；当所有运动员都做好出发准备时，发令员发出"各就位"口令；当所有运动员都处于静止状态时，发令员发出"出发信号"。

2. 出发犯规的判罚规定

（1）任何运动员在"出发信号"发出之前出发，应判犯规。如果"出发信号"发出后发现运动员抢跳，应继续比赛，在该组比赛结束后取消抢跳运动员的录取资格；如果在"出发信号"发出前发现运动员抢跳，则不再发"出发信号"，待取消抢跳运动员比赛资格后，执行总裁判再以长哨声（仰泳为第2声长哨）开始重新组织其余运动员出发。

（2）因裁判员的失误或器材失灵而导致运动员抢跳时，发令员应将运动员召回重新组织出发，不视为抢跳犯规。

（二）计时

1. 自动计时

（1）自动计时装置必须在指定裁判员的监督下进行操作。由自动计时装置记录的成绩应当用于确定名次和各泳道的成绩。如果自动计时装置发生故障或运动员未能触停该装置，则半自动计时或人工计时的成绩将作为正式成绩。

（2）使用自动计时装置时，成绩记录到百分之一秒。当可以精确到千分之一秒时，不记录千分位数，也不以千分位数来确定成绩和名次。比赛中成绩相同的所有运动员（接力队）其名次相同。电子公告板上只应显示到百分之一秒的成绩。

（3）自动计时工作程序。使用自动计时装置时，该装置确定的成绩、名次和接力交接棒情况，应当优先被采用。某组比赛中，当自动计时装置未能记录到1名或多名运动员的成绩和（或）名次时，应记录所有可获得的自动计时和半自动计时装置成绩和名次；应记录所有人工计时成绩和名次。正式名次按下述方法确定。

① 同一组中，对具有自动计时装置成绩和名次的运动员进行比较，应保持其相对顺序。

② 不具有自动计时装置名次但具有自动计时装置成绩的运动员，须用其自动计时装置成绩与其他运动员的自动计时装置成绩进行比较，确定其相对顺序。

③ 既没有自动计时装置名次又没有自动计时装置成绩的运动员，应采用其半自动计时装置成绩或3块数字式计时表计取的成绩来确定其相对顺序。

2. 人工计时

（1）每条泳道采用3块计时表计时而未设置终点裁判时，运动员的正式成绩是录取名次的根本依据。

（2）任何由1名裁判员操作的计时装置均应视为1块计时表。

（3）建议每条泳道指派3名计时员，所使用的计时表必须精确至百分之一秒。

（4）人工计时的正式成绩按下述方法确定。

① 在3块计时表中，有两块计时表计取的成绩相同时，该成绩即为正式成绩。

② 如果3块计时表计取的成绩都不相同，应以中间的成绩为正式成绩。

③如果3块计时表中只有两块正常运行，应以平均成绩为正式成绩。

（5）当计时成绩和终点名次顺序不一致时（如第2名的成绩反比第1名的成绩好），应以执行总裁判的判定为准：若执行总裁判判定以终点名次为准，应将第1名与第2名的正式成绩相加后平均，作为第1名和第2名的正式成绩（平均成绩取至百分位秒数）；若执行总裁判判定以计时成绩为准，应以计时成绩顺序重新排列名次。若出现两名以上终点名次和计时成绩顺序不一致时，仍按此办法处理。

（三）比赛

1.比赛规定

（1）比赛中，不得将不同项目的运动员（接力队）混合编组。除男女混合接力项目外，不得将不同性别的运动员（接力队）混合编组。

（2）运动员应游完全程才能获得录取资格。

（3）运动员应始终在其出发的同一泳道内比赛和抵达终点。

（4）在所有项目中，运动员转身时必须按各泳式的规定触及池壁，不允许在池底跨越或行走。

（5）在自由泳项目和混合泳项目的自由泳段比赛中，允许运动员在池底站立，但不得行走。

（6）不允许拉分道线。

（7）比赛中，运动员不得使用或穿戴任何有利于其速度、浮力、耐力的器材或泳衣（如手蹼、脚蹼、弹力绷带或粘胶材料等），但可戴游泳镜。不允许在身上使用任何胶带，除非得到组织委员会（竞赛委员会）指定的医疗机构同意。

（8）在比赛场地内，不允许速度诱导及采用任何能起速度诱导作用的装置与方法。

（9）由于某运动员犯规而影响其他运动员获得优异成绩时，执行总裁判有权允许被干扰的运动员参加下一组预赛。如在决赛或最后一组预赛中发生上述情况，可令该组重新比赛。

（10）接力项目如果有预赛，奖牌和证书应授予获名次接力队中参加了预赛或决赛的所有运动员。

（11）只有赛事组织委员会（竞赛委员会）设置的录像设备才能作为判断运动员犯规和名次的依据之一。

2.犯规判罚规定

（1）游出本泳道阻碍其他运动员或以其他方式干扰其他运动员者，应判犯规。如属故意犯规，执行总裁判应将犯规情况报告主办单位和犯规运动员所在单位。

（2）在一项比赛进行过程中，当所有比赛的运动员还未游完全程前，未参加比赛的运动员如果下水，应取消其原定的下一次的比赛资格。

（3）接力比赛中，如本队的前一名运动员尚未触及池壁，后一名运动员的脚已蹬离出发台，应判犯规。

（4）接力比赛中，在各队的所有运动员还未游完之前，除了应游该棒的运动员之外，任何其他接力队员如果进入水中，应判犯规。

（5）运动员抵达终点后或在接力比赛中游完自己的距离后，应尽快离池，如妨碍其他游进中的运动员，应判该运动员（接力队）犯规。

体 育 思 政 课 堂

　　游泳能够锻炼和培养学生的意志品质。初学游泳时，学生必须要克服恐水的心理障碍；而长期进行游泳活动，就必须要做到不怕苦、不怕累、不怕冷，没有勇敢顽强的拼搏精神和坚强的意志力，是无法坚持到底的。因此，长期进行游泳活动，可以锻炼学生的意志品质，培养学生勇敢顽强、吃苦耐劳、不怕困难的优良品质。

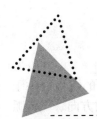

第八章　中华传统体育运动

第一节　毽球运动

一、毽球运动概述

毽球是我国一项古老的传统民间体育活动，距今已有 2000 多年的历史。毽球由古代蹴鞠发展而来，盛行于汉魏六朝、隋朝。到明清时期，毽球在民间发展迅速，并进入鼎盛阶段，参与人数越来越多，难度逐渐增大，技巧也逐渐提升。

现代毽球是由民间踢毽子游戏演变而来的一项新兴体育运动。在20世纪30年代，我国涌现出一批闻名全国的毽球能手。我国民间毽球技术在普及的基础上得到提高。1956年，广州市体育运动委员会（现广州市体育局）举办了中华人民共和国成立以后的第一次正式的毽球比赛，并制定了简单的规则。此后，毽球运动得到了快速发展。1963年，毽球运动被列为国家提倡开展的体育运动，同时被编入小学体育教材。1984年，经国家体育运动委员会（现国家体育总局）批准，毽球被列为全国正式比赛项目。毽球运动以其坚实的群众基础开始在全国各地蓬勃发展。1987年，中国毽球协会成立，这标志着毽球运动在我国进入了新的发展阶段。1999年，国际毽球联合会在越南成立。2017年，第9届世界毽球锦标赛在中国香港举行。2019年，第10届世界毽球锦标赛在法国巴黎举行。

二、毽球基本技术

（一）准备姿势

毽球的准备姿势主要有两种：平行站法和前后站法。

1. 平行站法

两脚左右开立，略宽于肩，两臂于体侧自然前屈，两脚几乎站在同一条直线上，两脚脚尖成内八字形，脚跟稍提起，拇趾扣地，着力点在脚掌内侧，身体前倾，大腿与小腿的夹角为100°～110°，两膝内收，膝关节稍超出脚尖，肩关节垂直面超出膝关节。

2. 前后站法

两脚前后开立，左脚在前，右脚在后，两脚脚跟提起。其他动作要领与平行站法基本相同。

（二）起动与移动

起动是移动的开始，也是移动的关键。移动是起动的继续。起动的快慢取决于准备姿势的正确与否。在平时的训练和比赛中，运动员必须根据来球的方向、飞行弧度、速度和落点，及时向前、向后、向左或向右起动与移动，使身体尽快接近来球，并处于适当的击球位置，然后采取相应的技术动作踢球。

（三）发球

发球包括抛球、击球、击球后随球跟进3个环节。

（1）抛球要求抛准、抛稳，将球垂直抛于体前固定高度和位置，力量要适当。抛球是整个发球动作的基础。对于初学者来说，它是极为重要的基础环节。

（2）击球要准确、有力，脚法固定，击球点准确。击球时，对不稳定的抛球，要进行适当的调整。

（3）击球后随球跟进动作的质量直接影响接下来击球的准确性，关系到前后技术动作的衔接。击球后的跟进要指向出球方向。

（四）踢球与触球

用膝关节以下部位击球称为踢球。用膝关节以上除手臂以外任何部位击球称为触球。

虽然踢球与触球的方法很多，各自的动作关键和技术要领也不尽相同，但是二者整体的动作结构是相同的，都是由助跑、支撑脚站立、踢球腿摆动、踢（触）球和踢（触）球后的随球摆动5个环节所组成的完整过程。

在这5个环节中，支撑脚站立、踢球腿摆动和踢（触）球3个重要环节决定着踢（触）球的力量、性质和准确性。助跑可以调整人相对于球的位置，使运动员在踢（触）球时有一个合适的支撑点，并使其获得一定的速度。踢球腿摆动是踢（触）球过程中的主要发力环节。增加摆动距离和使肌肉剧烈收缩可以增加踢（触）球力量，提高球的飞行速度。

三、毽球竞赛规则简介

（一）场地与器材

1. 比赛场地

比赛场地包括比赛场区和无障碍区，其形状为对称的长方形。比赛场区长1188厘米，宽610厘米。

2. 器材

（1）球网。

球网长700厘米、宽76厘米，网孔面积为2平方厘米。

球网的颜色为深棕色。

男子比赛的球网高度为160厘米，女子比赛的球网高度为150厘米，混合双人比

赛的球网高度为 160 厘米。

（2）毽球。

毽球的高度为 13 ～ 15 厘米，质量为 13 ～ 15 克。毽球由毽毛、毽垫等构成。

毽毛颜色为桃红色，由鹅翎制成，每支毽毛宽 3.2 ～ 3.5 厘米，4 支毽毛成十字形插在毛管内。

毽垫由上垫、下垫和毛管构成，由橡胶制成。毽垫直径 3.8 ～ 4 厘米，厚 1.3 ～ 1.5 厘米，毛管高 2.5 厘米。

（二）参赛队

每支参赛队由领队（1 人）、教练员（1 人）、队医（1 人）与队员构成。三人赛参赛队员为 6 人，上场队员为 3 人，其中 1 人为场上队长，左臂应佩戴明显标志；双人赛参赛队员为 2 人，其中 1 人为场上队长，左臂应佩戴明显标志；单人赛参赛队员为 1 人。

（三）比赛通则

1. 比赛得分、局分和计胜方法

（1）比赛得分。

比赛采用每球得分制，得分即获发球权。

（2）比赛局数。

① 三人赛按每局 21 分计算，最高比分为 29 分；其他各项比赛按每局 15 分计算，最高比分为 21 分。

② 先得 21 分（三人赛）或 15 分（双人赛、单人赛）的队胜一局。

（3）一场比赛。

一场比赛采用三局两胜制，先胜两局为胜一场。若各胜一局，第三局则为决胜局比赛。

（4）决胜局。

决胜局比赛中，任何一队先得 10 分（三人赛）或 8 分（双人赛、单人赛）时两队应交换场区。交换场区时，不得进行场外指导。交换场区后，双方队员的轮转位置不得变换。经记录员查对轮换位置后，由获得发球权方按相应位置发球，继续比赛。如未及时交换场区，一旦裁判员或任何一方发现时，应立即交换，比分不变。

2. 击球

（1）定义。

比赛中队员与球的任何接触都视为击球。

（2）规定。

① 三人赛中在将球踢入对方场区前，在本方场区最多只能击球 4 次。

② 双人赛中在本方场区最多只能击球 3 次。

③ 单人赛中在本方场区最多只能击球 2 次。

④ 每名队员只能连续击球 2 次。

⑤ 不得用手或臂击球（防守方第一次被动触球除外）。

3. 暂停

（1）定义。

比赛成死球后，由教练员或场上队长在不改变场上队员比赛位置的前提下，请求间断比赛。

（2）规定。

①暂停时，场上队员不得离开比赛场区。

②暂停时，教练员可进行指导，但不得进入比赛场区。

③每局比赛每队有 2 次请求暂停机会，每次暂停时间不得超过 30 秒。

（3）暂停犯规。

①在一局比赛中，某队请求第三次暂停，裁判员应拒绝并判该队失 1 分。

②在一局比赛中，某队暂停时间超过 30 秒，经裁判员提示后，未迅速恢复比赛，则判该队再次暂停。如果该队暂停次数已经达到 2 次，则判该队失 1 分。

4. 三人赛换人

（1）定义。

三人赛比赛成死球后，在裁判员的允许下，由教练员或场上队长请求场下队员替换场上队员比赛位置的行为称为三人赛换人。

三人赛比赛成死球后，在正裁判员鸣哨发球前，允许换人。

（2）换人犯规。

①换人时间超过 15 秒，则判该队一次暂停。如果该队暂停次数已经达到 2 次，则判该队失 1 分。

②在每局比赛中，请求第四次换人，裁判员应拒绝，并判该队失 1 分。

第二节　武　术

一、初级长拳（第三路）

初级长拳
（第三路）

（一）长拳概述

"长拳"一词最早记载于明代戚继光的《纪效新书·拳经捷要篇》中："古今拳家，宋太祖有三十二势长拳。"长拳是中国传统拳派之一，属于北派武术，是在查拳、华拳、花拳、洪拳、炮拳、少林拳等传统拳术的基础上发展起来的一种影响广泛的拳术，其主要特点是动作舒展大方、姿势雄壮、精神勇往、力法快长。长拳讲究动迅静定、快速灵活、刚劲勇猛、节奏鲜明；在技击上讲究放长击远，出拳要拧腰送肩，以发挥"一寸长一寸强"的优势。其运动均衡全面，能有效地提高人体的各项身体素质，尤其适合大学生锻炼。

（二）初级长拳（第三路）动作名称

初级长拳（第三路）动作名称见表 8-2-1。

表 8-2-1　初级长拳（第三路）动作名称

段别	动作名称			
预备动作	（1）虚步亮掌	（2）并步对拳		
第一段	（1）弓步冲拳 （5）弹腿冲拳	（2）弹腿冲拳 （6）大跃步前穿	（3）马步冲拳 （7）弓步击掌	（4）弓步冲拳 （8）马步架掌
第二段	（1）虚步栽拳 （5）马步击掌	（2）提膝穿掌 （6）插步双摆掌	（3）仆步穿掌 （7）弓步击掌	（4）虚步挑掌 （8）转身踢腿马步盘肘
第三段	（1）歇步抡砸拳 （5）马步冲拳	（2）仆步亮掌 （6）弓步下冲拳	（3）弓步劈拳 （7）插步亮掌侧踹腿	（4）换跳步弓步冲拳 （8）虚步挑拳
第四段	（1）弓步顶肘 （5）歇步下冲拳	（2）转身左拍脚 （6）仆步抡劈拳	（3）右拍脚 （7）提膝挑掌	（4）腾空飞脚 （8）提膝劈掌弓步冲拳
结束动作	（1）虚步亮掌	（2）并步对拳	（3）还原	

（三）初级长拳（第三路）动作要点

1. 预备动作

头要端正，下颌微收，挺胸、沉腰，收腹。（图 8-2-1）

（1）虚步亮掌。

动作必须连贯。成虚步时，身体重心落在右腿上；左腿微屈，左脚脚尖点地。（图 8-2-2）

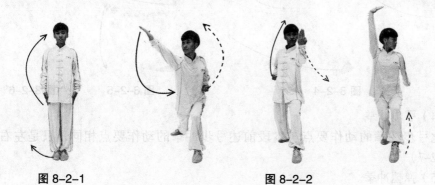

图 8-2-1　　　　　　　　　图 8-2-2

（2）并步对拳。

并步后，挺胸、沉腰；对拳、并步、转头要同时完成。（图 8-2-3）

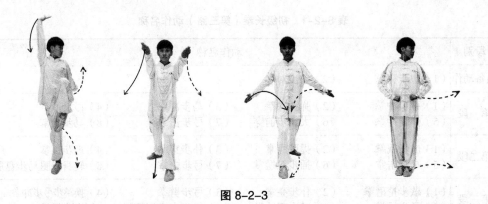

图 8-2-3

2. 第一段

（1）弓步冲拳。

成左弓步时，右腿充分蹬直，右脚脚跟不要离地；冲拳时，尽量转腰送肩。（图 8-2-4）

（2）弹腿冲拳。

弹出的腿要有爆发力，力达脚尖；弹腿动作与冲拳动作要协调、同时完成。（图 8-2-5）

（3）马步冲拳。

成马步时，两腿小腿约平行；两脚平行，挺胸、沉腰。（图 8-2-6）

图 8-2-4   图 8-2-5   图 8-2-6

（4）弓步冲拳。

此弓步冲拳的动作要点与本段前述弓步冲拳的动作要点相同，只是左右相反。（图 8-2-7）

（5）弹腿冲拳。

此弹腿冲拳的动作要点与本段前述弹腿冲拳的动作要点相同，只是左右相反。（图 8-2-8）

图 8-2-7   图 8-2-8

（6）大跃步前穿。

跃步要远，落地要轻，整个动作要协调、连贯。（图 8-2-9）

图 8-2-9

（7）弓步击掌。

成左弓步时，右腿要蹬直。（图 8-2-10）

（8）马步架掌。

成马步时，两腿小腿约平行；抖腕、甩头要同时进行。（图 8-2-11）

图 8-2-10   图 8-2-11

3. 第二段

（1）虚步栽拳。

落步、栽拳、转头要同时完成。（图 8-2-12）

（2）提膝穿掌。

提膝时，支撑腿与右臂充分伸直。（图 8-2-13）

图 8-2-12   图 8-2-13

（3）仆步穿掌。

成左仆步时，左腿要伸直。（图 8-2-14）

（4）虚步挑掌。

上步时，动作要协调；成虚步时，身体要稳。（图8-2-15）

图8-2-14　　　　　　　　　　　　　　图8-2-15

（5）马步击掌。

右掌搂手时，右臂内旋，右腕伸直，右手手掌向下、向外转；接着右臂外旋，右手掌心由下向上翻转，同时抓握成拳。收拳与击掌的动作要同时进行。（图8-2-16）

图8-2-16

（6）插步双摆掌。

两臂摆动时，要画立圆，幅度要大，摆掌与后插步要协调。（图8-2-17）

（7）弓步击掌。

右手画弧、左脚撤步、左手推掌要同时进行。（图8-2-18）

图8-2-17　　　　　　　　　　　　　　图8-2-18

（8）转身踢腿马步盘肘。

两臂抡动时，要画立圆，动作连贯；盘肘时，要快速有力，右臂前送。（图8-2-19）

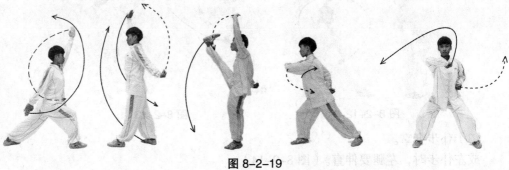

图8-2-19

4. 第三段

（1）歇步抢砸拳。

抢臂动作要连贯，两臂画立圆；成歇步时，两腿交叉全蹲，左腿的大腿与小腿靠紧，左腿膝关节在右腿小腿外侧，左脚脚跟提起，臀部贴于左腿小腿后侧；右脚脚尖外展，全脚着地。（图 8-2-20）

图 8-2-20

（2）仆步亮掌。

落步下蹲时，先成右弓步，然后迅速过渡成左仆步。成左仆步时，左腿充分伸直，左脚脚尖内扣，右腿全蹲，两脚脚掌全部着地；上体挺胸、沉腰，稍左转。（图 8-2-21）

图 8-2-21

（3）弓步劈拳。

左、右脚上步时要稍带弧形。（图 8-2-22）

图 8-2-22

（4）换跳步弓步冲拳。

换跳步动作要连贯、协调；震脚时，腿要弯曲，全脚掌着地；左脚离地不要过高。（图 8-2-23）

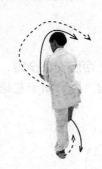

图 8-2-23

（5）马步冲拳。

成马步时，下肢要稳，不可晃动。（图 8-2-24）

（6）弓步下冲拳。

成左弓步时，右脚脚尖外展，挺胸、沉腰。（图 8-2-25）

图 8-2-24   图 8-2-25

（7）插步亮掌侧踹腿。

插步时，上体稍向右倾斜，腿、臂的动作要协调；侧踹高度不能低于腰，着力点在脚跟。（图 8-2-26）

图 8-2-26

（8）虚步挑拳。

成虚步时，两脚要虚实分明。（图 8-2-27）

图 8-2-27

5. 第四段

（1）弓步顶肘。

交换步时，不要跳得过高，但要快；两臂抢摆时，要画立圆。（图 8-2-28）

图 8-2-28

（2）转身左拍脚。

右掌拍左脚时，手掌稍横，拍脚动作要准确、声音要响亮。（图 8-2-29）

（3）右拍脚。

右拍脚的动作要点与本段转身左拍脚的动作要点相同，只是左右相反。（图 8-2-30）

图 8-2-29　　　　　　　　　　　图 8-2-30

（4）腾空飞脚。

腾空时，身体向上腾起，不要过于向前冲；左膝尽量上提；拍脚要在腾空时完成，两臂要伸直。（图 8-2-31）

（5）歇步下冲拳。

歇步的动作要点与第三段歇步抢砸拳中歇步的动作要点相同。（图 8-2-32）

图 8-2-31　　　　　　　　　　　图 8-2-32

（6）仆步抢劈拳。

抢臂时，两臂要画立圆。（图 8-2-33）

图 8-2-33

（7）提膝挑掌。

抡臂时，两臂要画立圆。（图 8-2-34）

（8）提膝劈掌弓步冲拳。

提膝时，支撑腿要蹬直，提膝腿的脚要绷直脚背。（图 8-2-35）

图 8-2-34　　　　　　　　　图 8-2-35

6. 结束动作

（1）虚步亮掌。

勾手亮掌与成虚步要同时完成。（图 8-2-36）

图 8-2-36

（2）并步对拳。

穿掌后，两臂动作要对称，要同时进行。（图 8-2-37）

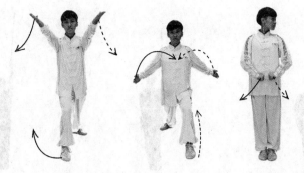

图 8-2-37

（3）还原。

两拳变掌，两臂自然下垂于体侧，目视正前方。（图 8-2-38）

图 8-2-38

二、初级棍术

（一）棍术概述

棍是一种由直而长的坚韧圆木制成的兵器，是人类早期的兵器之一。长期以来，人们利用棍进行防身与健身，创编了丰富多彩的棍法，逐渐形成了棍术这一武术项目。棍术以其易学易练、简练实用的特点，被作为学习长柄兵器的入门内容而得以广泛流传，成为武术的主要项目之一。

（二）初级棍术动作图示

1. 起势
起势动作如图 8-2-39 所示。

图 8-2-39

2. 第一段

（1）弓步劈棍。（图 8-2-40）

图 8-2-40

（2）弓步撩棍。（图 8-2-41）

图 8-2-41

（3）虚步上拨棍。（图 8-2-42）

图 8-2-42

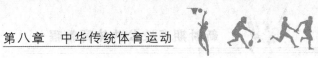

（4）虚步把拨棍。（图8-2-43）

图8-2-43

（5）插步抡劈棍。（图8-2-44）

图8-2-44

（6）翻身抡劈棍。（图8-2-45）

图8-2-45

（7）马步平抡劈棍。（图8-2-46）

图8-2-46

（8）跳步半抡劈棍。（图8-2-47）

图 8-2-47

3. 第二段

（9）单手抡劈棍。（图 8-2-48）

图 8-2-48

（10）提膝把劈棍。（图 8-2-49）

图 8-2-49

（11）弓步抡劈棍。（图 8-2-50）

图 8-2-50

（12）弓步背棍。（图 8-2-51）

图 8-2-51

（13）挑把棍。（图 8-2-52）

图 8-2-52

（14）转身弓步戳棍。（图 8-2-53）

图 8-2-53

（15）踢腿撩棍。（图 8-2-54）

图 8-2-54

（16）弓步拉棍。（图 8-2-55）

图 8-2-55

4. 第三段

（17）提膝拦棍。（图 8-2-56）

图 8-2-56

（18）插步抡把劈棍。（图 8-2-57）

图 8-2-57

（19）马步抡劈棍。（图 8-2-58）

图 8-2-58

（20）翻身马步抡劈棍。（图 8-2-59）

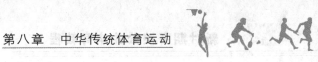

图 8-2-59

（21）上步右撩棍。（图 8-2-60）

图 8-2-60

（22）上步左撩棍。（图 8-2-61）

图 8-2-61

（23）转身仆步摔棍。（图 8-2-62）

图 8-2-62

（24）弓步崩棍。（图 8-2-63）

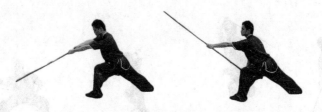

图 8-2-63

5. 第四段

（25）马步把劈棍。（图 8-2-64）

图 8-2-64

（26）歇步半抡劈棍。（图 8-2-65）

图 8-2-65

（27）左平舞花棍。（图 8-2-66）

图 8-2-66

（28）右平舞花棍。（图 8-2-67）

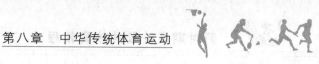

图 8-2-67

（29）插步下点棍。（图 8-2-68）

图 8-2-68

（30）弓步下点棍。（图 8-2-69）

图 8-2-69

（31）插步下戳棍。（图 8-2-70）

图 8-2-70

（32）提膝拦棍。（图 8-2-71）

图 8-2-71

6. 收势

收势动作如图 8-2-72 所示。

图 8-2-72

三、24 式简化太极拳

（一）太极拳的起源和发展

太极拳是中国武术的拳种之一，是中华民族的宝贵文化遗产。太极拳具有悠久的历史，经历了萌生、发展、成熟的过程，经历了数代人的努力而传承至今。在太极拳的发展过程中，出现了众多流派，如陈式太极拳、杨式太极拳、吴式太极拳、孙式太极拳、武式太极拳等。

24 式简化太极拳是由国家体育运动委员会（现为国家体育总局）于 1956 年组织太极拳专家整编而成的。它以杨式太极拳为基础，保留了传统太极拳的主要技术，去掉了繁难和重复的动作，按照由简到繁、由易到难的原则编排，首先安排直进动作，其次安排后退和侧行动作，重点动作安排左右式对称练习。其套路充分体现了太极拳动作柔和、缓慢、圆活、连贯的特点。整套动作分为 8 组，包括起势、收势等 24 个动作，动作简练，易学易练。

（二）24 式简化太极拳的特点和功用

24 式简化太极拳的动作中正安舒、轻灵圆活、松柔慢匀、开合有序、刚柔相济，如行云流水，连绵不断。生理学、解剖学、心理学等多学科的研究证明，24 式简化太极拳对防治高血压、心脏病、肺病、肝炎、关节炎、胃肠病、神经衰弱等病症有很好的辅助效果。

（三）24 式简化太极拳动作名称

24 式简化太极拳动作名称见表 8-2-2。

表 8-2-2　24 式简化太极拳动作名称

组别	动作名称			
第一组	1. 起势	2. 左右野马分鬃	3. 白鹤亮翅	
第二组	4. 左右搂膝拗步	5. 手挥琵琶	6. 左右倒卷肱	
第三组	7. 左揽雀尾	8. 右揽雀尾		
第四组	9. 单鞭	10. 云手	11. 单鞭	
第五组	12. 高探马	13. 右蹬脚	14. 双峰贯耳	15. 转身左蹬脚
第六组	16. 左下势独立	17. 右下势独立		
第七组	18. 左右穿梭	19. 海底针	20. 闪通臂	
第八组	21. 转身搬拦捶	22. 如封似闭	23. 十字手	24. 收势

（四）24 式简化太极拳动作要点

【第一组】

1. 起势

头颈正直，下颌微收，身体放松，自然直立，收腹敛臀，气沉丹田，两臂自然垂于体侧。两臂上抬时配合吸气。两肩下沉，两肘松垂，两手手指自然微屈。屈膝、松腰、敛臀，身体重心落于两脚之间。两臂下落与身体下蹲的动作要协调。（图 8-2-73）

图 8-2-73

2. 左右野马分鬃

两臂分开时要保持弧形，弓步动作与分手动作的速度要均匀一致；身体转动时，要以腰为轴带动上肢做动作；身体重心移动时，上体要保持平稳，不可前俯后仰；胸部要放松、舒展。（图 8-2-74）

图 8-2-74

3. 白鹤亮翅

两手抱球动作与右脚跟进半步动作要协调，身体重心后移与右手上提、左手下按要协调；转身动作要以腰带臂，虚步动作要收腹敛臀。（图 8-2-75）

图 8-2-75

【第二组】

4. 左右搂膝拗步

腿成弓步的同时，另一侧手掌向前推出；身体不可前俯后仰，要松腰、松胯；推掌时，要沉肩垂肘、坐腕舒掌，同时与松腰、弓腿协调。成弓步时，两脚脚跟的横向距离约为 30 厘米。（图 8-2-76）

图 8-2-76

5. 手挥琵琶

以身体重心的转换带动上肢动作，上肢、下肢动作协调；左手上起时，要由左向

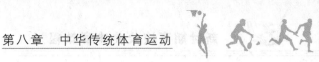

上、向前，微带弧形。身体姿势要平稳自然，沉肩垂肘，胸部放松。（图 8-2-77）

图 8-2-77

6. 左右倒卷肱

前推的手臂微屈，后撤的手随转体画弧；手臂前推时，要转腰、松胯，两手的速度要均匀一致；转体时，前脚以脚掌为轴扭正；退左脚时，上体略向左后斜，退右脚时，上体略向右后斜，避免两脚落在一条直线上。（图 8-2-78）

图 8-2-78

【第三组】

7. 左揽雀尾

两臂掤出时，肘部微屈，保持弧形；分手、松腰、弓腿 3 个动作必须协调；成弓步时，两脚脚跟的横向距离约为 10 厘米。两手向前挤时，上体保持正直；挤的动作要与转腰、弓腿动作协调。身体重心右移时，要松腰、坐胯，两手收至腹前。两手向前按时，须走弧线，按掌与弓腿动作要协调，腕部与肩齐平，两肘微屈。（图 8-2-79）

图 8-2-79

图 8-2-79（续）

8. 右揽雀尾

右揽雀尾的动作要点与左揽雀尾的动作要点相同，只是左右相反。（图 8-2-80）

图 8-2-80

【第四组】

9. 单鞭

左手向外翻掌前推时，要随转体边翻边推出，翻掌不要太快或最后突然翻掌；全部过渡动作要协调；完成定势时，右肘稍下垂，左肘与左膝上下相对，两肩下沉。若面向南起势，则单鞭的方向（左脚脚尖所指方向）应为东偏北约15°。（图 8-2-81）

图 8-2-81

10. 云手

身体转动要以腰脊为轴，松腰、松胯，上体保持自然正直，身体重心不可忽高忽低；两臂随腰的转动而运转，动作自然圆活，速度缓慢均匀；下肢移动时，身体重心

要稳，两脚的脚掌先着地再踏实，脚尖向前；视线随左右手的运转而移动；第三个云手时，右脚最后跟步时，脚尖微内扣，以便于接单鞭的动作。（图8-2-82）

图8-2-82

11. 单鞭

此单鞭的动作要点与前述单鞭的动作要点相同。

【第五组】

12. 高探马

上体左转与推右掌、收左掌动作协调；跟步转换身体重心时，上体要保持平稳，不可前俯后仰。（图8-2-83）

图8-2-83

13. 右蹬脚

两手分开时，腕部与肩齐平；蹬右脚时，左腿直立，右脚脚尖回勾，力达脚跟；分手动作与蹬脚动作要协调，右臂与右腿上下相对。若面向南起势，则蹬脚方向应为正东偏南约30°。（图8-2-84）

图8-2-84

14. 双峰贯耳

头颈正直，松腰、松胯，两拳松握，沉肩垂肘，两臂均保持弧形。双峰贯耳式的弓步方向与右蹬脚方向相同。成弓步时，两脚脚跟的横向距离约为10厘米。（图8-2-85）

图 8-2-85

15. 转身左蹬脚

转身左蹬脚的动作要点与右蹬脚的动作要点相同，只是左右相反。左蹬脚方向与右蹬脚方向成180°，即正西偏北约30°。（图 8-2-86）

图 8-2-86

【第六组】

16. 左下势独立

左手与左腿的回收动作要协调一致。成仆步时，左脚脚尖与右脚脚跟踏在中轴线上。独立时，左腿直立，上体正直；右腿提起时，右手上挑。（图 8-2-87）

图 8-2-87

17. 右下势独立

右脚脚尖触地后，右腿须稍提起，再向下仆腿。其他动作要点均与左下势独立的动作要点相同，只是左右相反。（图 8-2-88）

图 8-2-88

【第七组】

18. 左右穿梭

左右穿梭的方向分别为右斜前方约 30° 和左斜前方约 30° ，架掌、推掌要与弓腿动作协调，上体保持正直。（图 8-2-89）

图 8-2-89

19. 海底针

身体要先向右转，再向左转，完成定势后面向西，上体微前倾。（图 8-2-90）

图 8-2-90

20. 闪通臂

推掌、架掌要与弓腿动作协调；成弓步时，两脚脚跟的横向距离约为 10 厘米。（图 8-2-91）

图 8-2-91

【第八组】

21. 转身搬拦捶

向前冲拳时，右肩随拳略向前引伸；沉肩垂肘，右臂要微屈。（图 8-2-92）

图 8-2-92

22. 如封似闭

身体后坐时，应避免后仰，臀部不可凸出；两臂随身体回收时，肩部、肘部略向外展，不可直臂抽回；两手推出时，间距不超过肩宽。（图 8-2-93）

图 8-2-93

23. 十字手

两手分开和合抱时，上体不要前俯；站起后，上体自然正直，头微向上顶，下颌稍向后收；两臂环抱时，要圆满舒适，沉肩垂肘。（图 8-2-94）

图 8-2-94

24. 收势

两手左右分开下落时，全身放松，同时气徐徐下沉（呼气略加长）。呼吸平稳后，左脚收于右脚旁。（图 8-2-95）

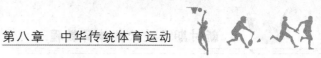

图 8-2-95

四、散打

（一）散打概述

散打又称散手，是两人运用武术技击法徒手相搏的竞技运动，是武术运动形式之一。散打的起源可追溯到远古时代，那时的人为了生存，在适应自然环境的过程中和与其他部落的争斗中，逐渐形成了原始的格斗技能。经过不断地发展，在冷兵器时代，这些格斗技能逐步成为军事格斗术中的一种。随着生产力的发展和物质生活水平的提高，人们的精神需求也不断地提高，散打被赋予了更多的内涵。

散打有助于发展人的力量素质、耐力素质、柔韧素质、灵敏素质、速度素质等。散打作为一项对抗性体育运动，可使人的身心得到全面锻炼。散打要求练习者在对抗中能够正确把握进攻时机，同时做到防守到位，反击及时，建立正确的条件反射；另外，还要针对不同的对手和临场的变化，提高应变能力，提高击打和抗击打的能力，从而掌握防身自卫和克敌制胜的技能。散打的练习过程是对练习者意志品质的考验和锻炼。初学散打时，要忍受牵拉韧带的痛苦；攻防练习时，要承受击打和抗击打的皮肉之苦；增加练习强度时，要克服疲劳之苦；进行实战时，要克服胆怯、犹豫、紧张等心理。练习者长期练习散打可以培养勇敢、顽强、坚毅、不怕苦、不怕累、敢于拼搏的精神，形成成熟、稳健、积极向上的优秀品质。散打比赛刺激、激烈，具有较高的观赏价值。散打选手之间斗智斗勇、相互较量，可以增加彼此之间的了解，建立和谐的人际关系。

（二）散打基本技术

1. 基本姿势

散打基本姿势分为左手、左脚在前的正架姿势和右手、右脚在前的反架姿势两种。以正架为例。两脚开立，间距与肩同宽，左脚向前上步，两脚的前后距离稍大于肩宽，两腿微屈，身体重心落于两腿之间，身体侧向前方，含胸收腹，下颌回收；稍低头，两眼平视前方；合齿闭唇，前肩提耸。肘关节下垂，弯曲角度为 60°～90°，左拳在视线前下方，右拳在下颌旁。手型要求除拇指外的其余四指内屈并拢，拇指横握于食指和中指的第二指节上。（图 8-2-96）

图 8-2-96

2. 基本步法

（1）进（退）步：进步时，后脚蹬地，前脚先向前进半步，后脚再跟进半步；退步顺序相反，前脚蹬地，后脚先后退半步，前脚再退回半步。

（2）前疾步：快速、连续地做进步。

（3）后疾步：快速、连续地做退步。

（4）上步：后脚向前迈一步。

（5）撤步：前脚向后退一步。

（6）垫步：后脚蹬地向前脚脚跟并拢，同时前腿屈膝提起。

（7）滑步：后脚脚跟内扣，脚掌向前擦地滑动，同时前腿屈膝提起。

（8）跳换步：以由正架姿势开始为例。两脚同时离地并向右转体，落地后成反架姿势。

（9）弹跳步：两脚同时离地，向前、向后、向左、向右跳跃移动。

3. 基本拳法

（1）冲拳。

①左冲拳：由正架姿势开始，左脚蹬地，发力于腰，上体微右转；同时左拳直线向前冲出，力达拳面，拳心朝下；击打目标后，左拳收回原位。

②右冲拳：由正架姿势开始，右脚蹬地，发力于腰，上体微左转；同时右拳直线向前冲出，力达拳面；击打目标后，右拳收回原位。

（2）掼拳。

①左掼拳：由正架姿势开始，上体微左转，左拳向外、向前、向内成弧形横击；同时转腰发力，力达拳面，拳心朝下，左臂微屈；击打目标后，左拳收回原位。

②右掼拳：由正架姿势开始，上体微右转，右拳向外、向前、向内成弧形横击；同时转腰发力，力达拳面，拳心朝下，右臂微屈；击打目标后，右拳收回原位。

（3）抄拳。

①左上抄拳：由正架姿势开始，上体微左转，左拳略向下，屈臂由下向上勾击；同时腰向右转，发力于腰，力达拳轮，拳心朝里；击打目标后，左拳收回原位。

②右上抄拳：由正架姿势开始，上体微右转，右拳略向下，屈臂由下向上勾击；同时腰向左转，发力于腰，力达拳轮，拳心朝里；击打目标后，右拳收回原位。

（4）鞭拳。

①左鞭拳：由正架姿势开始，左脚经右脚后插步，身体向左后转180°；同时左臂由屈到伸，向外、向前横向鞭打，发力于腰，力达拳背，拳眼朝上；击打目标后，左拳收回原位。

②右鞭拳：由正架姿势开始，右脚经左脚后插步，身体向右后转180°；同时右

臂由屈到伸，向外、向前横向鞭打，发力于腰，力达拳背，拳眼朝上；击打目标后，右拳收回原位。

4.基本腿法

（1）蹬腿。（图8-2-97）

(a)左蹬腿　　　　　　　　　　　　(b)右蹬腿

图8-2-97

左蹬腿时，身体重心稍右移，右腿直立或微屈支撑，左腿屈膝提起，左脚脚尖勾起，当膝关节高于髋关节时，左腿快速向前蹬伸，力达左脚脚跟，也可送髋，下压脚掌，力达左脚前脚掌。右蹬腿动作基本同左蹬腿，只是左右相反。

要点：上体不可过于后仰，屈膝高抬、用力向前蹬伸要快速连贯。

（2）侧踹腿。（图8-2-98）

(a)左侧踹腿　　　　　　　　　　　　(b)右侧踹腿

图8-2-98

左侧踹腿时，身体重心稍右移，右腿直立或微屈支撑，同时左腿屈膝提起，略比髋高，小腿外翻，左脚脚尖勾起，展髋、挺膝向前踹出，上体侧倾，力达脚掌。右侧踹腿动作基本同左侧踹腿，只是左右相反。

要点：踹出后，上体、大腿、小腿和脚要约在一条直线上，大腿带动小腿直线发力。

（3）鞭腿。（图8-2-99）

(a)左鞭腿　　　　　　　　　　(b)右鞭腿

图 8-2-99

　　左鞭腿时，身体重心稍右移，右腿直立或微屈支撑，上体稍右转并侧倾，右脚脚跟内转，同时左腿屈膝内扣，左脚向左侧提起，左脚脚背绷直，小趾外侧朝上，随即伸髋、挺膝、向前鞭甩小腿，力达脚背。右鞭腿动作基本同左鞭腿，只是左右相反。

　　要点：扣膝，脚背绷直，发力时大腿带动小腿，力点准确。

　　（4）勾踢腿。

　　右勾踢腿（图 8-2-100）时，左腿稍屈支撑，上体左转，同时右脚脚尖勾紧，右腿大腿带动小腿以踝关节与脚背接合部为力点，向前弧形勾踢，脚掌内侧贴地面擦行，右手向右斜下拨搂对方颈部。左勾踢腿动作基本同右勾踢腿，只是左右相反。

图 8-2-100

　　要点：勾踢腿不可向后预摆；勾踢时接触用力，上下肢协调配合。

5. 基本摔法

　　（1）抱腿前顶摔。（图 8-2-101）

　　上左步，身体下潜，两手抱住对手的两腿，用力回拉；同时，左肩前顶住对手的大腿或腹部，将对手摔倒。

　　要点：抱腿要紧，两臂和肩向相反方向协调用力。

　　（2）夹颈过背摔。（图 8-2-102）

　　右臂夹住对手颈部，右侧髋部贴紧对手小腹，两腿屈膝；随即两腿蹬直，向下弓腰、低头，将对手背起后摔倒。

　　要点：夹颈牢固，屈膝、蹬伸、弓腰、低头动作要协调连贯。

图 8-2-101　　　　　　　　　　　图 8-2-102

（3）抱腿旋压摔。（图 8-2-103）

抱住对手左腿后，用左腿别住对手右腿腘窝处，用胸部和肩部贴住对手左腿向前下靠压，将对手摔倒。

要点：靠压要有力，腿要别紧，不能让对手右腿有活动的余地。

图 8-2-103

（4）接腿勾踢摔。（图 8-2-104）

左手抄抱住对手踢来的右腿，右手向对手颈部下压，右脚勾踢对手左脚；同时，上体右转，右手回拉，将对手摔倒。

要点：接抱腿准确，转腰、压颈、勾踢动作要协调有力，快速完整。

图 8-2-104

6. 基本防守技术

（1）后闪：身体重心后移，上体略后仰闪躲。（图 8-2-105）

（2）侧闪：两腿微屈，俯身，上体向左侧或右侧闪躲。（图 8-2-106）

（3）下闪：两腿屈膝下蹲，同时缩头、含胸、收下颌，弧形向下躲闪，目视对手。

（4）拍挡：左手以掌心为力点向里横向拍挡对手右臂前臂外侧。（图 8-2-107）

图 8-2-105　　　　　图 8-2-106　　　　　图 8-2-107

（5）外格：左臂前臂边内旋边向左斜举，以前臂外侧部位为力点向外格挡对手右臂前臂内侧。（图 8-2-108）

（6）拍压：左拳变掌，以掌心或掌根为力点由上向前下方拍压对手踢来的腿。（图 8-2-109）

（7）勾挂：左臂以肘关节为轴，由上向下、向外伸肘下挂于身体左侧；随即前臂内旋以前臂和勾手勾挂住对手踢来的腿（图 8-2-110）。

（8）侧抄抱：身体左转，右肩前领；左臂由下向右上屈肘置于胸前，前臂内旋，左手掌心向外，两肘相对靠近，以两臂前臂和掌心为接触点，同时合抱来腿。（图 8-2-111）

| 图 8-2-108 | 图 8-2-109 | 图 8-2-110 | 图 8-2-111 |

第三节　龙舟运动

一、龙舟运动概述

　　龙舟运动起源于中国，是历史悠久的中华民族传统体育项目之一，深受人民群众的喜爱。龙舟运动之所以经久不衰，兴旺发展，是因为它本身具有强烈的民族特色和运动魅力。对中国人来说，龙舟运动有着厚重的历史沉淀，丰富的文化内涵及崇高的精神寄托。

　　近 20 年来，国内外的龙舟运动都得到了很好的发展，发生了巨大变化。在国内，1984 年，国家体育运动委员会（现国家体育总局）将龙舟运动列为全国正式比赛项目；1985 年，中国龙舟协会成立。在国外，龙舟运动随着华人的迁移传播到世界各地。随着龙舟运动在国内外的传播与发展，1991 年，国际龙舟联合会在中国香港成立。

　　龙舟运动不仅是一项体育娱乐活动，还体现出我国民族传统体育文化的继承性和人们的集体主义精神。作为一项民间竞技活动，龙舟运动有一定的竞赛规则和胜负标准。现代龙舟竞渡以达到终点的先后顺序定胜负，其中竞舟速度是取胜的关键。

二、龙舟基本技术

（一）动作名称

　　根据职能划分，龙舟运动员可分为划手、鼓手、舵手。划手的身体姿势一般可分为坐姿、站姿、单脚跪姿。从正式比赛的安全角度出发，划手的身体姿势以坐姿较为合理，而站姿、单脚跪姿多在民间传统龙舟比赛中出现。坐姿可以提高划手划桨的有效性，有利于两臂的伸展及龙舟行进中的平稳性和安全性，使动作配合更协调、更有力；站姿和单脚跪姿在民间传统龙舟比赛过程中的运用可以增加比赛的趣味性。鼓手的身体姿势可以分为站立打鼓、坐姿打鼓。由于各地传统不同，鼓点、鼓法也各有不

同。舵手的身体姿势有站立把固定舵、站立把活动舵、坐姿把活动舵。民间传统龙舟比赛的舵长短不一，舵手可以参与划水，但正式比赛的舵有统一规格，且舵手不能参与划水。

（二）动作方法

划手的动作方法由坐姿、握桨、入水、拉水、桨出水、前推回桨等技术组成。

1. 坐姿

【动作要领】左排划手保持坐姿，左腿微屈，大腿外侧紧靠船边，左脚脚掌撑住前方的脚蹬板；右腿尽量弯曲，右脚脚掌在撑住自己座位下方的隔板的同时，右腿尽量贴住左腿（图8-3-1）。右排划手的坐姿方向与左排划手相反。

【动作关键】合理利用两腿前蹬后撑的力量，稳定身体。利用身体前俯的惯性，尽量向前送肩。拉水时，脚要前蹬，复位桨时，脚要后撑。

图 8-3-1

2. 握桨

【动作要领】左排划手的右手先放在桨把的上端，除拇指外的其余四指从外向内并拢，掌心紧贴桨把上端，拇指从内向外包住桨把；左手握住桨杆下端距离桨叶顶端（桨叶与桨把的交界处）10～15厘米的位置，除拇指外的其余四指从外向内并拢，拇指从内向外握住桨杆（图8-3-2）。只有在桨叶入水划水时两手才紧握桨杆和桨把，桨叶出水后回桨复位尽量放松。右排划手的握桨要领与左排划手一样，只要左手、右手更换位置即可。

图 8-3-2

3. 入水

【动作要领】左排划手划水时，上体前倾，躯干转动，左肩前伸；腰背部、肩部发力传给左臂，右臂肘关节微屈支撑桨把（图8-3-3）。在桨入水的瞬间，右臂用力向下压使桨叶完全入水直至拉水完毕。桨入水时，身体动作应达到向前伸展最大化，左臂应处于完全伸直状态，桨入水的角度在85°左右，桨入水后，通过抬腰蹬左腿带动左臂水平向后拉桨。

【动作关键】桨叶入水角度应在85°左右。桨入水时，应贴近船舷，桨叶应达到满桨叶入水状态。

图 8-3-3

4. 拉水

【动作要领】桨叶完全入水后，划手紧接着做拉水动作。拉水时，通过抬腰带动左臂水平后拉发力，右臂向前撑住桨把，左腿蹬紧脚蹬板，躯干有抬起动作，拉水距离为 1 ~ 1.2 米。拉水时，桨尽量与水面垂直（图 8-3-4）。

【动作关键】拉水距离要尽量长，拉水速度要尽量快。

图 8-3-4

5. 桨出水

【动作要领】在拉水结束后，划手接着做出水动作。出水时，右臂放松，上抬提桨。左腕内扣，上抬提桨，使桨叶出水（图 8-3-5）。

【动作关键】左右臂放松提桨，桨不能提得太高，桨叶刚出水面即完成整个出水动作。

图 8-3-5

6. 前推回桨

左右臂上抬前推回桨。前推过程中，桨叶下方应距离水面 5 厘米左右，合理的高度有利于划桨的连贯性。

【动作关键】回桨过程中，左右臂一定要充分放松，为拉水过程做准备。

第四节　气排球运动

一、气排球运动概述

（一）气排球运动的起源和发展

气排球运动是我国的一项群众性排球活动。1984年，呼和浩特铁路局集宁分局为了开展老年人体育活动，在没有规则限制的情况下，组织离退休职工用气球在排球场上进行简单的体育活动。由于气球过轻且易爆，他们将两个气球套在一起打，最后又改用儿童软塑球。随后，相关人士参照六人制排球竞赛规则制定了简单的竞赛规则，并将这种活动形式命名为气排球。

气排球运动是一项集运动、休闲、娱乐于一体的群众性体育项目。作为一项新兴的体育运动项目，气排球运动不仅受到老年朋友的青睐，还被越来越多的青少年所喜爱。作为中国老年人体育协会的竞技项目之一，气排球自从被中国火车头体育协会首先推出以来，在浙江、福建、江苏、湖南、上海、重庆、广西等地得到了很好的推广。

气排球运动由于运动强度可大可小，适合各个年龄阶段、不同性别的人参与。

（二）气排球运动的特点

气排球球质软，富有弹性，手感舒适，不易伤人。球体大而轻，球网低。气排球场地可以采用羽毛球场地。运动参与者在室内外均可进行气排球运动。

气排球运动简单易学，是一项老少皆宜的群众性体育运动。气排球运动的集体性极强，队员间必须协调配合，有利于激发团结奋进、拼搏进取的精神。气排球运动的规则相对宽松，与竞技排球类似，人体任何部位都可以触球。

二、气排球基本技术

气排球技术是运动员在竞赛规则允许的条件下采用的各种合理的击球动作和配合动作的总称，它是气排球运动的基础和重要的组成部分。

气排球技术有两种：一种是有球技术，包括发球、垫球、传球、扣球和拦网；另一种是无球技术，包括准备姿势与移动步法、起跳、各种掩护动作等。下面介绍几种主要的气排球基本技术。

（一）准备姿势与移动步法

准备姿势要合理，判断准确，起动迅速。移动步法要灵活，制动有力。

1. 准备姿势

两脚左右开立，约同肩宽，两脚脚尖稍内收，两腿半蹲。身体稍前倾，含胸收腹，两臂放松，自然弯曲，两手置于腹前。身体适当放松，两眼注视来球，两脚始终

准备姿势

保持微动。

2. 移动步法

（1）滑步：当来球距离身体较近、弧线较高时，运动员可采用滑步。

（2）交叉步：当来球距离身体2米左右时，运动员可采用交叉步。

（3）跨步：当来球较低且距离身体较近时，运动员可采用跨步。

（4）跑步：运动员采用跑步移动时，两臂要配合摆动，同时应根据来球的方向，边跑边转身。

（5）综合步法：运动员将以上各种步法结合起来综合运用。

（二）发球

发球

发球是由队员在发球区内自己抛球，用一只手将球从球网上空两标志杆之间击入对方场区的技术动作。发球是比赛的开始，它既能直接得分，又能破坏对方的战术配合。按照发出球的性能，发球主要分为发飘球和发旋转球。发飘球主要有正面上手发飘球、勾手发飘球和跳发飘球；发旋转球主要有正面上手发球、正面下手发球、侧面下手发球、勾手大力发球、跳发球、发侧旋球和高吊球。下面以右手发球为例，介绍气排球中常见的几种发球方式。

1. 正面上手发球

【动作要领】身体面对球网，两脚前后开立，左脚在前，左手持球于胸前。发球时，左手向右肩前上方抛球至高于击球点约30厘米处；同时，右臂伸肘向后上方举起，挺胸展腹，上体稍右转。当球下落至距右肩约一臂距离时，利用蹬地转体和收腹动作带动右臂向前挥动，用手掌击球的后半部。

2. 正面下手发球

【动作要领】身体面对球网，两脚前后开立，两腿微屈，上体稍前倾，左手持球于腹前。发球时，左手将球抛起在体前右侧，离手高度约为20厘米；同时，右臂伸直后摆。击球时，右臂以肩为轴先向后再向前挥动，在腰腹右侧用右手手掌击球的后下部；击球的同时，右脚蹬地，身体重心随之前移。

3. 侧面下手发球

【动作要领】身体侧对球网，左肩在前，两脚开立，两腿微屈，上体稍前倾，身体重心落在两脚之间。发球时，左手将球抛向身体正前方上，离手高度约为30厘米，距离身体约一臂远，同时右臂摆至侧下方。击球时，右脚蹬地，身体左转，带动右臂前摆并用右手手掌或虎口击球的后下部，身体重心移至左脚，面向球网。

（三）垫球

垫球是在全身协调用力的基础上通过手臂的迎击动作，使来球从垫击面上反弹出去的一项击球技术，是用于接发球、接扣球、接吊球、接拦回球和处理各种难球的主要方法，也是保证本方进攻的基础。垫球时，运动员必须保证准备姿势正确、击球手型合理、击球动作准确和击球部位合理，并注意调整手臂与地面的适宜用力角度，这样才能取得良好的垫球效果。

1. 准备姿势

垫球前，运动员应根据不同临场情况采用相应的准备姿势。初学垫球时，运动员垫击的是一般的轻球，因此可采取一般的准备姿势，即上体稍前倾，两脚开立，两脚

之间的距离稍宽于肩；两臂微屈，两手置于腹前，两肘稍内收；两眼注视来球。

2. 垫球手型、击球点和击球部位

（1）垫球手型。

常用的击球手型有以下三种。

① 叠指式：两手手指上下相叠，两手拇指对齐平行相靠（两手的拇指压在上面手的中指第二指节上），两手掌根紧靠，两臂伸直相夹，注意手掌部分不能相叠。

② 抱拳式：两手抱拳互握，两手拇指平行放于上面，两手掌根和两臂前臂外旋紧靠，手腕下压，使前臂形成一个垫击平面。

③ 互靠式：两手掌心相对，掌心空出，两手拇指平行，两手掌根和两臂前臂外旋紧靠。

垫球手型

（2）击球点和击球部位。

以正面双手垫球为例。正面双手垫球的击球点一般应尽量保持在腹前约一臂距离处，以手腕上部10厘米左右的两臂前臂桡骨内侧所构成的平面击球。

3. 动作要领

（1）插：及时移动取位，身体重心降低，两臂前伸插至球下，使两臂前臂的垫击面对准来球，并初步确定好手臂的角度。

（2）夹：两手掌根紧靠，两臂夹紧，手腕下压，用平整而稳定的垫球面去迎击球。

（3）提：利用两腿蹬地、提肩、顶肘、压腕的动作去迎击来球，身体重心要随球前移，两臂在全身协调动作的配合下向出球方向送球。

4. 常用垫球方法

（1）正面双手垫球：垫球时，两臂伸直夹紧，插入球的下部，用两臂前臂形成的平面触球，并利用蹬地、抬肩和身体的协调动作将球垫起。

（2）体侧垫球：左肩微向下倾斜，两臂由左后方向前截住球，再用两臂前臂击球的后下部，将球垫出。

（3）跨步垫球：当来球位置低、距离远时，要看准来球，及时向前侧跨一大步，两臂前伸，用前臂击球的后下部。跨步垫球要做到"一插快、二夹紧、三抬臂"。

（四）传球

正面双手传球是基本的传球方法，运用较为广泛。运动员掌握好正面双手传球技术，有助于进一步掌握和运用其他各种传球技术。下面主要介绍正面双手传球的基本技术。

传球

1. 准备姿势

两脚左右开立，与肩同宽。两脚脚跟稍提起，两腿微屈，上体稍前倾，两臂屈肘抬起，肘关节下垂，两手张开成近似传球的手型，举于体前。

2. 击球点

传球时，为了便于运动员观察来球的情况和看清对方及传球的目标，便于运动员对准来球及控制传球的方向和落点，击球点应在额前上方约一球距离处。击球点过高或过低都会减少对球的作用力，影响手型的正确性。

3. 传球手型及触球部位

传球时，两腕背伸，两手手指自然张开，成半球形，两手拇指相对，近似成一字形。传球时，以拇指的指腹或内侧触及球的下部或后中下部；食指的全部和中指的第

二指节、第三指节触球的后上部，无名指和小指触球的两侧。当手指触及球时，以两手的拇指、食指和中指承受来球的压力，无名指和小指在球的两侧协助来控制传球的方向。

4. 传球动作和用力

当来球接近额头上方时，开始蹬地、伸膝、伸髋及伸臂，两手张开向面前上方迎击球。在球触及手的瞬间，手指和手腕应保持适当的紧张。传球时，主要以蹬地、伸膝、伸髋和伸臂的协调动作同手指、手腕的弹力将球传出。

（五）扣球

扣球是气排球运动技术中攻击性最强的一项技术，是比赛得分的重要手段。扣球的成功与否与一传和二传的质量好坏密切相关，因此，运动员在提高扣球技术水平的同时，必须加强一传和二传的训练，这样才能使攻防技战术水平得到全面提高。

扣球包括准备姿势、助跑、起跳、空中击球、落地五个环节，是积极有效的进攻方法，也是衡量一支球队进攻实力的重要因素之一。（图8-4-1）

图8-4-1

1. 准备姿势

扣球助跑前采用稍蹲准备姿势，两臂自然下垂，站在距离进攻限制线约2米处，身体转向来球方向，观察来球，做好向各个方向助跑、起跳的准备。

2. 助跑

助跑的方向、速度和步数由二传来球的方向、速度和飞行弧度决定。助跑时，可采用一步、两步或三步助跑；支撑点在身体重心前，并以脚跟先着地，两臂由体前经体侧摆至身体后下方。上体前倾，身体重心前移，先着地的脚由脚跟过渡到全脚掌着地；另一脚随即在先着地脚的前方着地，身体重心下降，两腿弯曲，上体稍侧转，准备起跳。助跑的要求是动作连贯、轻松、自然，速度由慢到快，步幅由小到大。只要脚一动，相应的手臂就要协同动作。

3. 起跳

在助跑跨出最后一步时，在两脚踏地制动的同时，两臂自后积极向前摆动，身体随着两脚蹬地向上起跳，两臂也配合起跳有力地向上摆动。

4. 空中击球

起跳后，挺胸展腹，上体稍右转，右肩向上方抬起，身体成反弓形。挥臂时，以迅速转体、收腹动作发力，依次带动肩关节、肘关节和腕各关节成鞭甩动作向前上方

弧形挥动，在右肩前上方最高点击球。击球时，提肩，伸臂，五指微张成勺形，以全掌包满球，击球的后中部，力量通过球心，利用手腕的甩压动作，使球向后下方成上旋飞行。

5. 落地

在空中完成击球后，身体自然下落，尽量使两脚前脚掌先着地，以缓冲身体受到的冲击力。落地时，身体保持平衡。

（六）拦网

拦网是气排球运动的基本技术之一，是防守的第一道防线，是得分、得发球权的重要手段，也是反攻的重要环节。拦网由准备姿势、移动、起跳、空中击球和落地五个环节衔接而成。拦网分为单人拦网和集体拦网。其中，单人拦网是集体拦网的基础。成功的拦网常能直接阻止对方的进攻，使本方由被动转变为主动，并能削弱对方进攻的锐气，给对方造成较大的心理威胁。

单人拦网的基本动作如图 8-4-2 所示。

图 8-4-2

1. 准备姿势

面对球网，两脚左右开立，约与肩同宽，距网 30 ～ 40 厘米。两腿微屈，两臂屈肘置于胸前。

2. 移动

常用的移动步法有一步、并步、交叉步、跑步等。无论采用哪种移动步法，运动员都要做好制动动作，以保证向上起跳时不会触网或冲撞同队队员。

3. 起跳

原地起跳时，两腿屈膝，身体重心降低，随即用力蹬地，两臂以肩发力，在体侧近身处做画弧前后摆动，帮助身体迅速跳起。移动后的起跳动作与原地起跳一样，但要注意制动，并使移动与起跳动作紧密衔接。

4. 空中击球

起跳时，两手从额前沿球网向上方伸出，两臂伸直并保持平行，两肩上提。拦网时，两臂应伸过网去接近球。两手自然张开，屈指、屈腕成半球状。当手触球时，两手要突然紧张，手腕下压，以使手盖在球的前上方。

5. 落地

拦球后，要做含胸动作，以保持身体平衡。手臂要先进行后摆动作或上提动作，从网上收回至本方上空，再屈肘向下收臂，以免触网。与此同时，两脚落地，屈膝缓冲，随即转身面向后场，准备接应来球或准备做下一个动作。

三、气排球基本战术

气排球战术的总原则：集中精力，充满信心，不畏强手；沉着冷静，善观其弱，强攻巧打，攻其不备，猛攻其弱；攻守兼备，快打快攻，团结互助，每球必争，永不言弃。

（一）发球战术

（1）本方队员将球发至对方二传队员背后（二传队员站位在中间时）。

（2）本方队员将球发至距离二传队员最远的位置（二传队员站位靠两边时）。

（3）本方队员将球发至对方空位（如"马蹄心"位置、两名队员的中间位置等）。

（4）本方队员将球发给对方接球水平较低的队员。

（5）对方站位较靠前时，本方队员将球发至对方后场；反之，本方队员将球发至对方前场。

（6）本方队员将球发至对方进攻力较弱的主攻队员位置。

（7）对方主攻队员进攻力差不多，但身高不齐时，本方队员将球发给对方身高较高的主攻队员一侧。

（8）本方队员将球发至对方4号位和5号位的左手位（所谓的直线球）。

（9）本方队员将球发至对方1号位的方向（所谓的斜线球）。

（10）直跑跳发球和侧跑跳发球（极具杀伤力、较流行的发球）。

（二）拦网战术

（1）球在对方场地时，前排3名队员要随时在网前做好拦网准备。

（2）前排中间位置队员随时与其左侧或右侧队员做好拦截从对方场区左侧或右侧方向进攻的球的准备，另一名队员做拦网或救球的准备。

（三）后排队员的卡位战术（拦网卡位或防守卡位）

当本方3名前排队员拦网时，后排一名队员要卡在对方进攻来球的直线位置，另一名队员要卡在斜线位置，并随时准备将对方吊向离自己位置最近的球救起。

（四）进攻战术

（1）本方把球打至对方力量最弱、最难接或空当的位置。

（2）本方向对方身高最矮的拦网队员处扣球。

（3）球在本方场地，除留1名二传队员在网前外，其余4名队员都要在进攻线外随时起动准备扣球。

（4）快打快攻是类似排球的打法，须提前起跳并有其他队员做掩护性进攻。

（5）从本位置进攻，发现对方拦网队员已做好充分准备时：① 强攻；② 巧打；③ 打手出界；④ 往拦网队员的手上方轻打，由本方保护队员将球救起，重新组织进攻。

（6）球在本方场地，但已经无法组织进攻时，本方可以采用以下战术：① 将球回

击至对方空位；② 将球回击至对方后场；③ 将球回击至距离对方主攻队员最远的位置；④ 将球高击至对方场地；⑤ 将球回至对方进攻力较弱的队员的一侧；⑥ 以有力的平推将球回击给对方。

体育思政课堂

中华传统体育是中国优秀传统文化的瑰宝，有着丰富的文化内涵，在一定程度上展现了中华民族的伦理道德、价值观念、精神气质与哲学思想。学校通过组织学生积极参与中华传统体育项目，可以激发学生的集体荣誉感，有利于培养学生的集体主义精神和增强学生的爱国之情，对于树立民族自信、文化自信和制度自信具有积极的意义。例如，武术是中国优秀传统文化的重要组成部分，武术中蕴含的武德精神包括公平、正义等。学生通过练习武术，不仅能强身健体，还能接受武德精神的洗礼。武德是习武之人应遵循的道德准则，是习武之人高尚道德品质的体现。新时代的武德要求习武之人把习武同弘扬祖国优秀传统文化、热爱祖国联系起来，自觉维护中华民族的尊严。

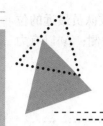

第九章　球类运动

第一节　篮球运动

一、篮球运动概述

　　1891 年，美国马萨诸塞州一位名叫詹姆斯·奈史密斯的体育教师受桃园中的工人用桃子向桃筐投掷的游戏的启发，将两个篮筐分别钉在体育馆两端看台的栏杆上，篮筐距离地面约 3.05 米，参与者用足球向篮筐内投掷，投中得 1 分，以得分的多少决定胜负。19 世纪 90 年代，篮球运动相继传入加拿大、法国、巴西等国家。1932 年，瑞士、希腊、阿根廷、意大利、拉脱维亚、葡萄牙、罗马尼亚和捷克斯洛伐克 8 个国家在瑞士日内瓦组建了国际业余篮球联合会（后改名为国际篮球联合会，简称"国际篮联"），并且以美国大学使用的篮球规则为基础，制定了世界统一的比赛规则。男子篮球在 1936 年柏林奥运会上被列为正式比赛项目，女子篮球在 1976 年蒙特利尔奥运会上被列为正式比赛项目。

　　19 世纪末，篮球运动传入中国。100 多年来，它已经发展成为人们日常生活中喜闻乐见的运动项目之一。中国国家男子篮球队曾多次获得亚洲男子篮球锦标赛（现为国际篮联亚洲杯）的冠军，并分别于 1996 年、2004 年、2008 年获得奥运会男子篮球赛第 8 名。中国国家女子篮球队曾获得 1992 年巴塞罗那奥运会女子篮球赛亚军。近年来，中国国家女子篮球队胸怀梦想，敢打敢拼，技术水平明显提升。

二、篮球基本技术

（一）篮球基本功

1. 手的基本功

　　手的基本功可以归纳为"三功""五类""十八式"。"三功"，即指功、腕功、臂功；"五类"，即传、接、投、运、抢五类手上的攻守技术动作；"十八式"，即寓于"三功""五类"动作之中的握、翻、转、抖、拨、弹、点、抄、展、摆、屈、勾、拍、推、抓、拉、打、挑等技术环节。其中，手指的感应能力和弹拨动作、手腕的灵活翻转动作、手臂的柔韧摆动动作及它们的专门力量是手的基本功的关键环节。

2. 腰的基本功

腰的基本功是指控制身体平衡和影响身体重心转移的能力。腰部力量的大小、柔韧性的好坏、灵活性的高低、伸展的幅度大小、收缩的快慢等各种因素直接影响到激烈对抗中的运动员技术水平发挥的好坏。

3. 脚的基本功

脚的基本功是指对身体重心、速度和脚步的控制能力。脚步动作是篮球技术的基础，任何动作的完成都离不开脚的支撑和移动。运动员通过脚的各种动作来改变身体的位置、方向、速度，以及摆脱或防守对手。

4. 眼的基本功

眼的基本功是指运用眼睛余光扩大视野的能力，表现为视野广阔、判断及时和了解全场比赛情况的变化。眼睛是心灵的窗户，观察是判断的前提。对瞬息万变的场上情况及时做出正确的判断，运用合理的技术动作来进攻或防守，有利于争取比赛的主动权。

（二）基本站立姿势

两脚自然开立，脚跟稍提起，两腿屈膝，身体重心降低，上体稍前倾，两臂自然放于体侧，肘部微屈，两眼平视，随时准备向各个方向起动。

原地持球的基本站立姿势：在基本站立姿势的基础上，持球于胸腹之间，随时做传球、运球、投篮的准备。

（三）移动

移动是篮球技术的基础。运球突破、投篮、争夺球、防守均需要移动技术的配合。篮球移动技术是在人体活动能力的基础上发展起来的快速、合理的专门化动作。

1. 起动

起动是队员在场上由静止状态变为运动状态的突变动作，是获得位移速度的方法。起动时，上体迅速前倾或侧转，同时，后脚或起动方向的异侧脚的前脚掌短促有力地蹬地，手臂积极摆动，两脚交替蹬地，前几步要短而快，在最短的时间内充分发挥最快的速度。

起动

2. 跑

跑是队员在场上改变位置、速度、方向等的重要方法，是快攻、移动选位的基本途径，在比赛中运用得最多，具有快速、多变的特点。在篮球比赛中，最常用的跑法有以下几种。

（1）侧身跑：向前跑时不要横移，注意观察球场上的变化，上体要侧转，腰部要放松，准备迎接来球。

（2）变速跑：加速时，身体重心降低，上体前倾，两脚短促有力地连续蹬地，提高频率；减速时，用前脚掌抵地缓冲，上体直起，身体重心后移，降低速度。

（3）变向跑：队员在跑动中突然改变方向来摆脱对手的方法。向左变向时，最后一步右脚着地，用前脚掌内侧发力蹬地，脚尖内扣，屈膝，腰部左转，身体重心快速移动，左脚快速跨出，右脚迅速随之跨出。

变向跑

3.跳

跳是队员在场上争取高度和远度的一种方法。在篮球比赛中，多数技术动作要在空中完成，因此，要重视跳的高度、跳的速度、滞空时间、连续起跳等。

（1）双脚起跳：两脚开立，身体快速下蹲蹬地起跳，两臂自然摆动，身体向上腾起。双脚起跳多在原地起跳、并步、上步、跳步、助跑等情况下运用。

（2）单脚起跳：起跳脚前脚掌用力蹬地起跳，同时提腰摆臂。另一条腿积极屈膝上抬，身体重心上移，落地注意缓冲。单脚起跳多在助跑的情况下运用。

4.急停

急停是队员在跑动中突然制动的一种方法。它在比赛中多与其他动作配合运用，以摆脱对手。

（1）跨步急停。（图9-1-1）

快速跑动中急停时，先向前跨出一大步，由脚跟着地过渡到全脚掌着地，屈膝，同时上体后仰缓冲。跨第二步时脚尖内扣，并用前脚掌着地。两腿微屈，身体重心下降并落于两腿之间，两臂屈肘微张，以保持身体平衡。

图9-1-1

（2）跳步急停。（图9-1-2）

跳步急停常用于中慢速跑动中。起跳后，两脚离地面不能过高，上体稍后仰，两脚同时落地。落地时，由全脚掌着地过渡到前脚掌用力抵地，屈膝，两臂屈肘微张，以保持身体平衡。

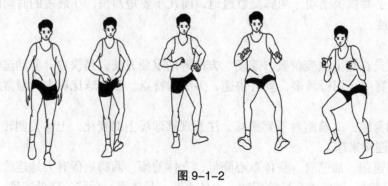

图9-1-2

（四）篮球进攻技术

1.传接球

（1）传球。

传球是进攻队员在场上相互联系和组织进攻的纽带。传球的好坏直接影响到战术

跨步急停

跳步急停

质量的高低甚至比赛的胜负。传球分为双手传球和单手传球两类。双手胸前传球是双手传球的基本方法，单手肩上传球是单手传球的基本方法。

① 双手胸前传球：两手手指自然分开，拇指相对成八字形，指根以上部位持球，掌心空出。两肘于体侧自然弯曲，将球置于胸前，身体成基本站立姿势。传球时，手腕翻转，手臂在后腿蹬地、身体重心前移的同时前伸，拇指用力下压，手腕前屈，食指和中指用力拨球将球传出。（图9-1-3）

图 9-1-3

② 单手肩上传球：以右手传球为例。传球前，左脚向传球方向迈出半步，同时将球引至右肩侧上方，右臂外展，上臂约与地面平行，右手手腕后仰。左肩对着传球方向，身体重心落在右腿上。传球时，右脚蹬地，转体，右臂迅速向前挥摆，右手手腕前屈，食指和中指拨球将球传出。出手后，身体重心前移，身体向前跟进，保持基本站立姿势。（图9-1-4）

图 9-1-4

根据接球队员的能力和位置选择传球的力量和高度，一般传球位置为胸腹之间。不论是双手传球还是单手传球，传球力量和时间决定球飞行的距离和速度。中远距离的传球，出手角度要稍高于水平方向，以克服球的重力。传球时，要注意接球队员的位置和防守队员的位置，要传到合适的接球位置，不要给接球队员增加难度。传球给移动中的队员时，要判断其移动的速度和方向，做到人到球到。

（2）接球。

接球是篮球运动中的主要技术之一，是获得球的技术，也是抢篮板球和断球的基础。在对抗激烈的比赛中，采用正确的动作平稳地接球，对减少传球失误、弥补传球不足，以及截获对方的传球等都是非常重要的。

① 双手接中部位的球。

【动作方法】两眼注视来球，两臂伸出迎球，两手手指自然张开，两手拇指成八字形，其他手指向前上方伸出，两手成半圆形。当手触球时，两手将球握住，两臂顺势屈肘后引，以缓冲来球的力量。接球后，两手持球于胸腹之间，成基本站立姿势。

【动作要点】伸臂迎球，在手触球时收臂后引缓冲，握球于胸腹之间，动作要连贯一致。

②双手接高部位的球。

双手接高部位的球的接球方法与双手接中部位的球的接球方法相同，但要求两臂必须向前上方迎球伸出。

③单手接球。

【动作方法】原地单手接球时，接球手向来球方向伸出，五指自然分开，掌心正对来球，手腕、手指放松。当手触球时，顺球的方向迅速收臂，置球于身体前方或体侧，另一手迅速扶球，保持身体平衡，做好下一个进攻动作的准备姿势。在移动中接球时，要判断来球的时间和落点，及时向来球方向跨步移动，接球后要迅速降低身体重心，衔接下一个进攻动作。

【动作要点】手指自然分开，伸臂迎球，触球后引要快，另一手及时扶球。

2.投篮

投篮得分是进攻的最终目的，提高命中率是投篮得分的关键。队员不停地移动、变换个人技术和战术等都是为了寻找一个投篮的机会。投篮时，应注意瞄准点、球飞行的路线和全身的协调用力。掌握正确的投篮技术并熟练运用，是提高投篮命中率的基础。

（1）原地单手投篮。

原地单手投篮是基本的单手投篮方法。两脚开立，身体重心落在两脚之间，屈肘，手腕后仰，掌心向上，持球于右眼前上方，左手扶球的侧方，两腿微屈，上体前倾，两眼瞄准投篮点。投篮时，下肢蹬伸，手腕前屈，用指端拨球，最后用食指和中指柔和地将球投出。（图9-1-5）

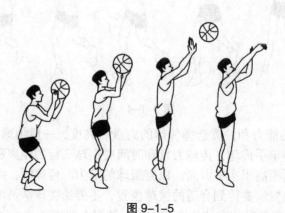

图9-1-5

（2）行进间单手投篮。

行进间单手投篮又称跑动中投篮，一般在快攻或切入篮下时运用。

行进间单手低手投篮是基本的动作。球在空中飞行或运球时，右脚向来球方向或投篮方向跨一大步接球，然后左脚再跨出一小步，上体稍后仰，同时用力蹬地起跳，右腿屈膝上提，左脚蹬离原地。同时，两手向前上方举起球，腾空后右臂前伸投篮，两脚落地，两腿屈膝缓冲。

单手接球

行进间单手高手投篮腿部动作与行进间单手低手投篮腿部动作相同，腾空后，将投篮手举到最高点，手腕前屈，食指、中指用力将球投出。

（3）原地跳起单手肩上投篮。

原地跳起单手肩上投篮（简称"跳投"）的出手动作与原地单手投篮基本相同，只是在动作中增加了起跳部分，投篮要在空中完成。两手持球于胸腹之间，两脚前后或左右开立，两腿微屈，身体重心落在两腿之间，眼睛注视篮圈。两脚蹬地发力，提腹伸腰，迅速摆臂举球起跳，举球于肩上或头上。当身体达到最高点时出手。在比赛中，运动员普遍采用跳投，其作为主要的得分手段，可以与运球急停、跨步、转身、后撤步等技术组合运用，在空中可以后仰、闪躲等，以摆脱对手的干扰。

原地跳起单手
肩上投篮

3. 运球

运球是控制球、支配球、组织战术配合和突破对手的重要手段。要想熟练地掌握运球技术，必须注意身体姿势、手型、手拍球的动作和球运行轨迹之间的协调，这样才能控制好球的反弹角度、高度和速度，做到得心应手。运球的基本动作如下。（图9-1-6）

（1）身体姿势：两膝保持适度的弯曲，上体稍前倾，头要灵活，注意场上的情况。

（2）上肢动作：以肩关节为轴，上臂发力，五指分开，用手指和指根部位及手掌的外缘触球。要注意拍球的部位，拍的部位不同，球的落点不同。同时，拍球力量不同，球反弹的速度和高度也不同。运球时，尽量延长手吸附球的时间，这样才能更好地做动作和支配球。

（3）下肢动作：下肢移动速度要与运球速度一致，要注意身体重心与节奏的控制。脚步动作要与手臂动作的改变及身体动作的改变同步进行，注意整体的协调。

运球的种类有很多，有高运球、低运球、急起急停运球、变速变向运球、背后运球、转身运球、胯下运球等。熟练掌握更多运球动作的交替组合和变化，能使运球更有攻击性和实效性。

高运球

低运球

　　　　高运球　　　　　　　　　　　　低运球

图9-1-6

4. 持球突破

持球突破是持球队员运用脚步动作和运球技术超越对手的一项攻击性技术。在比赛中，掌握好突破时机，合理地运用突破技术，既能直接切入篮下得分，又能打乱对手的防守部署，创造更多的进攻机会，还能增加对手的犯规概率，给其防守造成较大的威胁。

（1）交叉步突破。

以右脚作中枢脚，从防守队员左侧突破为例。两脚左右开立，两腿微屈，身体重心降低，持球于胸腹之间。突破时，左脚向左前方跨出，假装向左侧突破。当对手身

交叉步突破

体重心向左偏移时，左脚前脚掌内侧迅速蹬地，上体向右转，左肩向前下压，身体重心向右前方移动，左脚迅速向右侧前方跨出，同时将球移于右侧，推拍球于左脚内侧，右脚用力蹬地向前跨出，迅速超越对手。

（2）顺步突破。

以左脚为中枢脚，从防守队员左侧突破为例。准备姿势和突破前的动作要求与交叉步突破相同。突破时，假装投篮，当对手的身体重心前移时，右脚迅速向前方跨出一步，上体向右脚外侧偏前方跟进，左脚前脚掌迅速蹬地，向前方跨出运球突破防守。（图9-1-7）

图 9-1-7

三、篮球基本战术

（一）进攻战术

1. 传切配合

传切配合

传切配合是进攻队员之间利用传球和切入技术组成的简单配合，包括一传一切配合和空切配合。配合的要点是切入队员要把握好切入时机，持球队员要及时准确地将球传出。

（1）一传一切配合。

⑤传球给④后，迅速摆脱对手的防守向篮下切入，接④的回传球投篮。（图9-1-8）

（2）空切配合。

④传球给⑤后，⑥立即摆脱对手的防守向篮下切入，接⑤传来的球投篮。（图9-1-9）

2. 突分配合

突分配合

突分配合是持球队员运用突破打乱对方的防守部署或吸引防守，并将球及时传给获得空位的同伴，使同伴获得进攻机会的配合方法。

⑤从防守队员左侧突破，吸引对方两名防守队员同时封堵其突破路线，此时④及时跑到有利的进攻位置，接⑤的传球投篮或接球后做其他配合。（图9-1-10）

  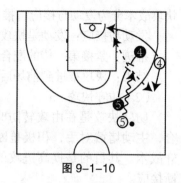

图 9-1-8　　　　　　　　图 9-1-9　　　　　　　　图 9-1-10

3. 策应配合

策应配合是指进攻队员背对或侧对篮筐接球后，以其为枢纽，同伴间相互配合形成的一种里应外合的方法。

④摆脱防守后插到罚球线进行策应，⑤将球传给④后摆脱防守空切篮下，接④的策应传球投篮。（图 9-1-11）

4. 掩护配合

掩护配合是进攻队员有目的地选择适当的位置，运用合理的技术动作，用自己的身体挡住同伴的防守者的移动路线，使同伴借以摆脱防守的一种配合方法。

（1）给持球队员做掩护。

⑤传球给④后跑到④的防守者的侧面做掩护，④接球后做投篮或突破动作，吸引防守，⑤完成掩护后迅速移动到有利位置去接球或抢篮板球。（图 9-1-12）

（2）给无球队员做掩护。

⑤传球给④后跑去给同伴⑥做掩护，④接到⑤的传球后要做投篮、突破的假动作以吸引防守。当⑤到达掩护位置后，⑥利用⑤的掩护切入篮下并接④传来的球投篮。⑥切入篮下时，④要及时将球传给⑥。（图 9-1-13）

策应配合

掩护配合

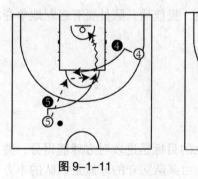 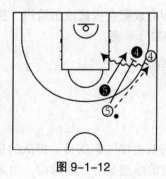 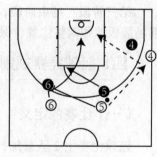

图 9-1-11　　　　　　　图 9-1-12　　　　　　　图 9-1-13

（二）攻防战术的整体配合

1. 快攻与防守快攻

（1）快攻。

快攻是由防守转入进攻时，以最快的速度、最短的时间，在人数上造成以多打少的局面；或者在人数相等，以及人数少于对方的情况下，趁对方立足未稳，果断而合理地进行的一种快速进攻的战术。短传快攻是队员在后场获球后，几个队员在快速奔跑过程中运用短而快的传接球，迅速推进过中场接近对方篮下进行攻击的一种配合。

快攻战术分为发动与接应、推进、结束三部分。

发动与接应：发动是快攻战术的前提，接应有固定接应和机动接应两种。

推进：紧接第一传的配合，是快攻的桥梁。

结束：快攻推进到前场后，最后完成进攻所运用的配合。

（2）防守快攻。

防守快攻是在由攻转防时，队员有组织地运用个人战术和几个人之间的协同配合，主动堵截对手，积极抢断球，破坏其快攻战术，延缓对手的进攻速度的一种防守战术。其目的是提高进攻的成功率，积极拼抢前场篮板球，封堵快攻第一传和截断接应。

2.半场人盯人防守与进攻半场人盯人防守

（1）半场人盯人防守。

半场人盯人防守是在篮球比赛中由进攻转入防守时，全队有组织地迅速退回后场，在半场范围内进行人盯人防守的一种全队战术。

基本要求：防守队应根据双方队员的身高、位置和技术水平，合理地进行防守分工；由进攻转入防守时，防守队员要迅速退回到后场，找到自己的对手，积极抢断球、夹击和补防；防守有球队员时要逼近对手，积极封盖投篮，干扰其传球。

（2）进攻半场人盯人防守。

进攻半场人盯人防守是根据半场人盯人防守战术的特点，从每个队员的实际情况出发，综合运用传接球、投篮、运球突破等个人技术动作，以及传切、掩护、策应等几个人之间的战术配合所组成的一种全队进攻战术。其可分为以下三个阶段。

第一阶段：准备阶段，即推进前场、快速落位做好进攻部署阶段，队员要避免在中场停球。

第二阶段：发动阶段，即运用战术配合投篮攻击阶段，队员要注意队形的合理变化。

第三阶段：结束阶段，即完成配合投篮攻击阶段。投篮后，队员要有组织地争夺前场篮板球和调整位置，保持攻守平衡。

四、篮球竞赛规则简介

（一）比赛的定义

篮球比赛由2队参加，每队出场5名队员。每队的目标是进攻对方球篮得分，并阻止对方队得分。被某队进攻的球篮是对方的球篮，由某队防守的球篮是该队的本方球篮。比赛时间结束时比赛得分较多的队，是比赛的胜者。

（二）比赛场地和器材

1.比赛场地

比赛场地应是一块平坦、无障碍物的硬质地面。其尺寸是长28米、宽15米，从界线的内沿丈量。（9-1-14）

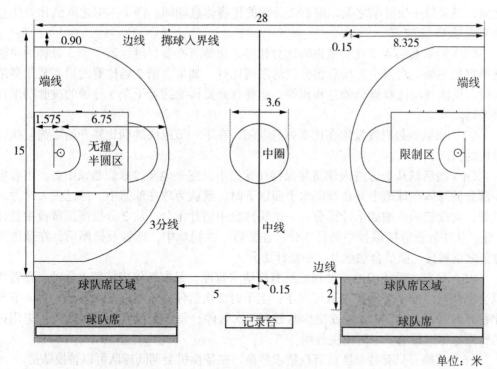

单位：米

图 9-1-14

2. 器材

下列器材是必需的：挡件（包括篮板、含有抗压篮圈和篮网的球篮、篮板支撑构架），篮球，比赛计时钟，记录屏，进攻计时钟，供暂停计时用的计秒表或适宜的（可见的）装置（不是比赛计时钟），2 个独立的、显然不同的、非常响亮的声响信号，记录表，队员犯规标志牌，全队犯规标志牌，交替拥有指示器，比赛地板，比赛场地，足够的照明。

（三）球队

（1）当一名球队成员按照竞赛组织部门的规程（包括年龄限制）已被批准为某队参赛时，他是合格参赛的球队成员。当一名球队成员的姓名在比赛开始前已被登记在记录表上，并且他既没有被取消比赛资格，又没有发生 5 次犯规，是有资格参赛的球队成员。

在比赛时间内，当一名球队成员已发生 5 次犯规，并且不再有资格参赛时，是一名出局的队员。

（2）每个队应按下列要求组成：不超过 12 名有资格参赛的球队成员，包括一名队长；一名主教练；最多 8 名随队人员（包含最多 2 名助理教练）可坐在球队席。

（3）在比赛时间内，每队应有 5 名队员在场上并可被替换。

（四）比赛通则

（1）比赛应由 4 节组成，每节 10 分钟。在预定的比赛开始时间之前，应有 20 分钟的比赛休息期间。在第 1 节和第 2 节（上半时）之间，第 3 节和第 4 节（下半时）

之间，以及每一决胜期之前，应有2分钟的比赛休息期间。两个半时之间的比赛休息期间应是15分钟。

（2）如果在第4节比赛结束时比分相等，比赛有必要再继续若干个5分钟的决胜期来打破平局。对于主客场总得分制的系列比赛，如果在第2场比赛的第4节比赛结束时，两队两场比赛得分的总和相等，比赛有必要再继续若干个5分钟的决胜期来打破平局。

（3）如果一起犯规发生在比赛休息期间，在下一节或决胜期比赛开始之前应执行最后的罚球。

（4）当活球从上方进入球篮并保持在球篮中或完全地穿过球篮是球中篮。当有极少部分的球体在球篮中并在篮圈水平面以下时，就认为球在球篮中。球已进入对方的球篮，对投篮的队按如下计得分：一次罚球投中篮计1分；从2分投篮区域投中篮计2分；从3分投篮区域投中篮计3分；在最后一次罚球中，球触及篮圈后，在球进入球篮之前被任一队员合法触及，中篮计2分。

（5）只有主教练或第一助理教练有权请求暂停。每次暂停应持续1分钟。在暂停机会期间可以准予暂停。每队可准予：上半时2次暂停；下半时3次暂停，第4节当比赛计时钟显示2：00分钟或更少时最多2次暂停；每一个决胜期1次暂停。未用过的暂停不得遗留给下半时或决胜期。

（6）替换。只有替补队员有权请求替换。在替换机会期间球队可以替换队员。

（五）违例

违例是违犯规则，其罚则为将球判给对方队员从最靠近发生违例的地点掷球入界。

1.队员出界和球出界
当队员身体的任何部分接触界线上方、界线上或界线外的除队员以外的地面或任何物体时，即是队员出界。当球触及了在界外的队员或任何其他人员，界线上方、界线上或界线外的地面或任何物体，篮板支撑架、篮板背面或比赛场地上方的任何物体时，是球出界。

2.运球
当队员双手同时触及球或允许球在一手或双手中停留时运球结束。队员第一次运球结束后不得再次运球，除非在两次运球之间由于下述原因他已在场上失去了控制活球：投篮；球被对方队员触及；传球或漏接，然后球触及了另一队员或被另一队员触及。

3.带球走
当队员在场上持着一个活球，其一脚或双脚超出规则限制，向任一方向非法的运动是带球走。

4.球回后场
在前场控制活球的球队不得使球非法地回到他的后场。

5.3秒钟
某队在前场控制活球并且比赛计时钟正在运行时，该队的队员不得在对方队的限制区内停留超过持续的3秒。

6.被严密防守的队员

一名队员在场上正持着一个活球，一名对方队员在距离他不超过1米处，并采取积极的、合法防守的动作时，该持球队员是被严密防守的队员。一名被严密防守的队员必须在5秒内传球、投球或运球。

7.8秒钟

每当一名在后场的队员获得控制活球时，或在掷球入界中，球触及后场的任何队员或者被后场的任何队员合法触及，掷球入界队员所在队仍拥有在后场的球权，该队必须在8秒内使球进入该队的前场。

8.24秒钟

每当一名队员在场上获得控制活球时，或在掷球入界中，球接触场上的任何队员或被场上的任何队员合法触及，并且掷球入界队员的球队仍然控制球时，该队必须在24秒内尝试投篮。

（六）犯规

犯规是对规则的违犯，含有与对方队员的非法身体接触和/或违反体育运动精神的举止。可宣判一个队任何数量的犯规，不管罚则是什么，都要登记犯规者的每一次犯规，记入记录表并且根据这些规则进行处罚。

1.侵人犯规

侵人犯规是无论在活球或死球的情况下，攻守双方队员发生的非法身体接触的犯规。队员不应通过伸展手、臂、肘、肩、髋、腿、膝、脚或将身体弯曲成"不正常的姿势"（超出他的圆柱体）去拉、阻挡、推、撞、绊对方队员，或阻止对方队员行进；也不得放纵任何粗野或猛烈的动作去这样做。

罚则：应登记犯规队员1次侵人犯规。如果对没有做投篮动作的队员发生犯规，由非犯规的队在最靠近违犯的地点掷球入界重新开始比赛。如果犯规的队处于全队犯规处罚状态，则应判给未做投篮动作的队员2次罚球，代替掷球入界。如果对正在做投篮动作的队员发生犯规，应按下列所述判给投篮队员若干罚球：如果出手投篮成功，应计得分并判给投篮队员追加1次罚球；如果从2分投篮区域的出手投篮不成功，应判给投篮队员2次罚球；如果从3分投篮区域的出手投篮不成功，应判给投篮队员3次罚球。

2.技术犯规

技术犯规是没有身体接触的犯规，行为种类包括但不限于：① 无视裁判员的警告。② 与裁判员、技术代表、记录台人员、对方队或允许坐在球队席的人员讨论和/或交流中没有礼貌。③ 使用很可能冒犯或煽动观众的粗话或手势。④ 戏弄或嘲讽对方队员。⑤ 在对方队员眼睛附近挥手或手保持不动妨碍其视觉。⑥ 过分挥肘。⑦ 在球穿过球篮之后故意地触及球，阻碍迅速地掷球入界或罚球以延误比赛。⑧ 伪造被犯规。⑨ 悬吊在篮圈上，致使队员的重量由篮圈支撑，除非扣篮后，队员瞬间抓住篮圈，或者根据裁判员的判断，他正试图防止自己受伤或另一名队员受伤。⑩ 在最后一次的罚球中防守队员干涉得分，应判给进攻队得1分，随后执行登记在该防守队员名下的技术犯规罚则。

球队席人员的技术犯规是与裁判员、技术代表、记录台人员或对方队员交流中没有礼貌或无礼地触碰他们的犯规；或是一次程序上的或管理性质的违犯。

罚则：应判给对方队员 1 次罚球。

3.违反体育运动精神的犯规

违反体育运动精神的犯规是一起队员身体接触的犯规，并且根据裁判员判定，包含：① 与对方发生身体接触并且不在本规则的精神和意图的范畴内努力比赛。② 在尽力抢球或在与对方队员尽力争抢中，造成与对方队员过分的严重身体接触。③ 一起攻防转换中，防守队员为了中断进攻队的进攻，与进攻队员造成不必要的身体接触。该原则在进攻队员开始他的投篮动作之前均适用。④ 一起对方队员从正朝着对方球篮行进的队员身后或侧面与其造成的非法接触，并且在该行进队员、球和对方球篮之间没有其他队员。该原则在进攻队员开始他的投篮动作之前均适用。⑤ 在第 4 节和每一决胜期比赛计时钟显示 2：00 分钟或更多，当掷球入界的球在界外并且仍在裁判员手中，或掷球入界队员可处理时，防守队员在比赛场内对进攻队员造成身体接触。

罚则：应给犯规队员登记 1 次违反体育运动精神的犯规。应判给被犯规的队员执行罚球，以及随后在该队前场的掷球入界线处掷球入界，或者在中圈跳球开始第 1 节。

应按下述原则判给若干罚球。如果对没有做投篮动作的队员发生犯规，则判 2 次罚球。如果对正在做投篮动作的队员发生犯规，如果中篮应计得分并追加 1 次罚球。如果对正在做投篮动作的队员发生犯规，并且球未中篮，则判 2 次或 3 次罚球。

当登记了一名队员 2 次违反体育运动精神的犯规或 2 次技术犯规，或 1 次技术犯规和 1 次违反体育运动精神的犯规时，应该取消他本场剩余比赛的资格。

第二节　排球运动

一、排球运动概述

1895 年，美国马萨诸塞州霍利奥克城的威廉·G.摩根发明了排球运动。

1905 年，排球运动传入我国。我国最初开展排球运动时采用的是十六人制的比赛制度，每队有 16 人上场，16 人站成 4 排，每排 4 人，故中国人称此项运动为"排球"。排球运动在我国的发展先后经历了十六人制、十二人制、九人制和六人制这几个阶段。经过百余年几代排球工作者的努力，排球运动在我国逐步得到发展和普及，我国排球运动水平不断提高。中国女排（中国国家女子排球队）曾在 1981 年和 1985 年排球世界杯、1982 年和 1986 年排球世锦赛、1984 年洛杉矶奥运会排球赛上夺得冠军，成为世界上第一个获得排球大赛"五连冠"的队伍。之后，中国女排又在 2003 年排球世界杯、2004 年雅典奥运会排球赛、2015 年排球世界杯、2016 年里约热内卢奥运会排球赛、2019 年排球世界杯上五度夺冠，这极大地振奋了中国人的奋斗精神。中国女排所体现出来的顽强奋斗、勇敢拼搏的精神激励着一代代中国人不断奋斗。

二、排球基本技术

排球基本技术是指队员在比赛中所采用的合理击球动作及其他配合动作的总称。

熟练地掌握基本技术是运用和发挥各种战术的基础，每个队员不仅要全面、准确地掌握各种基本技术，还要有自己的特长。在掌握基本技术的过程中，队员必须遵循全面、熟练、准确、实用的原则。

（一）准备姿势

形成正确的准备姿势的目的是灵活而迅速地起动。按身体重心的高低，准备姿势可分为稍蹲、半蹲和低蹲（图9-2-1）。

准备姿势

稍蹲　　　　　　　　　半蹲　　　　　　　　　低蹲

图9-2-1

【技术要领】两脚开立，两脚脚跟稍提起，两腿弯曲，两手自然放松置于腹前，两臂前伸。

【注意事项】成准备姿势时，身体要适当放松，两脚脚跟提起，两脚始终保持微动，不能站着不动或简单地成直立姿势；同时注意力要集中，便于及时起动。

（二）移动

起动后，队员应根据临场技术和战术的需要，灵活地采取各种移动步法进行移动。

1. 并步和滑步

【技术要领】若向前做并步，则后脚蹬地，前脚向来球方向跨出一步，后脚迅速跟上做好击球准备。连续并步就是滑步。

2. 跨步和跨跳步

【技术要领】若向前做跨步，则后脚用力蹬地，前脚向来球方向跨出一大步，两腿弯曲，上体前倾，身体重心移至前腿上（图9-2-2）。跨步过程中若有跳跃腾空动作，即为跨跳步。

3. 交叉步

【技术要领】若向右做交叉步，则上体稍向右转，左脚经右脚前面向右交叉迈出一步，然后右脚向右跨出一大步，同时身体转向来球方向，成击球前的准备姿势。（图9-2-3）

图 9-2-2 图 9-2-3

（三）发球

发球是比赛的开始，也是进攻的开始。好的发球不仅可以破坏对方的既定战术，还可以在心理上给对方造成威胁，这都有利于变被动为主动，为防守反击创造有利条件。有时，好的发球甚至可以直接得分。

1. 正面下手发球

正面下手发球

【技术要领】以右手发球为例。面对球网，两脚前后开立，两腿微屈，上体稍前倾，左手持球于腹前，随后左手向上抛球。抛球的同时，右臂后引，右脚蹬地，身体重心前移。随后右臂由身体右后方经身体右侧下方向身体正前方挥动，右手手指、手腕收紧，右手在腹前右侧以全掌、虎口或半握拳击球的后下部。击球后，发球队员迅速进场。（图 9-2-4）

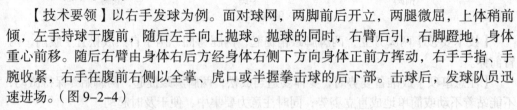

图 9-2-4

2. 侧面下手发球

【技术要领】以右手发球为例。侧对球网，两脚自然开立，两腿微屈，左手托球于腹前。将球平稳地抛起的同时，右臂摆至右侧后下方，右脚蹬地，身体向左转，带动右臂以肩为轴直臂向前上方摆动。在腹前以全掌、虎口或半握拳击球的右后下部。击球后，发球队员迅速进场。（图 9-2-5）

图 9-2-5

3.正面上手发球

【技术要领】以右手发球为例。面对球网，两脚自然开立，左脚在前，左手托球于腹前，将球平稳地抛起，使球的高度适中。同时，右臂抬起，屈肘后引，手掌自然张开，抬头、挺胸、展腹。然后右脚蹬地，上体左转，身体重心前移，同时收腹带动手臂做鞭甩动作，在右肩上方的最高点以全手掌击球的后中下部。击球时，右手手指自然张开吻合球，手腕迅速主动地推压球，使球成上旋飞行。击球后，发球队员迅速进场。（图9-2-6）

图9-2-6

（四）垫球

垫球是用手臂或身体的坚硬部位触球，通过身体动作来控制球的反弹路线的一项击球技术。以下介绍垫球手型和垫球方法（正面双手垫球、体侧垫球、背垫球）。

垫球

1.垫球手型

垫球手型分为抱拳式、叠掌式、互靠式。

（1）抱拳式。（图9-2-7）

【技术要领】两手抱拳互握，两手拇指并拢且平行向前。

（2）叠掌式。（图9-2-8）

【技术要领】两手除拇指外的其余手指分别并拢，两手掌根紧靠，两手手指重叠后合掌互握，两手拇指并拢且平行向前。

（3）互靠式。（图9-2-9）

【技术要领】两手自然放松，两手手腕紧靠。

图9-2-7　　　　图9-2-8　　　　图9-2-9

2.正面双手垫球

【技术要领】正对来球，半蹲，当球飞至腹前约一臂距离时耸肩含胸，抱好手型前伸，插入球下，然后蹬地，两臂夹紧、伸直上抬，同时两手手腕下压，用两臂前臂

腕关节以上 10 厘米左右处的桡骨内平面垫击球的后下部。（图 9-2-10）

图 9-2-10

3. 体侧垫球

当来球飞向体侧，队员来不及移动对正来球时，可用两臂在体侧进行垫击，这称为体侧垫球。

【技术要领】在左侧垫球时，应先以右脚前脚掌内侧蹬地，左脚向左跨出一步，身体重心随即移至左脚，并保持两腿弯曲。与此同时，两臂向左侧伸，左臂高于右臂，右肩微向下倾斜，用两臂组成的击球面对准来球并拦击来球。击球时，以腰部发力，并借助左脚蹬地的力量，使身体微向内转，同时提肩、抬臂将球垫起。（图 9-2-11）

图 9-2-11

4. 背垫球

背垫球就是向背后方向垫的球。一般在接应同伴打飞的球或在第三次处理过网时采用。

【技术要领】背垫球时，要判断好球的飞行方向，迅速移动到球的落点上，背对垫出球的方向。垫球时，两臂夹紧伸直，利用蹬地、抬头后仰、挺胸、展腹的动作带动两臂向后上方迎击球。击球时要抬臂压腕，触球的前下方，将球向身体的后上方击出。击球点要适当，一般击球点高时，垫出的球弧度平；击球点低时，垫出的球弧度较高。如果是第三次击球，距离较远，则需要用手臂多向后抬送，并要借助腿和腰的协调力量。（图 9-2-12）

图 9-2-12

（五）传球

1. 双手正面传球

双手正面传球如图 9-2-13 所示。

传球

图 9-2-13

（1）传球前的准备姿势。

下肢：两脚左右开立，一脚稍靠前，后脚脚跟略提起，两腿微屈，身体重心落于两脚之间且略偏向前脚。

躯干：上体稍前倾或接近直立（但不能后仰），两肩放松，抬头注视来球。

上肢：两臂屈肘举起，手与面部同高。两肘自然下垂，手腕稍后仰，两手手指张开成半球形。

（2）击球前手型和击球时手指触球的部位。

击球之前，两手手掌相对并置于额前，两手手指自然弯曲，两手手腕稍后仰，以稍大于球体的半球形手型去迎击来球。当手指触球时，应在击球前手型的基础上，以手指的不同部位触及球体。

（3）传球动作和用力方法。

正确的传球动作是从下肢发力开始的。首先以伸膝、伸髋使身体重心上升，接着屈踝、伸肘，使两手迎向来球并在正确的击球位置击球。

用力方法：依靠全脚蹬地和手指、手腕的用力将球传出。击球后，手腕由于用力后的惯性动作而适当随球前屈。

（4）击球点。

两手应在前额的正前上方与前额相距约一个球的位置击球。在这一位置触球时，两臂肘关节尚有一定的弯曲度，便于继续伸臂用力。

2. 背传球

背传球是指背对传球目标的传球。

【技术要领】传球前，身体背对传球目标，上体保持正直或稍后仰，击球点比正面传球要稍高。迎球时，稍仰头、挺胸，在下肢蹬地的同时，上体向后上方伸展。击球时，两手手腕适当后仰，两手掌心朝向后上方，用手指击球的底部，利用抬臂、送肘的动作使手指、手腕主动向后上方用力，两手拇指主动向后上方挑，将球向后上方传出。（图9-2-14）

图 9-2-14

3. 侧传球

身体侧对传球目标，将球向体侧方向传出的传球为侧传球。（图9-2-15）

【技术要领】侧传球的准备姿势、迎球动作、手型与双手正面传球相同。准备侧传球时，身体重心落于两脚之间；传球时，击球点位于额头上方，击球时依靠蹬地，伸臂，手指、手腕弹送的力量将球传出。传球时，应注意上体和手臂向传球方向伸展，传球方向异侧手臂的动作幅度、用力距离大于传球方向的同侧手臂。在侧传球技术中，击球点在偏向传球方向的一侧，更有利于达到侧向传球的目的。

图 9-2-15

4. 跳传球

队员利用助跑或原地起跳，在空中进行单手或双手传球的动作叫跳传球。（图9-2-16）

【技术要领】跳起后，在身体上升到快要接近最高点时开始做迎球动作，主动抬上臂、伸肘去迎击球，当身体上升到最高点时恰好触及球，这样可以借助身体最后的上升速度辅助提高传球速度。击球的手型，击球点手指、手腕动作与原地双手正面传球相同。

图 9-2-16

（六）扣球

扣球是排球主动进攻中最有效的方法，是重要的得分途径，分为准备姿势、助跑起跳、空中击球、落地等几个技术环节。扣球可分为正面扣球、勾手扣球、单脚起跳扣球等类型。以下仅介绍正面扣球。

【技术要领】以右手扣球为例。助跑（一般有一步、二步、三步和多步助跑法）的最后一步要大、快，支撑点在身体重心之前，身体重心由脚跟处迅速移至前脚掌处，蹬地，同时两臂由后向前上方挥动，带动身体向上起跳；起跳后，挺胸展腹，上体后仰且稍向右转，左手自然抬于胸前，右手屈肘抬起后引，身体成反弓形；挥臂时，迅速向左转体收腹，依次带动肩关节、肘关节、腕关节成鞭打动作向前上方挥动，在右肩前上方约一臂处击球；击球时，五指微张，以全手掌包满球，击打球的后中上部且迅速屈腕、屈指做推压动作，使扣出的球加速上旋；击球后，两脚同时落地，由两脚前脚掌支撑迅速过渡到两脚全脚掌支撑，同时顺势屈膝、弯腰，以缓冲下落的力量。（图 9-2-17）

扣球

图 9-2-17

（七）拦网

拦网是防守的第一道防线，也是得分的重要手段。拦网要求判断准确，移动迅速，起跳及时，手法正确。拦网可分为单人拦网和集体拦网。以下仅介绍单人拦网技术。

拦网

【技术要领】两脚平行开立，两腿稍屈，两手置于胸腹之间。起跳时，先降低身体重心，两脚用力蹬地，同时两臂顺势由胸腹间向上提。起跳后，两臂伸直并拢，两肩上提，两臂前臂靠近球网。拦击时，含胸收腹，两臂尽量过网伸向对方上空，两手自然张开，手指微屈，两手成勺形。触球时，两手突然收紧，手腕用力下压盖住来球。为防止打手出界，触球前两臂应上提，外侧手稍向内转。完成拦网后，含胸收腹，屈膝缓冲，迅速做好做下一个动作的准备。（图9-2-18）

图9-2-18

三、排球基本战术

（一）阵容配备

阵容配备是合理地使用队员和最大限度发挥队员特长的一种组织手段。阵容配备要考虑攻与守、传与扣、强与弱的平衡，使各个轮次都能最大限度地发挥队员的特长。阵容配备主要有"四二"配备和"五一"配备两种。

1. "四二"配备

"四二"配备是由4名进攻队员和2名二传队员组成的阵容配备。4名进攻队员分为2名主攻队员和2名副攻队员，2名主攻队员和2名副攻队员分别成对角站立，2名二传队员的前后排位置要始终保持一致，以便于接应传球。

2. "五一"配备

"五一"配备是由5名进攻队员和1名二传队员组成的阵容配备。其加强了进攻和拦网的力量，配1名有进攻能力的接应二传队员，防止主要二传队员来不及传球时陷于被动。

（二）进攻战术

进攻战术可以分为两类：一类是由前排队员担任二传组织进攻的"中一二"战术、

"边一二"战术；另一类是由后排队员担任二传组织进攻的"插上"进攻战术。

1."中一二"进攻战术

"中一二"进攻战术一般采用"四二"配备，由 3 号位队员担任二传。组织进攻时，其他 5 名队员把球传给二传，再由二传将球传给 2 号位队员或 4 号位队员进攻。当二传在 2 号位、4 号位时，待发球后换至 3 号位。（图 9-2-19）

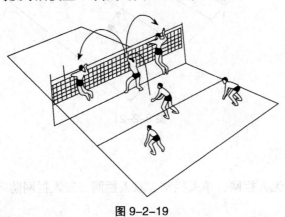

图 9-2-19

2."边一二"进攻战术

"边一二"进攻战术由 2 号位队员担任二传。组织进攻时，其他队员把球传给二传，二传再将球传给 3 号位队员或 4 号位队员进攻。（图 9-2-20）

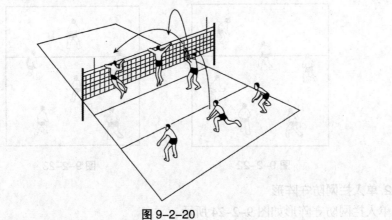

图 9-2-20

3."插上"进攻战术

"插上"进攻战术是在比赛开始后，后排的队员插上前排担任二传，以保证前排 3 名队员可以充分利用球网的宽度，组织丰富、多变、巧妙、快速的进攻的战术。（图 9-2-21）

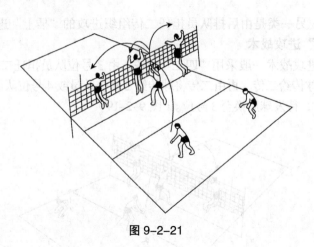

图 9-2-21

（三）防守阵形

防守阵形分为无人拦网、单人拦网、双人拦网、三人拦网防守阵形。以下介绍前三种。

1.无人拦网防守阵形

（1）"边一二"防守阵形如图 9-2-22 所示。

（2）"中一二"防守阵形如图 9-2-23 所示。

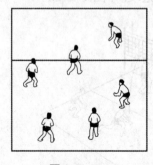

图 9-2-22

图 9-2-23

2.单人拦网防守阵形

单人拦网防守阵形如图 9-2-24 所示。

图 9-2-24

3.双人拦网防守阵形

（1）"边跟进"防守阵形如图 9-2-25 所示

图 9-2-25

（2）"心跟进"防守阵形如图 9-2-26 所示。

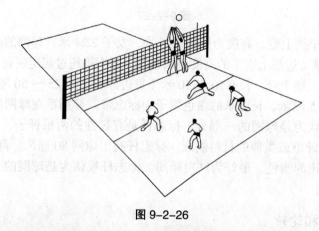

图 9-2-26

四、排球竞赛规则简介

（一）比赛场地和器材

比赛场地为对称的长方形，包括比赛场区和无障碍区。比赛场区为 18 米 × 9 米的长方形（图 9-2-27）。其四周至少有 3 米宽的无障碍区。比赛场区上空的无障碍空间从地面量起至少高 7 米，其间不得有任何障碍物。国际排联、世界和正式比赛，比赛场区边线外的无障碍区宽应 5 米，端线外的无障碍区宽应 6.5 米。比赛场地上空的无障碍空间至少高 12.5 米。

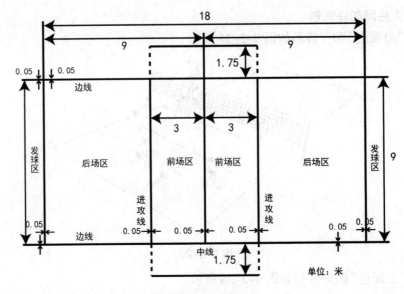

图 9-2-27

球网架设在中线上空，高度为男子 2.43 米，女子 2.24 米。球网的高度应从场地中间丈量，球网两端（边线上空）的高度必须相等，并不得超过规定网高 2 厘米。

球网为黑色，宽 1 米，长 9.50 ～ 10 米（每边标志带外 25 ～ 50 厘米），网眼直径 10 厘米。两条宽 5 厘米、长 1 米的白色带子为标志带，分别系在球网的两端，垂直于边线。标志带被认为是球网的一部分。标志杆是有韧性的两根杆子，长 1.8 米，直径 10 毫米，由玻璃纤维或类似的材料制成。标志杆高出球网 80 厘米。高出部分每 10 厘米应涂有明显对比的颜色，最好为红白相间。标志杆被认为是球网的一部分，并视为过网区的边界。

（二）位置和轮转

（1）队员场上位置为：靠近球网的 3 名队员为前排队员，其位置为 4 号位（左）、3 号位（中）和 2 号位（右）。另外 3 名队员为后排队员，其位置为 5 号位（左）、6 号位（中）和 1 号位（右）。

（2）队员相互间的位置关系：每一名后排队员的位置必须比其相应的前排队员距离中线更远；前排和后排队员左右之间的位置按（二）（1）的规定站位。

（3）队员的位置应根据其脚的着地部位判定：每一名前排队员至少有 1 只脚的一部分，比同列后排队员的双脚距中线更近；每一名右（左）边队员至少有 1 只脚的一部分，比同排中间队员的双脚距右（左）边线更近。

（4）发球击球后，队员可以在自己场区和无障碍区的任何位置。

（三）发球的执行

（1）球被抛起或持球手撤离后，必须在球落地前，用一只手或手臂的任何部分将球击出。

（2）球只能被抛起或撤离 1 次，但拍球或在手中摆弄球是允许的。

（3）发球队员在击球时或发球起跳时，不得踏及场区（包括端线）和发球区以外

地面。击球后可以踏及或落在场区内或发球区以外。

（4）发球队员必须在第1裁判员鸣哨允许发球后8秒内将球发出。

（5）裁判员鸣哨允许发球前的发球无效。

（四）球队的击球

（1）比赛中，队员与球的任何触及都视为击球。每队最多击球3次（拦网除外）将球击回对区，如果超过则判为"4次击球"。

（2）连续击球。除球同时触及身体的不同部位、在一个拦网动作中球连续（迅速而连贯地）触及1名拦网队员、拦网时已经触球的队员在拦网后进行第1次击球的情况之外，1名队员不得连续击球2次。

（3）同时击球。2名或3名队员可以同时触球。同队的2名（或3名）队员同时触到球时，被记为2次（或3次）击球（拦网除外）。如果只有其中1名队员触球，则只记1次。队员之间的碰撞不算犯规。2名不同队的队员在网上同时触球，比赛继续进行，获球一方可再击3次。如果该球落在某方场区之外，判对方击球出界。如果2名不同队的队员在网上同时触球并造成短暂停留，则比赛继续进行。

（4）借助击球。队员不得在比赛场地之内借助同伴或任何物体支持进行击球。但是队员可以挡住或拉住另一名即将犯规（如触网、过中线等）的同队队员。

（五）触网、越过球网、网下穿越

1.触网

击球行为触及标志杆以内球网部分为犯规。击球行为包括（但不限于）起跳、击球（或试图击球）、落地至准备下一个动作。队员可以触及网柱、网绳或标志杆以外的其他任何物体，包括球网本身，但不得干扰比赛。由于球被击入球网而造成的球网触及队员，不为犯规。

2.越过球网

拦网时允许拦网队员越过球网触球，但不得在对方进攻性击球前或击球时干扰对方。进攻性击球后允许手过网，但击球时必须在本场区空间。

3.网下穿越

在不干扰对方比赛的情况下，允许队员在网下穿越进入对方空间。

（六）进攻性击球犯规

后排队员在前场区完成进攻性击球，并且击球时球的整体高于球网上沿，是进攻性击球犯规。

（七）胜1局与胜1场

1.胜1局

每局（决胜的第5局除外）先得25分同时超过对方2分的队胜1局。当比分24：24时，比赛继续进行至某队领先2分（26：24、27：25……）为止。

2.胜1场

胜3局的队胜1场。如果2：2平局时，决胜的第5局打至15分并领先对方2分的队获胜。

第三节　足球运动

一、足球运动概述

我国古代的足球运动称为"蹴鞠"，又称"蹋鞠"，其最早被记载于《战国策·齐策》。在战国时，蹴鞠已成为一种重要的娱乐手段。三国时期，蹴鞠在承袭先秦蹴鞠形式的基础上得到较快的发展。唐、宋、元、明、清等朝代都继承并发展了蹴鞠。2004年，国际足球联合会（简称"国际足联"）主席的布拉特宣布"中国是足球的故乡"，并向山东省淄博市的临淄颁发了足球起源地证书。

现代足球运动起源于英国。1863年10月26日，世界上第一个足球运动组织——英格兰足球总会在伦敦成立，该组织统一了足球规则。英格兰足球总会的成立之日被人们视为现代足球的诞生日。从1900年的第2届奥运会开始，足球就被列为奥运会正式比赛项目。1904年，国际足联在法国巴黎成立。自1930年起，国际足联每4年举办一次足球世界杯（1942年和1946年停办两次）。现代足球运动是世界上开展得较为广泛、影响力较大的运动项目，深受人们喜爱。

中华人民共和国成立后，足球成为国家重点发展的体育项目之一。中国国家男子足球队曾于1984年和2004年获得亚洲杯足球赛亚军，2002年首次参加世界杯决赛圈比赛。中国国家女子足球队曾获得1986年、1989年、1991年、1993年、1995年、1997年、1999年、2006年、2022年女足亚洲杯冠军，并于1999年获得女足世界杯亚军。近些年来，足球的发展得到了国家的高度重视，国家发展和改革委员会于2016年公布了《中国足球中长期发展规划（2016—2050年）》。目前，全国青少年校园足球联赛（大学组）是我国大学校园足球赛事中影响力最大的赛事之一，深受大学生的欢迎。

二、足球基本技术

足球是一个技术动作比较复杂的运动项目。在比赛中，队员不仅需要完成结合球的技术动作，还要完成许多为达到结合球的目的而进行的动作。足球技术分为无球技术和有球技术两大类。其中，无球技术主要包括起动、快跑、急停、跳跃、转身等；有球技术主要包括颠球、踢球、停球、运球、头顶球、抢截球、掷界外球、守门员技术。下面介绍有球技术。

（一）颠球

颠球是指队员用身体的各个合规部位连续地触球，并对球加以控制，尽量使球不落地的技术动作。颠球是队员熟悉球性的一种练习手段。通过颠球，队员能增强对球的弹性、质量、旋转方式、触球部位，以及击球时用力轻重感觉的认知，逐步建立起良好的"球感"。

（1）两脚脚背正面颠球：脚向前上方摆动，用脚背正面击球。击球时，踝关节固定，击球的下部。两脚可交替击球，也可一只脚支撑身体，另一只脚连续击球。击球

时，用力均匀，将球始终控制在身体周围。

（2）两脚内侧、脚背外侧颠球：抬腿屈膝，用脚的内侧或脚背外侧向上摆动，击球的下部，两脚内侧或脚背外侧交替击球。

（3）大腿颠球：抬腿屈膝，用大腿的中前部向上击球的下部，两腿可交替击球，也可一腿做支撑，用另一腿的大腿连续击球。

（4）头部颠球：两脚开立，两腿膝关节微屈，用前额连续顶球的下部。顶球时，两眼注视球，两臂自然张开，以保持身体平衡。

（5）各部位连续颠球：根据上述单一颠球技术的动作要领，用各部位配合连续颠球，配合的部位越多，难度越大。颠球的部位有脚背正面、脚内侧、脚背外侧、大腿、头部。

（二）踢球

踢球指队员有目的地用脚把球踢向预定目标的技术。踢球是足球基本技术中最重要的技术之一，主要用于传球和射门。踢球的方法有很多，动作要领也不同，但是每一种踢法都包括助跑、支撑脚站位、踢球腿摆动、踢球脚触球和踢球后的随摆动作。

1. 脚内侧踢球

脚内侧踢球（图9-3-1）是用脚内侧（脚弓）部位击球的踢球方法。脚内侧踢球有两种方法：一种是推送的踢法；一种是敲击的踢法。脚内侧踢球时，脚与球的接触面积大，出球平稳而准确。它适用于短距离传球、射门等。

脚内侧踢球

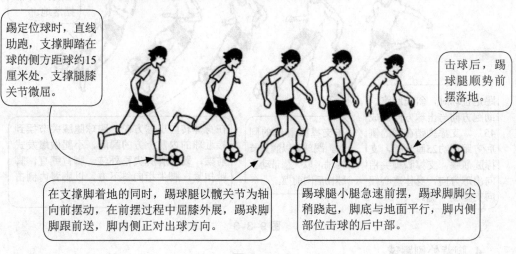

踢定位球时，直线助跑，支撑脚踏在球的侧方距球约15厘米处，支撑腿膝关节微屈。

击球后，踢球腿顺势前摆落地。

在支撑脚着地的同时，踢球腿以髋关节为轴向前摆动，在前摆过程中屈膝外展，踢球脚脚跟前送，脚内侧正对出球方向。

踢球腿小腿急速前摆，踢球脚脚尖稍跷起，脚底与地面平行，脚内侧部位击球的后中部。

图9-3-1

2. 脚背正面踢球

脚背正面踢球（图9-3-2）是用脚背正面（除拇趾外其他脚趾对应的跖骨的背面）部位触球的踢球方法。这种踢球方法踢球腿摆动幅度大、摆动速度快，脚与球接触面积大，踢出的球准确而有力。在比赛中，它适用于远距离的传球和射门，但出球路线及性能比较单一。

脚背正面踢球

击球后，踢球腿顺势前摆落地。

踢定位球时，直线助跑，最后一步稍大并要积极着地，支撑脚踏在球的侧方距球约15厘米处，脚尖正对出球方向，支撑腿膝关节微屈。

在支撑脚着地的同时，踢球腿以髋关节为轴，以大腿带动小腿由后向前摆。

当踢球腿膝关节摆至接近球正上方的一刹那，小腿做爆发式前摆，踢球脚跖屈，脚趾扣紧，以脚背正面击球的中后部。

图 9-3-2

3. 脚背内侧踢球

脚背内侧踢球（图 9-3-3）是用脚背内侧的几个跖骨末端部位触球的踢球方法。这种踢球方法动作顺畅，踢球腿摆幅大、摆速快，脚触球的面积大，出球力量大且平稳，球的运行路线富于变化。在比赛中，它经常用于踢定位球、远距离球。

击球后，踢球腿顺势前摆落地。

踢定位球时，斜线助跑，助跑方向与出球方向约成45°，支撑脚踏在球的侧后方距球约25厘米处，支撑腿屈膝，支撑脚脚尖指向出球方向，身体重心倾向支撑腿一侧。

在支撑脚着地的同时，踢球腿以髋关节为轴，以大腿带动小腿由后向前摆。

在身体转向出球方向、踢球腿膝关节摆到接近球的内侧上方的瞬间，小腿做爆发式前摆，踢球脚脚尖稍外转，脚背绷直，脚趾扣紧，脚尖指向斜下方，以脚背内侧击球的中下部。

图 9-3-3

4. 脚背外侧踢球

脚背外侧踢球（图 9-3-4）是用脚背外侧的几个跖骨末端部位触球的踢球方法。这种踢球方法预摆动作小，出脚迅速，能利用膝关节、踝关节的灵活变化来改变出球的方向和性质，且隐蔽性较强，是传球和射门的重要技术。

脚背外侧踢球

击球后，踢球腿顺势前摆落地。

踢定位球时，直线助跑，最后一步稍大并积极着地，支撑脚踏在球的侧方距球约15厘米处，脚尖正对出球方向，支撑腿膝关节微屈。

在支撑脚着地的同时，踢球腿以髋关节为轴，以大腿带动小腿由后向前摆。

当踢球腿膝关节摆至接近球的正上方的一刹那，小腿做爆发式前摆，踢球脚跖屈，脚趾扣紧，以脚背外侧击球的中后部。

图 9-3-4

（三）停球

停球是指队员有目的地利用身体的合规部位，把运行中的球接挡住，并使其落于所需要的控制范围内，以便衔接传球、运球或射门的技术。停球部位主要有脚底、脚内侧、脚背外侧、脚背正面、大腿、腹部、胸部和头部等。停球动作由观察和移动、选择停球方法、缓冲来球力量并改变来球运行方向、随球移动四个环节组成。以下介绍脚内侧停球、脚背外侧停球、脚底停球、大腿停球、胸部停球。

（1）脚内侧停球：脚内侧正对来球，停球脚前迎，在脚内侧与球接触的一刹那迅速后撤，将球停在脚下。（图 9-3-5）

（2）脚背外侧停球：停球脚稍提起，停球腿膝关节和停球脚内转，用脚背外侧对准来球，在脚与球接触的一刹那向外侧轻拨球，将球停在停球脚侧方或侧前方。（图 9-3-6）

图 9-3-5

图 9-3-6

（3）脚底停球：脚底停反弹球时，停球腿屈膝、抬腿、微跷脚尖，使脚掌与地面保持一定的角度，球落地的瞬间，停球脚下放，前脚掌触压球的中上部。（图 9-3-7）

（4）大腿停下落球：首先要预判好来球的落点，面对来球，大腿抬起，以大腿中部对准来球，在大腿与球接触的一刹那，大腿肌肉适当放松并迅速向后下方撤引，使球落在可控制的范围内，以便衔接下一个动作。（图 9-3-8）

大腿停下落球

图 9-3-7 　　　　　　　　　　　图 9-3-8

（5）胸部停球：胸部停球有挺胸式停球（图 9-3-9）和收胸式停球两种。当胸部与球接触的一刹那，挺胸式停球是用胸部上挺，使球触胸后停落于身体前方可控制的范围内；收胸式停球是以收胸、收腹缓冲来球的力量，使球停于身体前方。

停球时，上体后仰，两臂自然张开。触球的一刹那，胸部主动挺送，使球向预定的方向稍弹起。

图 9-3-9

（四）运球

运球是指队员在跑动中通过脚的推拨，使球始终保持在自己控制范围内的连续触球动作。

（1）脚内侧运球：支撑脚前跨，踏在球的侧前方，用运球脚脚内侧推球的后中部前进（图 9-3-10）。在改变运球方向时，经常用两脚交替推球前进。

【特点】控球容易，但球的速度慢，多在运球寻找配合、寻找传球机会或需要用身体掩护球时使用。

（2）脚背外侧运球：运球时，身体保持正常的跑动姿势，提踵，运球脚脚尖向内旋转，使脚背外侧正对运球方向，在运球脚落地前，用脚背外侧推拨球的后中部前进。（图 9-3-11）

【特点】灵活性强，可做直线、弧线和向外变向运球，可提高运球速度，以便于护球。

图 9-3-10 　　　　　　　　　　　图 9-3-11

（3）脚背正面运球：运球时，运球脚脚尖向下，用脚背正面推拨球的后中部前进。（图9-3-12）

【特点】速度快，但运球路线单一，常在前方有较大纵深距离时使用。

（4）脚背内侧运球：身体稍侧转，运球腿膝关节微屈外转，运球脚脚跟提起，脚尖外转，使脚背内侧正对运球方向，在运球脚落地前用脚背内侧推拨球，使球随身体前进。（图9-3-13）

【特点】控球稳，但运球速度较慢，多在保护性运球或运球变向时使用。

脚背正面运球

脚背内侧运球

图9-3-12　　　　　　　　　　　图9-3-13

（五）头顶球

在足球比赛中，为了争取时间和取得空中优势，不等球落地，在高空中就直接用前额部位来处理球的方法称为头顶球技术。头顶球是传球、射门和抢截球的有效手段，在进攻和防守中都起着重要作用。进攻时，可利用头顶球技术直接攻门或传球进行战术配合；防守时，则可利用头顶球阻截、破坏对方的传球配合或解除球门前的危急情况，甚至转守为攻。

跳起前额正面头顶球

头顶球技术的关键首先在于预判好球的落点，提前做好顶球的准备；其次在于用前额顶球；最后在于顶球时要用腰部力量。（图9-3-14）

图9-3-14

头顶球技术有原地头顶球、助跑头顶球、跳起头顶球、鱼跃头顶球等。

（六）抢截球

抢截球技术是积极有效的防守技术，包括抢球和截球。抢球是指用规则所允许的条件和动作，把对方正在控制的球抢过来、踢出去或破坏掉；截球是把对方队员传出的球（在空中运行或在地面上滚动的球）堵截或破坏掉。抢截球技术是转守为攻的积极手段，一旦把球争夺过来，本队的进攻就开始了。抢截球技术分为正面抢截球、侧面抢截球和铲球。

使用抢截球技术首先要选择恰当的位置，在抢截球前，要与对方保持一定的距离（约一步），以便随时出击；其次是把握好抢截时机，行动要果断；最后，抢截球时要利用合理的身体冲撞，在抢截过程中，身体重心移动要快，以便连续抢截球或抢得球后尽快地控制、处理球，紧密地衔接下一个动作。

（七）掷界外球

掷界外球时，接球队员不受越位规则的限制，因此，此技术不仅可用于恢复比赛，还可以为进攻创造有利条件。尤其是在前场30米内掷界外球，如果将球直接掷向对方门前，可以给对方造成很大的威胁。

掷界外球有原地掷界外球（图9-3-15）和助跑掷界外球两种方式。掷界外球时，两手自然张开，拇指相对，持球的侧后部，两臂屈肘将球置于头部后上方。掷球时，后脚用力蹬地（或两脚用力蹬地），两腿迅速伸直，身体重心在地面上的垂直投影由后脚处移到前脚处，收腹屈体，同时两臂急速前摆。当球摆到头上时，用力甩腕将球掷入场内。

原地掷界外球

助跑掷界外球

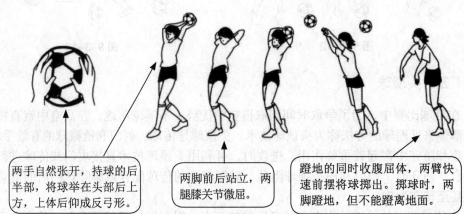

两手自然张开，持球的后半部，将球举在头部后上方，上体后仰成反弓形。

两脚前后站立，两腿膝关节微屈。

蹬地的同时收腹屈体，两臂快速前摆将球掷出。掷球时，两脚蹬地，但不能蹬离地面。

图9-3-15

（八）守门员技术

守门员技术包括选位、准备姿势、接球。

1.选位

当对方射门时，守门员一般应站在射门点与两门柱所形成夹角的角平分线上。当对方运球逼近或即将近距离射门时，守门员应及时出击前迎，以便缩小其射门角度或扑脚下球。当对方远射时，守门员可适当靠前站，但同时要防备对方吊射。当球推进到中前场时，守门员可前移到本方点球点附近，在保证能随时及时回位的前提下尽量扩大活动范围。

2.准备姿势

两脚左右开立，与肩同宽，两膝弯曲，两脚脚跟稍提起，身体重心在地面上的垂直投影落在两脚之间，上体稍前倾。

3.接球

接球分为接地滚球和接平直球。

（1）接地滚球。

接地滚球有直腿式接地滚球和单腿跪地式接地滚球两种。前者两腿直膝自然并

立，上体前屈，两臂自然下垂并肘，两手小指相互靠近，掌心向前；在手触球的一刹那，两臂随球后引并屈肘、屈腕，将球抱于胸前。后者身体正对来球，两脚左右开立，一腿屈膝，另一腿内转跪地，跪地腿膝关节靠近屈膝腿的脚跟；在手触球的一刹那，两手随球后撤并屈肘、屈腕将球抱于胸前。

（2）接平直球。

平直球又分为接低于胸部的平直球和接齐胸高的平直球两种。接低于胸部的平直球时，先移动使身体正对来球，两脚左右开立，上体稍前倾，两臂并肘前伸，两手小指相靠，手掌对球。在手触球的一刹那，两臂随球后撤并屈肘，顺势将球抱于胸前。接齐胸高的平直球时，先移动使身体正对来球，两脚左右开立，两臂屈肘，两手手指向上并微屈，手掌对球，两拇指相靠。在手触球的一刹那，手指、手腕适当用力，随球顺势屈臂后撤，转腕将球抱于胸前。

三、足球基本战术

足球战术是指比赛双方为了达到比赛的预期目的，根据主客观情况所采用的个人或集体的手段和方法。足球战术分为进攻战术和防守战术两大类，进攻战术和防守战术又分别可以分为个人战术、局部战术和全队战术。个人战术是指队员在比赛中为了战胜对手，完成全队战术配合而采用的个人行动和方法；局部战术是指两名以上的队员在一定区域范围内进行的战术配合；全队战术是指在全队中几个位置区域之间采用的协同作战和配合方法，具有明确的位置分工和攻守方向。

（一）进攻战术

1. 个人进攻战术

（1）摆脱与跑位。

摆脱，就是甩掉对方对自己的防守，以便在没有干扰的情况下和队友完成战术配合。摆脱的方法有突然起动、突然变向、假动作等。跑位是指无球队员在进攻中为自己创造更好的接球、射门机会或为了为同伴创造这些机会而实施的有计划、有目的的战术行动。

（2）运球过人。

运球过人是突破密集防守、突破紧逼防守的重要的个人战术。如能突破对方防守就有射门得分的可能；同时还可能突破对方的防线，形成以多打少的局面，为同伴创造射门机会。

（3）传球。

传球是集体配合的基础，也是完成战术配合、创造射门机会的主要手段。

传球按传球距离可分为短传（15 米以下）、中传（15 ～ 25 米）、长传（25 米以上）。传球按高度可分为高空球、低平球和地滚球。传球按目标可分为向脚下传球和向空当传球。

（4）射门。

射门是决定比赛胜负的关键。任何一种集体或个人的进攻行动都是围绕射门这一中心环节进行的。队员可以从不同距离和不同角度，运用身体各部位和脚法，采用多种形式获得射门机会。无论在何处，运用何种方法，射门都应做到快速、准确。

2. 局部进攻战术

（1）传切配合。

传切配合是指控球队员将球传给切入的进攻队员的配合方法，是局部进攻战术中运用得最多的方法。传切配合的形式有局部传切配合和长传转移切入两种。

局部传切配合按传切的路线可分为直传斜切和斜传直切。（图 9-3-16）

长传转移切入是指在进攻中当一侧受阻时，长传转移到另一侧，切入队员得球后展开进攻。（图 9-3-17）

（2）交叉掩护配合。（图 9-3-18）

交叉掩护配合是指在局部区域两名进攻队员在运球交叉换位时，以自己的身体掩护同伴越过防守队员的配合方法。

图 9-3-16　　　　　图 9-3-17　　　　　图 9-3-18

（3）二过一配合。（图 9-3-19）

二过一配合是指在局部区域两名进攻队员通过两次连续传球配合，越过一名防守队员的配合方法。根据传球和跑位的路线，二过一配合的形式有斜传直插二过一、直传斜插二过一、斜传斜插二过一（踢墙式二过一）、回传反切二过一。

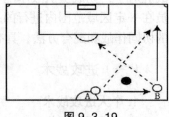

图 9-3-19

斜传直插二过一：当防守队员身后有一定空当，防守队员距插入队员较近时，采用此种二过一配合的效果较好。

直传斜插二过一：当防守队员身后有较大空当或防守队员移向接应队员时，采用此种二过一配合的效果较好，直传球的力量要适当。

斜传斜插二过一：当防守队员身后空隙较小或采用连续二过一时，采用此种二过一配合的效果较好。

回传反切二过一：当接应队员与控球队员有一定的纵深距离，并且防守队员贴身逼抢控球队员时，控球队员可主动向后扯动，拉出空当回传给接应队员，然后反向跑动切入，再接接应队员传球实现二过一。

3. 全队进攻战术

全队进攻战术是指为了完成进攻任务所采用的全局性的配合方法。全队进攻战术是全队协调一致的战术，能体现一个球队的进攻实力和配合能力。一次完整的全队进攻是由发动、发展和结束三个阶段组成的。全队进攻战术有边路进攻和中路进攻两种。

（1）边路进攻。

边路进攻一般是指进攻的最后阶段发生在前场罚球区线以外靠近边线区域的进攻。边路进攻的发起、推进通常有两种路线：一是从边路发起进攻且进攻过程始终沿边线而行；二是通过中路转移至边路。边路进攻打法的主要目的在于充分利用场地的宽度，拉开对方防守，削弱对方中路的防守力量，创造中路破门得分的有利战机。

（2）中路进攻。

中路进攻通常是指进攻的最后阶段发生在前场中间区域的进攻。具体方法如下：运球突破中远距离射门，或者利用个人娴熟控运技术突破后冷静射门；在对方防守缝隙中利用二过一配合或传切配合突破防守并射门；中锋与前卫或边锋利用斜向运球交叉换位，掩护同伴突破防守并射门；中锋回撤将对方中卫拉出，再反切接球突破射门；横扯与插上相互配合，由中锋跑位扯动，拉开防守队员，制造出第二空当，前卫队员突然插上射门。当地面配合难以突破对方防守时，可运用外围吊球，利用中路攻击手的身高和头球优势，争顶摆渡，由边锋或前卫插上射门或进行任意球战术配合。

（二）防守战术

1.个人防守战术

（1）站位与盯人。

防守队员选择的站位，原则上是在对手与本方球门中心所构成的直线上；同时，应使自己能清楚地观察全场队员的分布情况和球的移动方向。盯人是指防守队员通过各种方法，紧紧跟随并防守住自己的防守对象的一种防守方法。

（2）抢截。

抢截在比赛中的运用极为广泛，它是在防守中获得球，争取重新主动进攻的积极手段。抢截是指防守队员有意识地运用规则允许的争抢动作，主动地把球从对方控球队员的控制中抢过来、破坏掉或是把对方持球队员的传球断下来的行动。它具有明显的主动性和攻击性。

2.局部防守战术

（1）保护与补位。

保护是指在同伴紧逼控球队员时，自己选择有利位置来保护同伴，防止对手突破的行动。补位是指防守队员补同伴在防守中出现的漏洞，与同伴互相协作防守的方法。保护是补位的前提，没有保护，也就不可能有效地进行补位。（图9-3-20）

补位有两种：一种是补空当；另一种是临近位置队员之间的互相补位，即交换防守。（图9-3-21）

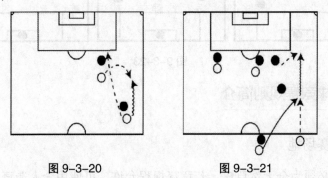

图9-3-20　　　　　　图9-3-21

（2）围抢。

围抢是指几名防守队员在某局部位置从不同方向同时围堵、逼抢某个对方控球队员。围抢的运用体现着现代足球比赛的特点，它是集体防守的重要手段，它以人数上的优势，在局部区域以多防少，紧逼对方的控球队员，达到抢断或破坏对方进攻的目的。

（三）比赛阵形

比赛阵形是指在比赛中一支球队队员的位置排列，是本队攻守力量搭配和职责分工的形式，是足球基本战术的重要组成部分。

1.常用的防守阵形

图 9-3-22 从左往右依次为 4-1-4-1 高位防守阵形、4-2-3-1 中场防守阵形、4-5-1 深度防守阵形。

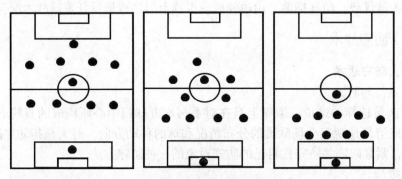

图 9-3-22

2.常用进攻阵形

图 9-3-23 从左往右依次为 2-3-4-1 组织进攻阵形、2-3-2-3 控球进攻阵形、2-1-4-3 前场进攻阵形。

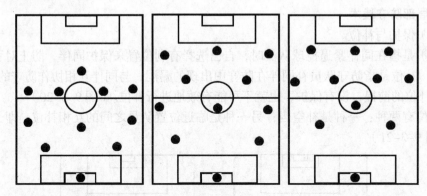

图 9-3-23

四、足球竞赛规则简介

（一）比赛场地

比赛场地必须为全天然草皮。若竞赛规程允许，可使用全人造草皮。人造草皮场地的表面必须为绿色。比赛场地形状必须为长方形，且由不具危险性的连续标线标示。不具危险性的人造草皮材料可作为天然草皮场地的标记使用。这些标线作为边界线是其所标示区域的一部分。（图 9-3-24）

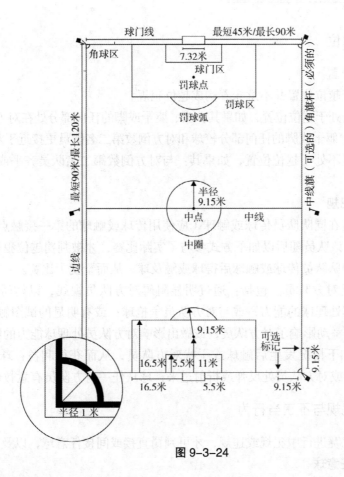

图 9-3-24

（二）比赛时间

一场比赛分为两个 45 分钟相同时长的半场。

队员享有中场休息的权利，休息时间不得超过 15 分钟。

（三）确定比赛结果

1. 进球得分

（1）当球的整体从球门柱之间及横梁下方越过球门线，且进球队未犯规或违规时，即为进球得分。

（2）如果守门员手抛球直接进入对方球门，则由对方踢球门球。

（3）如果裁判员在球的整体还未越过球门线时示意进球，则以坠球恢复比赛。

2. 获胜队

（1）进球数较多的队伍为获胜队。如果双方球队没有进球或进球数相等，则该场比赛为平局。

（2）当竞赛规程规定一场比赛出现平局，或主客场进球数相同时必须有一方取胜，仅允许采取如下方式决定获胜队：① 客场进球规则。② 加时赛，加时赛上下半场时长相等且均不超过 15 分钟。③ 罚球点球决胜。可将上述各方式组合使用。

（四）越位

1. 越位位置

（1）处于越位位置并不意味着构成越位犯规。

（2）队员处于越位位置，如果其：头、躯干或脚的任何部分处在对方半场（不包含中线），且头、躯干或脚的任何部分较球和对方倒数第二名队员更接近于对方球门线。

（3）队员不处于越位位置，如果其：与对方倒数第二名队员齐平或与对方最后两名队员齐平。

2. 越位犯规

一名队员在同队队员传球或触球（应使用传球或触球的第一接触点）的一瞬间处于越位位置，该队员随后以如下方式参与了实际比赛，才被判罚越位犯规。

（1）在同队队员传球或触球后得球或触及球，从而干扰了比赛。

（2）干扰对方队员。包括：通过明显阻碍对方队员视线，以妨碍对方队员处理球，或影响其处理球的能力；或与对方队员争抢球；或有明显的试图触及近处的来球的举动，且该举动影响了对方队员；或做出影响对方队员处理球能力的明显举动。

（3）在如下情况发生后触球或干扰对方队员，从而获得利益：球从球门柱、横梁、比赛官员或对方队员处反弹或折射过来；球从任一对方队员有意救球后而来。

（五）犯规与不正当行为

只有在比赛进行中犯规或违规，才可判罚直接或间接任意球，以及罚球点球。

1. 直接任意球

（1）如果裁判员认为，一名场上队员草率地、鲁莽地或使用过分力量对对方队员实施如下犯规，则判罚直接任意球：冲撞；跳向；踢或企图踢；推搡；打或企图打（包括用头顶撞）；用脚或其他部位抢截；绊或企图绊。

（2）如果是由身体接触的犯规，则判罚直接任意球。

（3）如果场上队员实施如下犯规时，则判罚直接任意球：手球犯规（守门员在本方罚球区内除外）；拉扯对方队员；在身体接触的情况下阻碍对方队员移动；对在比赛名单上的人员或比赛官员实施咬人或吐口水；向球、对方队员或比赛官员扔掷物品，或用手中的物品触及球。

2. 间接任意球

如果一名场上队员犯有如下行为时，则判罚间接任意球：以危险方式进行比赛；在没有身体接触的情况下阻碍对方行进；以语言表示不满，使用攻击性、侮辱性或辱骂性的语言和/或行为，或其他口头的违规行为；在守门员发球过程中，阻止守门员从手中发球、踢或准备踢球；故意发起施诡计用头、胸、膝等部位将球传递给守门员以逃避规则相关条款处罚的行为（包括在踢任意球或球门球时），无论守门员是否用手触球。如果该行为由守门员发起，则处罚守门员。犯有规则中没有提及的，又需裁判员停止比赛予以警告或罚令出场的任何其他犯规。

3. 纪律措施

黄牌代表警告，红牌代表罚令出场。

（1）可警告的犯规行为。

场上队员犯有如下行为时，应被警告：延误比赛恢复；以语言或行动表示不满；未经裁判员许可进入、重新进入或故意离开比赛场地；当比赛以坠球、角球、任意球或掷界外球恢复时，未退出规定距离；持续违反规则（对"持续"的定义并没有明确的次数和犯规类型）；非体育行为；进入裁判员回看分析区域；过分地做出要求回看分析（比画电视屏幕）的信号。

（2）罚令出场的犯规。

场上队员、替补队员或已替换下场的队员犯有如下行为时，应被罚令出场：通过手球犯规破坏对方球队进球或明显的进球得分机会（守门员在本方罚球区内除外）；通过可判罚任意球的犯规，破坏对方的进球或总体上朝犯规方球门方向移动的明显的进球得分机会（在意图争抢球时造成犯规的情况除外）；严重犯规；咬人或向任何人吐口水；暴力行为；使用攻击性、侮辱性或辱骂性的语言和/或行为；在同一场比赛中得到第二次警告；进入视频操作室。

（六）对损耗时间的补足

裁判员对每半场所有因如下情况而损耗的比赛时间予以补足：队员替换；对受伤队员的伤情评估和/或将其移出比赛场地；浪费的时间；纪律处罚；竞赛规程允许的医疗暂停，例如"补水"暂停（不超过1分钟）和"降温"暂停（90秒至3分钟）；与视频助理裁判员"查看"及"回看分析"有关的延误；任何其他原因，包括任何明显延误比赛恢复的情况（如庆祝进球）。

第四官员在每半场最后一分钟结束时展示裁判员决定的最短补时时间。裁判员可增加补时时间，但不得减少。裁判员不得因上半场计时失误而改变下半场的比赛时长。

第四节　乒乓球运动

一、乒乓球运动概述

乒乓球，被称为中国的"国球"，是一种流行于世界的球类项目，是一项集力量素质、速度素质、柔韧素质、灵敏素质和耐力素质于一体的球类运动。

现代乒乓球运动起源于英国，由网球运动演变而来。19世纪末，英国有一些大学生在室内以餐桌为球台，用书或在高背椅子上挂一根线当作球网，用羊皮纸制成形状为长柄椭圆形的空心球拍，在桌子上打用橡胶和软木制成的球，形成了桌上网球游戏。

大约在1890年，一个名叫吉布的英国人到美国旅行时，偶然发现了一种用塑料制成的空心玩具球，这种球的弹跳性很强，他将这种球稍加改进后，由英国逐步推广至世界各地。这种球在桌上弹来弹去会发出"乒乒乓乓"的声音，乒乓球由此而得名。

1904年，乒乓球运动传入中国。中国国家乒乓球队成立于1952年，经历了由弱到强、持久昌盛的发展历程。中国国家乒乓球队是中国体育军团的王牌之师。1959

年，在第 25 届世界乒乓球锦标赛上，容国团为我国夺得第一个乒乓球男子单打世界冠军。1961 年，在第 26 届世界乒乓球锦标赛上，容国团带领中国国家男子乒乓球队荣获首个男子团体世界冠军。此后，中国优秀的乒乓球运动员层出不穷，如刘国梁、邓亚萍、张怡宁、马龙、樊振东、陈梦等。截至 2021 年，中国乒乓球队在世界三大赛（奥运会、世界杯、世乒赛）上共斩获 200 多枚金牌，以傲人的战绩继续领跑世界乒坛。

二、乒乓球基本技术

以下技术均以右手击球为例。

（一）发球

发上旋奔球：抛球的同时向右后方引拍，使拍面前倾，在球下降至约与网同高的位置时，右手持拍快速向前发力击球，使球的第一落点落在本方台面靠近端线的区域。球拍触球的上部位置。

发上旋球：抛球的同时向右后方引拍，使拍面后倾，在球下降至约与网同高的位置时，右手持拍快速向前上方摩擦发力击球，触球的下部，手腕转动并向上摩擦球，向球的中部发力。（图 9-4-1）

图 9-4-1

发下旋球：抛球的同时引拍，使拍面后倾，在球下降至与网同高的位置时，右手持拍快速向前下方摩擦发力击球，触球的下部，手腕转动并摩擦球，向下发力。

（二）正手攻球

根据来球位置，右臂自然弯曲内旋，使拍面前倾，向右后方引拍至低于来球约一个半球的位置，身体重心转至右膝；在球上升的前期主动迎球，触球的上部，向左前方击球，身体重心转至左膝；击球后，左脚点地制动，并迅速还原。（图 9-4-2）

图 9-4-2

（三）反手攻球

根据来球位置，右臂自然弯曲外旋，上臂和肘关节靠近身体右侧，使拍面前倾，向左后方引拍至低于来球约一个半球的位置，身体重心转至左膝；在球的上升期主动迎球，触球的上部，向右前方击球，身体重心转至右膝；击球后，右脚点地制动，并迅速还原。（图9-4-3）

图 9-4-3

（四）反手快推

反手快推是直拍选手常用的一种进攻技术。根据来球位置，右臂自然弯曲外旋，上臂和肘关节靠近身体右侧，引拍至体前并低于来球约一个半球的位置，身体重心转至左膝；击球时，前臂向前推出，食指压住球拍，拇指放松，使拍面前倾，在来球的上升期触球的上部，向右前方发力击球。击球后，前臂顺势前送，身体重心转至右膝，右脚点地制动，并迅速还原。（图9-4-4）

图 9-4-4

（五）正手弧圈球

根据来球位置，右臂自然弯曲内旋，使拍面前倾，引拍至右膝右侧，身体重心转至右膝；在球下降的前期主动迎球，触球的下部，手腕向上转动摩擦击球，向左前上方发力击球，身体重心转至左膝；击球后，左脚点地制动，并迅速还原。（图9-4-5）

图 9-4-5

反手弧圈球

（六）反手弧圈球

根据来球位置，右臂自然弯曲外旋，使拍面前倾，引拍至两膝之间，身体重心偏于左膝；在球下降的前期主动迎球，触球的下部，手腕向上转动摩擦击球，向右前上方发力击球，身体重心偏于右膝；击球后，右脚点地制动，并迅速还原。（图9-4-6）

图9-4-6

（七）正手搓球

根据来球位置，右臂自然弯曲外旋，使拍面后倾，引拍至来球附近且高于来球约一个半球的位置，身体重心转至右膝；在球上升的前期主动迎球，触球的下部，手腕向左前下方转动摩擦击球，身体重心转至左膝；击球后，左脚点地制动，并迅速还原。（图9-4-7）

图9-4-7

正手快搓

正手慢搓

（八）反手搓球

根据来球位置，右臂自然弯曲内旋，使拍面后倾，引拍至高于来球约一个半球的位置，身体重心转至左膝；在球上升的前期主动迎球，触球的下部，手腕向右前下方转动摩擦击球，身体重心转至右膝；击球后，左脚点地制动，并迅速还原。

反手快搓

三、乒乓球基本战术

乒乓球基本战术首先要以"活"为核心，即同一种球通过不同的处理方式产生不同的结果，因势利导再进行下一次处理。"活"就是变化，战术随时都在变化，没有固定的战术，更没有单一的战术。其次，乒乓球战术讲究"先"，即永远比对手多考虑一步。根据上一板球、上一个球或上一局球的情况，分析对手接下来处理球的方式，从而提早做出计划和准备，使本方占据主动。最后，技术是战术的基础和保障，战术是技术的组织和实施。因此，要想在比赛中运用好战术，必须有过硬的技术作为支撑，

反手慢搓

才能使相应的战术充分发挥作用。

总体来说，乒乓球战术的基本规律如下：攻击对方的弱点，从弱点中突破，争取主动；用落点调动对方，扩大其空当，攻击其空当；用落点牵制对方，控制其特长的发挥，争取主动；将落点与击球的力量、速度、旋转和弧线结合使用，造成对方回球困难或直接失误。

具体来说，基本战术主要包括以下几个方面。

（一）单个球的战术

在单个球的回合当中，运用球的落点、旋转、速度、力量等变化，使对手产生空当和漏洞，从而为本方创造进攻机会。例如，吊右压左，即在压住对方左手位的基础上，突然变线至右手大角，使对方的步伐发生大幅度的变动，再进行连续进攻。

（二）四个球一组的战术

四个球一组是指本方发球和接发球各两个球。在这个过程中，第一个球是第二个球的参考依据。根据对手处理球的方式，本方可采取相应的战术。

（三）一局球的战略

本方通过完整的一局球，总结出对手的强项和薄弱之处，在下一局比赛里，全面制订整体的战术，由此上升为一局球的战略。

四、乒乓球竞赛规则简介

（一）发球

（1）发球开始时，球自然地置于不持拍手的手掌上，手掌张开，保持静止。

（2）随后发球员须将球几乎垂直地向上抛起，不得使球旋转，并使球在离开不执拍手的手掌之后上升不少于 16 厘米，球下降到被击出前不能碰到任何物体。

（3）当球从抛起的最高点下降时，发球员方可击球，使球首先触及本方台区，然后直接触及接发球员台区。在双打中，球应先后触及发球员和接发球员的右半区。

（4）从发球开始，到球被击出，球要始终在比赛台面的水平面以上和发球员的端线以外；而且从接发球方看，球不能被发球员或其双打同伴的身体或他（她）们所穿戴（带）的任何物品挡住。

（5）球一旦被抛起，发球员的不执拍手及其手臂应立即从球和球网之间的空间移开。球和球网之间的空间由球和球网及其向上的无限延伸来界定。

（6）运动员发球时，有责任让裁判员或副裁判员确信他（她）的发球符合规则的要求，且裁判员或副裁判员均可判定发球不合法。

（二）发球、接发球和方位的次序

（1）选择发球、接发球和方位的权力应由抽签来决定。中签者可以选择先发球或先接发球，或选择先在某一方位。

（2）当一方运动员选择了先发球或先接发球，或选择了先在某一方位后，另一方运动员必须有另一个选择。

（3）在获得每2分之后，接发球方即成为发球方，依此类推，直至该局比赛结束，或者直至双方比分都达到10分或实行轮换发球法，这时，发球和接发球次序仍然不变，但每人只轮发1分球。

（4）双打的第一局比赛，先由有发球权的一方确定第一发球员，再由接发球方确定第一接发球员；以后的每局比赛，由先发球的一方确定第一发球员，第一接发球员则是前一局发球给他（她）的运动员。

（5）在双打中，每次换发球时，前面的接发球员应成为发球员，前面的发球员的同伴应成为接发球员。

（6）一局中首先发球的一方，在该场下一局应首先接发球。在双打决胜局中，当一方先得5分时，接发球方应交换接发球次序。

（7）一局中，在某一方位比赛的一方，在该场下一局应换到另一方位。在决胜局中，一方先得5分时，双方应交换方位。

（三）轮换发球法

（1）除（2）规定的情况之外，一局比赛进行到10分钟或在任何时间应双方运动员或配对的要求，应实行轮换发球法。

（2）如果一局比赛比分已达到至少18分，将不实行轮换发球法。

（3）当时限到且须实行轮换发球法时，球处于比赛状态，裁判员应立即暂停比赛，由被暂停回合的发球员发球，继续比赛；如果实行轮换发球法时，球未处于比赛状态，应由前一回合的接发球员发球，继续比赛。

（4）此后，每位运动员应轮发1分球，直到该局结束。如果接发球方进行了13次合法还击，则判接发球方得1分。

（5）轮换发球法一经实行，将一直执行到该场比赛结束。

（四）得1分

除被判重发球的回合，下列情况该运动员得1分。
（1）对方运动员未能正确发球。
（2）对方运动员未能正确还击。
（3）运动员在发球或还击后，对方运动员在击球前，球触及了除球网装置以外的任何东西。
（4）对方击球后，球没有触及本方台区而越过本方台区或端线。
（5）对方击球后，球穿过球网，或从球网和网柱之间、球网和比赛台面之间通过。
（6）对方阻挡。
（7）对方故意连续两次击球。
（8）对方用不符合规则的拍面击球。
（9）对方运动员或其穿或戴（带）的任何东西使比赛台面移动。
（10）对方运动员或其穿或戴（带）的任何东西触及球网装置。
（11）对方运动员不执拍手触及比赛台面。
（12）双打时，对方运动员击球次序错误。
（13）执行轮换发球法时，接发球方进行了13次合法还击，则判接发球方得1分。

（五）一局比赛、一场比赛

（1）在一局比赛中，先得 11 分的一方为胜方。10 平后，先多得 2 分的一方为胜方。

（2）一场比赛由奇数局组成。

第五节　羽毛球运动

一、羽毛球运动概述

　　19 世纪，英国人鲍弗特在格拉斯哥郡的伯明顿（Badminton）镇的庄园里进行了一次羽毛球游戏表演，从此羽毛球运动便逐渐开展起来，伯明顿的英文名称（Badminton）也因此成为羽毛球的英文名称（badminton）。

　　1934 年，国际羽毛球联合会（简称"国际羽联"）成立。1978 年，世界羽毛球联合会（简称"世界羽联"）成立。1981 年，国际羽联和世界羽联宣布合并，统称为国际羽毛球联合会。2006 年，该组织又改称为羽毛球世界联合会。

　　20 世纪初，羽毛球运动传入我国。中华人民共和国成立后，羽毛球项目很快成为我国体育运动的重点项目之一。在 1986 年、1988 年，我国羽毛球运动员连续两次获得汤姆斯杯和尤伯杯的双冠军。1987 年的世界羽毛球锦标赛和 1988 年的世界杯羽毛球赛的 5 项冠军都被我国羽毛球运动员囊括，创造了一个国家的羽毛球队连续囊括世界级比赛 5 个单项冠军的纪录。在 1987 年、2010 年、2011 年的世界羽毛球锦标赛和 2012 年伦敦奥运会中，中国国家羽毛球队包揽了全部 5 个项目的冠军。2015 年，在第 14 届苏迪曼杯羽毛球决赛中，中国国家羽毛球队成功卫冕，实现苏迪曼杯六连冠。在 2016 年里约热内卢奥运会上，中国国家羽毛球队获得 2 枚金牌。在 2020 年东京奥运会上，中国国家羽毛球队进入全部 5 个单项的决赛，在混合双打项目上更是实现了对冠亚军的包揽，最终以 2 枚金牌、4 枚银牌的战绩收官。

二、羽毛球基本技术

下面均以右手持拍为例进行介绍。

（一）握拍方法

1. 正手握拍
正手握拍如图 9-5-1 所示。

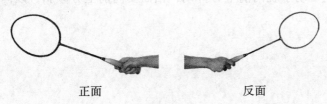

正面　　　　　　　　　　反面

图 9-5-1

正手握拍

2. 反手握拍

反手握拍如图 9-5-2 所示。

正面　　　　　　　　反面　　　　　　　　立面

图 9-5-2

（二）发球技术

发球可分为正手发球和反手发球。一般来说，发网前球、平快球、平高球既可以采用正手发球又可以采用反手发球，而发高远球则要采用正手发球。

1. 正手发球

发球站位：单打发球站位在中线附近离前发球线约 1 米处。双打发球站位可靠近前发球线。

准备姿势：左肩侧对球网，左脚在前，右脚在后，身体重心在右脚上；右手持拍向右后侧举起，右臂肘关节放松、微屈，左手以拇指、食指和中指夹住球并将球举在胸部与腹部之间；发球时，身体重心由右脚移至左脚。

正手发球时，不论是发何种弧线的球，其发球前的准备姿势都应该一致，这样就会给对方的接发球造成判断上的困难。下面分别介绍用正手发出 4 种不同弧线球的动作方法。

（1）高远球：发高远球时，右手在持拍的同时由上臂带动前臂，从右后方先向前再向左上方挥动。当球落到右臂向前下方伸直能触到球位置的一刹那，握紧球拍，并利用手腕的力量向前上方用力击球；击球后，将球拍顺势向左上方挥动缓冲。（图 9-5-3）

图 9-5-3

（2）平高球：发平高球的动作方法大致与发高远球相同，只是在击球的一刹那，以前臂加速带动手腕向前上方挥动，拍面要向前上方倾斜，以向前方用力为主。（图 9-5-4）

图 9-5-4

（3）平快球：发平快球时，站位比发平高球稍靠后些（以防对方很快将球击回到本方后场），充分利用前臂带动手腕的爆发力向前方用力，使球直接从稍高于对方的肩部的高度越过，直攻对方后场。（图 9-5-5）

图 9-5-5

（4）网前球：击球时，主要靠右臂前臂带动手腕向前送球拍，用力要轻。球拍触球时，使拍面从右向左斜切击球，使球尽量贴网而过并落在对方场区的前发球线附近。（图 9-5-6）

图 9-5-6

2. 反手发球

两脚前后站立，上体前倾，后脚脚跟提起。右手反握拍柄，右臂肘关节提起，使球拍低于腰部。发球时，球拍由后向前推送击球，使球运行的弧线的最高点略高于网顶。用球拍触球时，使拍面成切削式击球，使球落到对方场区的前发球线附近。（图 9-5-7）

图 9-5-7

（三）击球技术

1.正手击高远球

正手击高远球如图 9-5-8 所示。

准备姿势：右脚后撤成支撑脚；右臂抬高，肘关节处弯曲成 90°，上臂构成肩轴的延长部分，使拍头位于头的前上方。

引拍：身体继续向右转，以侧身的姿势对着来球方向；右臂的肘关节向后引，这时拍头在头后处于与击球方向相异的一侧，前臂外旋，腕关节向手背方向弯曲。

击球：右臂伸展，右臂前臂外旋，在挥拍到击球点之前的一刹那，右臂腕关节发力。击球点位于头顶的位置，并且在右臂腕关节的前面；在击球的过程中，通过右脚蹬地将身体重心转移到左脚上；左臂在体侧向后下方运动。

收拍：前臂继续外旋，随着右脚向前迈出，身体向前的运动停止；击球动作在球拍落到左大腿附近时结束。

图 9-5-8

2.反手击高远球

反手击高远球如图 9-5-9 所示。

准备姿势：在场地中间，以准备姿势状态通过右脚的第一步移动使身体向左转，背对球网，身体重心落在右脚上。

引拍：由正手握拍迅速换为反手握拍，将球拍引至体前，使拍面朝上。

击球：右臂以上臂带动前臂自下而上挥动，产生初速度，在肘关节抬至与肩平行时，转为由前臂带动手腕自下而上挥动，然后通过手腕的闪动自下而上地甩臂；同时两脚蹬地、转体，将球击出。

正手击高远球

反手击高远球

图 9-5-9

3.正手平抽球

正手平抽球如图 9-5-10 所示。

准备姿势：两脚平行站立且间距略宽于肩，右脚稍向右侧迈出一小步；上体稍向右侧倾斜，右臂向右侧摆，右臂肘关节保持一定角度，右手持拍于体侧。

击球：当来球过网时，肘关节外摆，前臂稍向后、向外旋，手腕稍外展后伸，引拍至体侧。击球时，前臂内旋，手腕伸直闪动，使球拍由右后方向右前方快速平扫来球。

正手平抽球

图 9-5-10

4.正手杀球

正手杀球如图 9-5-11 所示。

准备姿势：左手上举，抬头注视来球，右手持拍于体侧，屈膝降低身体重心，准备起跳。起跳时，右肩后引，上体伸展。

击球：击球时，在空中用力收腹，以腰部、腹部带动上臂，以上臂带动前臂，以前臂带动手腕，用力挥拍击球。

收拍：杀球后，前臂随惯性前收，形成鞭打动作。

正手杀球

图 9-5-11

5. 正手搓球

正手搓球如图 9-5-12 所示。

准备姿势：右脚蹬跨步，正手握拍，前臂伸向右前上方斜举球拍，使拍头平行于地面或稍向球网倾斜。

击球：当球拍举至最高点时，前臂外旋，手腕由后向前伸，稍内收并闪动，搓击来球的右下底部，使球旋转翻滚过网；击球点低于球网上缘。

图 9-5-12

6. 正手扑球

正手扑球如图 9-5-13 所示。

准备姿势：当来球较高时，右脚在前，左脚蹬离地面，身体腾空，右臂前臂向前上方举起，使球拍正对来球方向。

击球：击球时，右臂由屈至伸，手腕由后向前伸并闪动，配合手指的顶压将球扑下。

收拍：扑球后，右臂往右前下方收回球拍，同时屈膝缓冲，保持身体平衡。

图 9-5-13

（四）接发球技术

1. 单打接发球的站位

单打接发球的站位在离发球线 1.5 米处。队员在右区时，站在靠中线的位置；在左区时，站在中线与边线的中间位置（图 9-5-14）。左脚在前，身体重心落在左脚上，两腿微屈，身体侧对球网，右手持拍于体前，两眼注视对方。

2. 双打接发球的站位

双打接发球的站位在靠近前发球线的位置（图 9-5-15），准备姿势与单打接发球基本相同，但是双打的速度更快。接发球时，队员可以将球拍适当举高一点儿到头前上方的位置，以便迅速抢网。

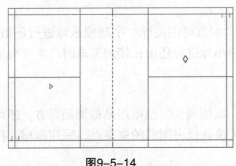

图9-5-14

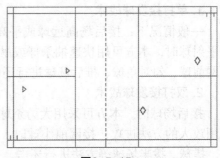

图9-5-15

三、羽毛球基本战术

（一）发球战术

1. 根据对方接发球的站位来决定发球路线

当对方接发球的站位偏后时，对方的注意力往往在后场，网前会出现空当，这时本方应发网前球；当对方接发球的站位靠前时，对方的注意力往往在网前，后场会出现空当，此时本方可以发后场球；当对方接发球的站位靠边线时，本方可以采用突然性很强的平射球袭击对方的底线两角处，使对方措手不及，从而导致其回球失误。本方不可一味地运用同一种发球战术，要与其他种类的发球战术一起使用，从而使发球多样化，给对方判断造成困难。

2. 根据对方的技术特长和接球规律发球

若对方后场进攻能力很强，球路刁钻，但接网前球能力相对较弱，此时本方应以发网前球为主，有意识地限制对方发挥其后场进攻技术的优势；若对方网前技术动作一致性强，对本方威胁大，本方在发球时要避开对方这一优势，以发后场球为主。

3. 根据发球区域的战术特点发球

发球区域通常分为 1 号位、2 号位、3 号位、4 号位（图 9-5-16）。发 3 号位球便于拉开对方位置，下一拍可将对方调动至对角网前；发 4 号位球可以避免对方快速以直线平高球攻击本方的后场边线附近；发 2 号位球便于判断对方的出球；发 1 号位球，特别是发左场区 1 号位球，有利于下一拍攻击对方左后场反手区，但必须注意防范对方以直线球攻击本方左后场反手区；发 1 号位、2 号位之间中路的网前球或追身球效果往往较好。

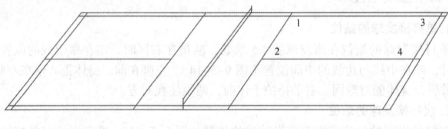

图 9-5-16

（二）接发球战术

1. 单打接发球战术

一般情况下，接后场高远球或平高球时，本方可用高球、吊球或杀球进行还击；接平射球时，本方可用快速抽杀球或吊拦网前小球进行还击；接网前球时，本方可用放网前球、勾对角球、推后场球进行还击。

2. 双打接发球战术

接后场球时，本方可采用大力杀球进攻，以快制快，也可用吊球调动对方，还可采用攻人的方法进攻；接网前小球时，本方可快速抢占网前的制高点，采用推球、扑球、搓球、拨半场球等方法进行还击。

（三）后场击球战术

在后场击球时，本方可利用熟练的高球、吊球、杀球、劈球等技术，通过准确地将球击到对方场区的四个角上来调动对方，使对方向前、向后、向左、向右来回奔跑移动，然后寻找机会大力发起进攻。

（四）前场击球战术

在前场击球时，本方可配合运用前场细致快速的搓球、勾对角球和推、挑后场球及扑球等击球技巧调动对方，打对方空位，使对方措手不及。

（五）中场击球战术

在中场击球时，本方判断、反应、起动和出手都要快，引拍预摆动作幅度相应小一些。接杀球可借助球拍对对方来球的反作用力击球，因此击球力量不宜太大，重要的是"巧"字，要突出手指、手腕的爆发力。

四、羽毛球竞赛规则简介

（一）比赛场地

场地应是一个长方形，用宽 40 毫米的线画出（图 9-5-17）。从场地地面起，网柱高 1.55 米。当球网被拉紧时，网柱应与地面保持垂直；从场地地面起，场地中心点处网高 1.524 米，双打边线中心点处网高 1.55 米。

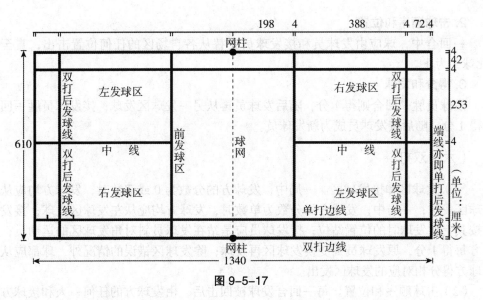

图 9-5-17

（二）挑边

比赛开始前应挑边，赢方应在下列选项中做出选择：① 先发球或先接发球；② 在一个场区或另一个场区开始比赛。输方在余下的一项中选择。

（三）计分方法

（1）除非另有规定，一场比赛应以三局两胜定胜负。

（2）除（4）和（5）的情况外，先得 21 分的一方胜一局。

（3）一方"违例"或球触及该方场区内的地面成"死球"，则另一方胜这一回合并得 1 分。

（4）20 平后，领先得 2 分的一方胜该局。

（5）29 平后，先得 30 分的一方胜该局。

（6）一局的胜方在下一局首先发球。

（四）间歇及交换场区

每局比赛，当一方先得 11 分时，允许有不超过 60 秒的间歇；所有比赛中，局与局之间允许有不超过 120 秒的间歇。

以下情况，运动员应交换场区：

（1）第一局结束；

（2）第二局结束（如果有第三局）；

（3）在第三局比赛中，一方先得 11 分时。

（五）单打

1. 发球区和接发球区

一局中，发球员的分数为 0 或双数时，双方运动员均应在各自的右发球区发球或接发球；一局中，发球员的分数为单数时，双方运动员均应在各自的左发球区发球或接发球。

2. 击球顺序和位置

一回合中，球应由发球员和接发球员交替从各自场区的任何位置击出，直至成"死球"为止。

3. 得分和发球

发球员胜一回合则得1分，随后发球员再从另一发球区发球；接发球员胜一回合则得1分，随后接发球员成为新发球员。

（六）双打

（1）发球区和接发球区。一局中，发球方的分数为0或双数时，发球方均应从右发球区发球；一局中，发球方的分数为单数时，发球方均应从左发球区发球；接发球方按其上次发球时的位置站位；接发球员应是站在发球员斜对角发球区的运动员；发球方每得1分，原发球员则变换发球区再发球；除发球区错误的情况外，球都应从与发球方得分相对应的发球区发出。

（2）击球顺序和位置。每一回合发球被回击后，由发球方的任何一人和接球方的任何一人，交替在各自场区的任何位置击球，如此往返直至"死球"。

（3）得分和发球。发球方胜一回合则得1分，随后发球员继续发球；接发球方胜一回合则得1分，随后接发球方成为新发球方。

（4）发球顺序。每局比赛的发球权必须如下传递：先由首先发球员从右发球区发球；其次由首先接发球员的同伴从左发球区发球；然后是首先发球员的同伴；接着是首先接发球员；再接着是首先发球员，依此传递。

（5）运动员在比赛中不应有发球、接发球顺序错误或在一局比赛中连续两次接发球（发球区错误的情况除外）。

（6）一局胜方的任一运动员可在下一局先发球；一局负方的任一运动员可在下一局先接发球。

第六节　网球运动

一、网球运动概述

网球是一项激烈而优雅的运动，是由2名或2对选手持拍在网球场上隔网交替击球的对抗性竞技运动。1873年，英国人温菲尔德发明了现代网球运动。1913年，国际网球联合会于法国巴黎成立。在1896年雅典奥运会上，网球被列为奥运会正式比赛项目。在1924年巴黎奥运会后，网球项目被移出奥运会。在1988年汉城奥运会上，网球再次被列为奥运会正式比赛项目。

网球运动可使人举止大方、健康阳光、自信优雅、自然协调，被称为绅士运动，有"球场上的芭蕾"之称。网球运动把诚实守信、公平正义体现得淋漓尽致，非常讲究美感和节奏感。网球运动可以锻炼参与者的智力、心理素质，提高其控制情绪及发现问题、分析问题、解决问题的能力，还可以培养参与者顽强拼搏、谦虚谨慎的优秀

品质，具有育人价值。

　　网球运动于 1885 年前后传入我国。中华人民共和国成立后，网球运动得到了进一步发展。1953 年，中国网球协会成立。同年，第 1 届全国网球表演赛在天津市举办。在 2004 年雅典奥运会上，李婷、孙甜甜经过奋勇拼搏，取得了中国体育史上第 1 个奥运会网球双打冠军。2006 年，郑洁、晏紫在澳大利亚网球公开赛的女子双打比赛中，夺得了中国网球在四大网球公开赛双打比赛中的第 1 个冠军。在 2008 年北京奥运会上，李娜获得网球女子单打第 4 名。随后，李娜又在 2011 年法国网球公开赛和 2014 年澳大利亚网球公开赛上获得女子单打冠军，创造了中国网球运动的历史。

二、网球基本技术

　　以下均以右手持拍为例进行介绍。

（一）握拍法

　　握拍是网球运动最基本的技术，直接影响着拍面触球的角度。基本的握拍方法有四种，即东方式握拍法、大陆式握拍法、西方式握拍法和双手握拍法。初学者必须掌握正确的、适合自己的握拍法。

1. 东方式握拍法

（1）东方式正手握拍法。

　　东方式正手握拍法俗称握手式握拍法。握拍时，先将拍面垂直于地面，右手与拍柄右上斜面紧贴，以 V 字形虎口对准拍柄右上斜面（图 9-6-1 中的①），拇指环绕拍柄并与中指相触，手掌与食指第三指节压住拍柄的右垂直面，食指稍离中指，拍柄底部与手掌根部平齐。

（2）东方式反手握拍法。

　　东方式反手握拍法是在东方式正手握拍法的基础上向右转动 90°，即虎口对准拍柄左上斜面（图 9-6-1 中的②），拇指第三指节贴在左下斜面上，食指第三指节压在右上斜面上。

2. 大陆式握拍法

　　大陆式握拍法是以 V 字形虎口对准拍柄的上平面与左上斜面的交界线处（图 9-6-1 中的③），手掌根部贴住上平面，拇指伸直围绕拍柄，食指第三指节紧贴在右上斜面上。

3. 西方式握拍法

　　西方式握拍法是将球拍放在地面上，右手掌根贴着拍柄右下斜面，V 字形虎口对准拍柄的右垂直面（图 9-6-1 中的④），正反手用同一拍面击球。

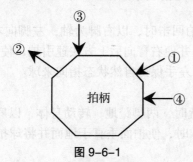

图 9-6-1

4.双手握拍法

双手握拍法常用于反手击球，方法是右手采用东方式反手握拍法，握在拍柄的后方；左手采用东方式正手握拍法，握在拍柄的前方；两手紧靠。

（二）常用步法

队员在网球场上需要不断地移动，移动是为了在正确的击球点击球。只有移动到位，队员才能合理地把球击出，获得良好的击球效果。网球移动步法讲究灵活、实用，主要包括分腿垫步、交叉步、侧滑步、小碎步和组合步等。

1.分腿垫步

两脚左右自然开立且间距略比肩宽。两腿微屈，降低身体重心。在对方击球的同时，两脚蹬地并稍微离开地面；落地时，两脚与肩同宽，身体重心放在前脚掌上，以提高自己的反应和移动速度。

2.交叉步

两脚成交叉状向侧面跨步移动。向右移动时，向右转体，左脚前跨交叉于右脚的右前方，重复此动作；向左移动时，动作相同，方向相反。此步法常用于完成距离较远、需要做出大幅度移动的击球。

3.侧滑步

两脚平行站立，面对球网，两脚向左或向右平行移动。向左移动时，先蹬右脚再蹬左脚，两脚腾空后先右脚后左脚依次落地；向右移动时，动作相同，方向相反。

4.小碎步

当接近击球位置时，加快脚步，两脚积极地做小幅度调整，然后跨步击球。在挥拍击打落地球前，队员可以通过小碎步调整至击球的最佳位置。

5.组合步

综合运用2种或2种以上步法的步法称为组合步，在网球运动中，队员经常根据需要使用组合步。

（三）正手击球技术

正手击球技术由准备姿势、后摆引拍、挥拍击球、随挥跟进四个技术环节组成。（图9-6-2）

1.准备姿势

面对球网，两脚自然开立且与肩同宽或略比肩宽，成稍蹲姿势，身体稍前倾，身体重心落在两脚前脚掌上，右手采用东方式握拍法，左手扶拍颈，拍头指向对方，紧盯来球，做好击球准备。

2.后摆引拍

当判断来球需要用正拍回击时，以右脚为轴，左脚向右前方跨出，成"关闭式"的击球步法；同时向右转体并使右臂向后上方快速引拍，使球拍指向球场后端的挡网，使拍头向上且略高于手腕，左手保持自然状态指向来球。

3.挥拍击球

当来球接近击球点位置时，两脚蹬地，转动身体，以肩关节为轴，手腕固定，上臂带动前臂向前挥拍。击球时，使拍面垂直于地面并将球拍朝来球的方向挥出，应在身体右侧约与腰部同高的位置完成击球。

4.随挥跟进

击球后，使球拍沿着球飞行的方向继续向前上方挥动，身体重心前移至左脚上，身体转向球网，使拍头随着惯性挥至左肩前上方，并用左手扶拍颈。随挥跟进结束后，应立即恢复到准备姿势。

图 9-6-2

（四）反手击球技术

反手击球技术由准备姿势、后摆引拍、挥拍击球、随挥跟进四个技术环节组成。（图 9-6-3）

1.准备姿势

面对球网，两脚自然开立且与肩同宽或略宽于肩，两腿微屈，上体稍前倾，身体重心落在前脚掌上，右手持拍，左手扶拍颈，使拍头略高于手腕，拍面垂直于地面并指向前方。

2.后摆引拍

当判断来球需要用反手回击时，以右脚为轴，左脚向左后方跨出，成"关闭式"的击球步法，同时向左转体以带动球拍后引。右脚转至基本与底线平行，左脚向左后 45°方向迈步，两肩的连线垂直于球网，两眼盯紧来球。

3.挥拍击球

两眼盯紧来球，找准击球位置，击球点应在身体的右前方。挥拍时，使球拍由后向前挥出。击球后，控制球拍继续前送，此时两腿继续保持弯曲。击球过程中，身体重心移至右脚。

4.随挥跟进

击球后，使球拍继续向前挥动，挥至左肩上方结束。随挥跟进结束后，立即恢复到准备姿势。

图 9-6-3

平击发球

（五）发球技术

发球可分为平击发球、切削发球和上旋发球三类。其中，平击发球一般用于每分的第一发球，其特点是球几乎没有旋转，速度快、力量大、沿直线飞行，但成功率偏低；切削发球是向球施加侧旋，球的飞行轨迹和落地后的弹跳都会出现偏移。切削发球通常比平击发球的发球成功率更高，可用于第一发球或第二发球。上旋发球与平击发球相比，发出的球过网高度较高，球落地后弹起的高度超过平击发球和切削发球，可提高球员发球的成功率，一般用于每分中一发失误后的第二发球。

以平击发球为例，发球技术包括准备姿势、抛球与后摆引拍、挥拍击球、随挥动作四个环节。（图 9-6-4）

1.准备姿势

以大陆式握拍法为主，全身放松，侧身站立在靠近底线处，两脚前后开立且约与肩同宽，左脚与底线成 45°，右脚与底线平行，左肩侧对球网，身体重心落在左脚上。左手持球，右手轻托球拍于腰部，拍头指向前方。保持呼吸均匀，注意力集中。

2.抛球与后摆引拍

抛球时，整个手臂伸直向上托送，利用手臂向上的惯性使球垂直向上升起，抛球的高度是握拍的手臂充分向上伸直时球拍顶部再加一个拍面的高度；抛球后，左手上举一段时间。右手持拍，从准备姿势开始向下、向后上方摆起，引导球拍贴近身体，像钟摆一样将球拍置于体后，同时做屈膝、转体、转肩的动作；后摆完成时，拍头在头后方指向天空；身体重心随着抛球由左脚移至右脚。后摆完成后，身体重心开始前移。

3.挥拍击球

后摆引拍结束后，使球拍下移到背后，拍头朝下，好似在用球拍给后背挠痒，这个动作被称为"挠背"；当球下降到击球点的位置时，迅速向上挥拍击打球的后上部，左脚蹬地，使手臂和身体充分伸展；击球的同时，左臂自然下落，身体重心前移，面对球网。

4.随挥动作

击中球后，继续保持完整的向前伸展的挥拍动作，使球拍随着惯性挥至身体的左下方，两脚迅速调整至准备姿势，准备接下一个来球。

图 9-6-4

（六）高压球技术

高压球多用于网前击球，其技术动作与发球动作相似，只是没有向后拉拍的引拍动作，而是直接把球拍引向头后。在向来球方向跑动的过程中，抬头仰视球，上体右转，同时使球拍垂向背后，完成击高压球的准备动作。当球下落到适当高度时，手臂在头上方向前下方挥击，完成高压动作。（图 9-6-5）

打高压球要及时侧身，早举球拍，看准来球，找准击球点。高压球一般以平击高压为主，也可以用切削高压打出好的角度和落点；当对方将球挑得很高、很深时，本方可打落地高压球。打高压球要快速侧身后退，后退时视线不能离开球，然后再向前做高压击球动作。

高压球

图 9-6-5

三、网球基本战术

（一）单打战术

1. 上网型战术

（1）发球上网战术。

发球上网战术是队员利用发球的力量或角度进行主动进攻、快速上网以抢得先机的战术。

① 本方发外角球，然后冲至发球线前偏左（或右）处做好截击准备，并将回球截击至对方的反（或正）拍区。

② 本方发内角球，然后冲至发球线中线位置做好截击准备，并将回球截击至对方场地空当。

③ 本方发追身球，然后冲至发球线中线位置做好截击准备，并将回球截击至对方场地空当。

（2）随球上网战术。

随球上网战术是双方在底线相持的过程中，本方利用对方回球质量不高的中场球，果断地大力击球或是打出大角度球，迫使对方被动防守回球，并迅速随球上网截击的战术。采用随球上网战术时应该注意以下几点。

① 随球上网前的一拍击球成功率要高，质量要好，这样才能避免随球上网后的被动，更有利于进攻得分。

② 本方在随球上网时要果断，起动要快，根据随球上网前的击球路线，采取迎上高点击球的方法。

③ 在比赛中，本方要不断改变随球上网前的击球打法，一方面要交替采用平击、上旋、切削等技术，另一方面要时常变换击球路线，以破坏对方的击球节奏。

（3）接发球上网战术。

本方通常在接每分的第二发球时使用接发球上网战术：趁对方的发球力量不足、落点不刁钻时，判断来球落点，采取主动进攻，抢先进入场内完成击球，占据主动后随球上网。接发球上网战术主要有以下几种。

① 接一区（右区）二发上网战术。

接一区外角发球时，本方可用正手击球或推切球回击直线上网；接一区内角发球时，可用反手击球、侧身正手击球或推切球，回球至对方的反手位上网。

② 接二区（左区）二发上网战术。

接二区外角发球时，本方要根据对方的技术情况，将球回击到对方技术的弱点后上网，一般以打直线为佳；接二区内角发球时，本方可以用正手击球或推切球，回球靠近对方的单打边线最佳，同时要尽量靠近对方底线。

2.底线型战术

底线型战术是以底线正手击球技术和反手击球技术为基础的战术，主要有对攻、拉攻、吊攻、侧身攻等战术。

（1）对攻战术。

本方利用底线正反手击球的速度、力量和角度，进攻对方的薄弱环节或调动对方大角度地跑动，以压制对方。

（2）拉攻战术。

在底线附近，本方用十分稳定的正、反手两面拉上旋球或用正手拉、反手削的战术调动对方，以求拉垮对方，从而创造战机。

（3）吊攻战术。

在底线附近，本方在左右对攻或拉攻时突然放一个网前小球，使对方失误或陷入被动。

（4）侧身攻战术。

在底线附近，本方利用强有力的正手抽击球，连续进攻对方的反手和正手，或

连续打出回头球。

（5）紧逼战术。

在底线附近，本方发挥正、反手抽击的优势，迎击上升球，以快节奏赢得最佳落点，逐步将对方逼上险境。

（二）双打战术

与单打相比，双打的比赛场地更大，得分机会更多，偶然性更大，比赛节奏更快。

1.双打发球战术

（1）发球上网战术。

发球后上网，与同伴形成双上网阵势。上网后，中场的第一次截击球要平、深、大角度。例如，将球发向对方右区，本方用正手截击斜线球上网；将球发向对方左区，本方用反手截击斜线球上网。

（2）发球抢网战术。

如同乒乓球双打，同伴用手势发出抢网信号，并随时准备上网截击，给对方以极大的压力。例如，将球发向对方右区时，网前队员向右快速移动，抢网截击，同伴移动到左区补位；将球发向对方左区时，网前队员向左快速移动，抢网截击，同伴移动到右区补位。

（3）澳大利亚式网前抢网战术。

澳大利亚式网前抢网战术与发球抢网战术大致相同，但网前站位有所区别。澳大利亚式网前抢网战术的同伴站位靠近中线，随时准备向两侧抢网。

2.双打接发球战术

（1）接发球抢网战术。

当接发球员有一个高质量的回球时，本方应立即前移抢网，同伴也应在另一侧上网，形成双上网阵势，给对方回球造成较大的压力。

（2）接发球双底线战术。

若两人的底线技术好，而对方的发球和抢网技术更突出，本方就应坚持采用两人退至底线回击球的战术，以降低对方进攻的成功率，并伺机打出漂亮的穿越球和反击球。

四、网球竞赛规则简介

（一）运动员失分

如果出现下列情况，运动员将失分。

（1）发球员连续两次发球失误。

（2）在活球状态下，运动员在球连续两次落地前未能击球。

（3）在活球状态下，运动员回击的球落到有效击球区外的地面或在落地前碰到有效击球区外的其他物体。

（4）在活球状态下，运动员回击的球在落地前触到永久固定物。

（5）接发球员在发球没有落地前击球。

（6）运动员故意用球拍托带或接住处于活球状态中的球，或故意用球拍触球超过一次。

（7）在活球状态下的任何时候，运动员或他的球拍（无论球拍是否在他手中），或他穿戴的或携带的任何物品触到球网、网柱/单打支柱、网绳或金属绳、中心带或网带，或对手场地。

（8）运动员在球过网前击球。

（9）在活球状态下，除了运动员手中的球拍以外，球触及运动员的身体或他穿戴的或携带的任何物品。

（10）在活球状态下，球触到了运动员的球拍，但球拍不在他的手中。

（11）在活球状态下，运动员故意并实质性地改变了球拍的形状。

（12）双打比赛中，同队的两名运动员在回球时都触到了球。

（二）局分

1. 常规局

在常规局的比赛中，应首先报发球运动员的得分，计分如下：无得分，0；第一分，15；第二分，30；第三分，40；第四分，本局比赛结束。

若两名运动员/队都得到三分，则比分为"平分"。"平分"后如果一名运动员/队得分，则比分为"占先"，如果"占先"的这名运动员/队又得分，他便赢得了这一局；如果"占先"后是另一名运动员/队得分，则比分仍为"平分"。运动员/队需要在"平分"后连续得到两分，才能赢得这一局。

2. 平局决胜局

在平局决胜局中，使用阿拉伯数字0、1、2、3等计分。首先赢得7分并净胜对手两分的运动员/队赢得这一局及这一盘。决胜局有必要进行到一方运动员/队净胜对手两分为止。

（三）盘分

1. 长盘制

先赢得6局并净胜对手两局的运动员/队赢得一盘。一盘有必要进行到一方运动员/队净胜两局为止。

2. 平局决胜局制

先赢得6局并净胜对手两局的运动员/队赢得一盘。如果局分达到6：6，则须进行"平局决胜局"。

（四）赛制

比赛可以采用三盘两胜制，先赢得两盘的运动员/队赢得比赛；或者采用五盘三胜制，先赢得三盘的运动员/队赢得比赛。

（五）发球动作

在即将做出发球动作前，发球员必须静止站在底线后（即远离球网的那一侧），双脚位于中心标志的假定延长线和边线的假定延长线之间。

然后，发球员应当用手将球向任何方向抛出并在球落地前用球拍将球击出。在球拍击到球或未能击到球的那一刻，整个发球动作即被认为已经完成。对于只能使用一只手臂的运动员，可以用球拍完成抛球。

（六）发球程序

在常规发球局中，发球员在每一局都应当从场地的右侧半区开始，交替在场地的两个半区发球。

在平局决胜局中，第一分发球应当从场地的右半区发出，然后交替从场地的两个半区发球。

发出的球应当越过球网，在接发球员回球之前落到对角方向的发球区内。

（七）发球失误

下列情况为发球失误：发球员发球动作不正确；发球员发球程序错误；发球员出现脚误；发球员试图击球时未能击中；发出的球在触地前碰到了永久固定物、单打支柱或网柱；发出的球触到了发球员或发球员的搭档，或所穿戴的或携带的任何物品。

（八）发球次序

在常规局结束后，该局的接发球员在下一局中发球，该局的发球员在下一局中接发球。

双打比赛中，在每一盘第一局开始前，由先发球的那队决定哪一名运动员先在该局发球。同样，在第二局开始前，他们的对手也应当决定由谁在该局先发球。第一局发球的运动员的搭档在第三局发球，第二局发球的运动员的搭档在第四局发球。这一次序一直延续到该盘结束。

（九）重新发球

如果出现下列情况则应当重新发球：发出的球触到了球网、中心带或网带后落在有效发球区内；或在球触到了球网、中心带或网带后，在落地前触到了接发球员或其搭档，或他们穿戴的或携带的任何物品；球发出时，接发球员还没有做好准备。

（十）重赛

除了在第二发球时呼报重新发球是指重新发该次发球外，在所有其他情况下，当呼报重新发球时，这一分必须重赛。

（十一）有效回击

下列情况属于有效回击。

（1）球触到了球网、网柱/单打支柱、网绳或金属绳、中心带或网带并且越过球网后落到有效场地内；球在落地前触到了永久固定物的情况除外。

（2）在活球状态下，球落在有效场地内后旋转或被风吹回过网，运动员过网击球，将球击打到有效场地内，并且没有违反会导致运动员失分的规定。

（3）回击球从网柱外侧绕过，无论该球是否高于球网，即使触到网柱，只要落在有效场地内，除球在落地前触到了永久固定物的情况外，均视为有效。

（4）球从单打支柱及其相邻网柱之间的网绳下面穿过而又没有触及球网、网绳或网柱，并且落在有效场地内。

（5）运动员在自己球网一侧内回击球后，球拍随球过网，球落入有效场地内。

（6）在活球状态下，运动员击出的球碰到了有效场地内的另一个球。

（十二）双打的接发球次序

在每一盘的第一局，首先接发球的那队要决定哪一名运动员在该局接第一分发球。同样，在第二局开始前，他们的对手也应当决定哪一名运动员在该局接第一分发球。先接第一分发球的运动员的搭档应当接本局的第二分发球，这一次序一直延续到该局和该盘结束。

接发球员接完发球后，该队中的任何一名运动员都可以击球。

（十三）交换场地

运动员应在每一盘的第一局、第三局和随后的每一个单数局结束后交换场地。运动员还应在每一盘结束后交换场地，但当一盘结束后双方所得局数之和为偶数时，运动员须在下一盘第一局结束后交换场地。

在平局决胜局中，运动员应在每6分后交换场地。

体育思政课堂

立德树人是高校教育的根本任务，高校球类运动课程同样蕴含着深刻的育人要素和思政元素：篮球技术背后的运动生物力学原理可以引导和培养学生的探索精神；女排精神作为一种体育精神文化传承，是我国排球运动发展过程中的宝贵财富，有助于学生树立正确的价值观；在足球运动中突出表现的思政因素有自信、勇敢、自律、信任，果断、主动性、责任感、坚持不懈、公平正义、团结合作、超越自我、规则意识、竞争意识、积极进取、正确的胜负观等；乒乓球运动员所取得的诸多成绩，给一代代中国人留下了深刻的印象，这种源于"国球""为国争光"体验的集体记忆，是唤起民族自豪感的重要媒介；羽毛球能训练一个人的心理，拥有自信的心态能够使人发挥出更大的能量；网球礼仪尽显优雅，真正体现了力量与智慧的结合，观众和运动员都能愉快地享受网球运动的乐趣，从而能够使学生陶冶情操，提高境界。

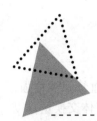

第十章　形体健美运动

第一节　健美操

一、健美操概述

健美操是近几十年发展起来的一项新兴的体育运动项目，是以有氧运动为基础，以健、力、美为特征，融体操、舞蹈、音乐于一体，通过徒手、手持轻器械和使用专门器械的操作练习，以达到健身、健美和健心的目的，并具有竞技性、娱乐性和观赏性的大众健身方式和竞技运动项目。

（一）健美操的起源与发展

现代健美操起源于20世纪60年代，最早是美国国家航空航天局专门为宇航员设计的体能训练内容，并很快风靡世界。健美操成为一项独立的体育运动项目是在20世纪80年代，其标志是《简·方达健美术》一书的出版。著名演员简·方达对健美操在世界范围内的发展起了巨大的推动作用。健美操以强大的生命力迅速在全世界流行起来。越来越多的人喜欢上健美操运动并积极参与其中，在世界范围内形成了健美操热。

现代健美操于20世纪80年代传入中国。根据健美操的不同特性，按动作的难易、运动强度的高低及不同层次的需要，国家体育总局制定了《健美操运动员技术等级标准》和《全国健美操大众锻炼标准》，为中国健美操运动的普及和发展创造了条件。1992年，中国健美操协会成立，并定期举办全国健美操锦标赛。

21世纪以来，我国许多高校把健美操项目列入教学大纲，这就使健美操运动在高校得到了广泛推广，并进一步扩大了其社会影响。

（二）健美操的分类

健美操分为健身性健美操、竞技性健美操和表演性健美操三大类。健身性健美操以有氧运动为主，其锻炼形式多种多样，如拉丁操、搏击操、街舞、水中健美操等，适合大众练习。相较于健身性健美操，竞技性健美操是一种更高层次的健美操运动，更具有观赏性，活动更加剧烈，更能体现力与美相结合的特色。表演性健美操是事先编排好的、专为表演而设计的成套健美操，时间一般为2～5分钟。其主要的练习目的是表演。表演性健美操的动作比健身性健美操的动作更为复杂多变，因此对练习者的身体素质要求较高。

（三）健美操的锻炼价值

1. 增强体质，增进健康

锻炼者长期参加健美操锻炼，可以使心肌增厚、心腔容量增大、血管弹性增强，进而使心脏的功能增强。健美操锻炼能增加呼吸深度和每次呼吸时的气体交换量，以满足机体在剧烈运动时对氧的需求，从而提高人体的机能水平。在进行健美操锻炼时，髋部全方位活动较多，可刺激肠胃蠕动，增强消化机能，有助于人体对营养物质的吸收和利用。

2. 塑造健美形体，培养气质

健美操运动的独到之处在于，它可以对身体比例的均衡产生积极的影响，特别是能增加胸背部肌肉的体积，消除腰腹部沉积的多余脂肪，使身材变得丰满、肌肉线条变得优美，还能矫正不正确的身体姿势，培养气质。

3. 提高神经系统机能和身体素质

健美操动作的路线、方向、速度、力度等不断变化，可以增强人的动作记忆，提高神经系统的灵活性，提高人的协调性，同时使肌肉、肌腱、韧带的力量得到增强，从而全面提高人的身体素质。

4. 调节心理，陶冶情操

健美操是在音乐伴奏下进行的身体练习。优美明快的音乐节奏、活泼愉快的形体动作，可使人陶醉在美的韵律之中，从而有助于消除心理上的紧张与烦恼，全面调节身心，改善精神面貌，提升气质和修养。

二、健美操基本技术

（一）健美操的基本站姿

健美操的基本站姿包括立、弓步、跪立三种。

（1）立：包括直立、开立、点地立、提踵立。

（2）弓步：包括前弓步、侧弓步、后弓步。

（3）跪立：包括双腿跪立、单腿跪立。

（二）健美操的基本手型

健美操的基本手型如图 10-1-1 所示。

    并掌   开掌   花掌   拳

图 10-1-1

（三）健美操的基本步法

按照人体运动时对地面的冲击力大小，健美操的基本步法可分为低冲击力步法、高冲击力步法、无冲击力步法三种。

1. 低冲击力步法

（1）踏步类。

踏步类步法如图 10-1-2 所示。

踏步　　　　　　　一字步

走步　　　　　　　V 字步

漫步　　　　　　　A 字步

图 10-1-2

（2）点地类。

点地类步法如图 10-1-3 所示。

脚尖前点地　　　脚跟前点地　　　脚尖侧点地　　　脚尖后点地

图 10-1-3

（3）迈步类。

迈步类步法如图 10-1-4 所示。

并步　　　　　迈步点地　　　　迈步后点地　　　　迈步屈腿

迈步吸腿　　　　　　　　　　侧交叉步

图 10-1-4

（4）单腿抬起类。

单腿抬起类步法如图 10-1-5 所示。

吸腿　　　　　　　　　　踢腿

图 10-1-5

弹踢腿　　　　　　　　　　　　　　　　后屈腿

图 10-1-5（续）

2. 高冲击力步法

（1）迈步跳起类。

迈步跳起类步法如图 10-1-6 所示。

并步跳　　　　　　　迈步吸腿跳　　　　　　迈步后屈腿跳

图 10-1-6

（2）双腿起跳类。

双腿起跳类步法如图 10-1-7 所示。

并腿纵跳　　　　　　分腿半蹲跳　　　　　　开合跳

弓步跳

图 10-1-7

（3）单腿起跳类。

单腿起跳类步法如图 10-1-8 所示。

吸腿跳　　　　　后屈腿跳　　　　　弹踢腿跳

侧摆腿跳

图 10-1-8

3. 无冲击力步法

无冲击力步法如图 10-1-9 所示。

弹动　　　　　半蹲　　　　　弓步　　　　　提踵

图 10-1-9

三、《全国健美操大众锻炼标准》第三套二级规定动作

《全国健美操大众锻炼标准》第三套二级规定动作的动作图解如下。

组合一

节拍		下肢步法	上肢动作
一	1～4	右脚十字步	1右臂侧平举；2两臂侧平举；3两手成开掌，两臂上举；4两手变拳，两臂下举
	5～8	向后走4步	5～6屈臂自然摆动，7～8动作同5～6
二	1～8	动作同第一个8拍，但向前走4步	

节拍		下肢步法	上肢动作
三	1～6	右脚开始漫步6拍	1～2右手前举，3两手叉腰，4～5左手前举，6两手握拳于胸前交叉
	7～8	右脚向后1/2后漫步	两臂侧后下举

节拍		下肢步法	上肢动作
四	1～2	右脚向右并步跳	两手握拳，屈左臂，右臂自然摆动
	3～8	左脚向右前方做前、侧、后6拍漫步	两手握拳，3～4两臂前平举弹动2次，5～6两臂侧平举，7～8两臂侧后下举

第五至第八个8拍动作同第一至第四个8拍，唯左右相反

组合二

1×8		
	1～2　　　3～4　　　5　　　6　　　7　　　8	

节拍		下肢步法	上肢动作
一	1～2	右脚向右侧滑步	两手成并掌，右臂侧上举，左臂侧平举
	3～4	1/2 后漫步	两手握拳，两臂屈臂后摆
	5～8	由左脚开始向左前方做侧并步 2 次	5～6 击掌 3 次，7～8 两手叉腰

2×8		
	1　　　2　　　3　　　4　　　5～6　　　7～8	

节拍		下肢步法	上肢动作
二	1～4	由右脚开始向右前方做并步 2 次	1～2 击掌 3 次，3～4 两手叉腰
	5～6	左脚向左侧滑步	两手为并掌，左臂侧上举，右臂侧平举
	7～8	1/2 后漫步	两臂屈臂后摆

3×8		
	1　　　2　　　3　　　4　　　5　　　6　　7　　8	

节拍		下肢步法	上肢动作
三	1～4	右转 90°，左脚上步吸腿 2 次	两臂向前冲拳、向后下冲拳 2 次
	5～8	左脚 V 字步，7 左转 90°	5～7 两手成并掌，两臂由右向左水平摆动；8 两臂自然垂于体侧

4×8		1　2　3　4　5　6　7　8	
节拍		下肢步法	上肢动作
四	1～4	左腿吸腿2次，左脚脚尖侧点地1次	1两臂于胸前平屈，2左臂斜上举，3动作同1，4两臂自然垂于体侧
	5～8	5～8动作同1～4，唯左右相反	5动作同1，6右臂斜上举，7动作同3，8两臂自然垂于体侧

第五至第八个8拍动作同第一至第四个8拍，唯左右相反

组合三

1×8		1　2　3　4　5　6　7　8	
节拍		下肢步法	上肢动作
一	1～4	向右侧并步跳，4右转90°	1、3、4两手握拳，2两手成并掌；两臂上举、下拉
	5～8	左脚侧交叉步	5～7两手握拳，两臂屈臂自然摆动，8两手成开掌，两臂侧下举，上体向左扭转90°，朝正前方

2×8		1　2　3　4　5　6　7　8	
节拍		下肢步法	上肢动作
二	1～4	向右侧并步跳，4右转90°	1、3、4两手握拳，2两手成并掌；两臂上举、下拉

二	5～8	身体左转 90°，左脚开始侧并步 2 次	5 右臂前下举，6 两手叉腰，7 左臂前下举，8 两臂自然垂于体侧

3×8	

（图下标注）1　2　3　4　5～6　7～8

节拍		下肢步法	上肢动作
三	1～4	左脚向前一字步	两手握拳。1 两臂肩侧上屈，2 两臂下垂，3、4 两臂于胸前屈
	5～8	5～6 分腿，7～8 并腿	5～6 两臂上举，两手成开掌，掌心朝前；7～8 两手放在膝上

4×8	

（图下标注）1　2　3　4　5　6　7　8

节拍		下肢步法	上肢动作
四	1～4	左脚向后一字步	两手握拳。1、2 两臂伸直侧下举，3、4 两臂于胸前交叉
	5～8	左、右依次分并腿 2 次	5、7、8 两手成并掌，6 两手握拳。5 两臂侧上举，6 两臂于胸前交叉，7 两臂伸直侧下举，8 两臂自然垂于体侧

第五至第八个 8 拍动作同第一至第四个 8 拍，唯左右相反

组合四

1×8	

（图下标注）1　2　3～4　5　6　7～8

节拍		下肢步法	上肢动作
一	1～8	右脚开始小马跳4次，向侧、向前成梯形	两手握拳。1、2右臂在体侧向内绕环，3～4左臂在体侧向内绕环，5～8动作同1～4
	2×8	 1　2　3　4　5～6　7　8	

节拍		下肢步法	上肢动作
二	1～4	向右后弧形跑4步，右转180°	两手握拳，两臂屈臂自然摆动
	5～8	开合跳1次	5～6两手放在腿上，7击掌，8两手自然垂于体侧
	3×8	1　2　3　4　5　6　7　8	

节拍		下肢步法	上肢动作
三	1～4	右脚向右前上步，左腿后屈腿	1两手握拳，两臂胸前交叉；2花掌，右臂侧平举、左臂上举；3动作同1；4两手叉腰
	5～8	右转90°，左脚向前上步，右腿后屈腿	5～8动作同1～4，唯左右相反
	4×8	1　2　3　4　5　6　7　8	

节拍		下肢步法	上肢动作
四	1～4	由右脚开始，脚尖做侧点地2次	1两手握拳，右臂向左前下方伸直；2两手叉腰；3、4动作同1、2，唯左右相反
	5～8	右脚上步，向前转髋，还原	5～7两手握拳。5两臂胸前平屈，6两臂前推，7动作同5，8两臂自然垂于体侧

第五至第八个8拍动作同第一至第四个8拍，唯左右相反

四、竞技健美操竞赛规则简介

（一）弃权

运动员在开赛叫到后 20 秒不出场，将由裁判长扣除 0.5 分。

运动员在开赛叫到后 60 秒不出场，将被视为弃权。宣布弃权后运动员将失去本项比赛的资格。

（二）竞赛地板和竞赛区

竞赛地板必须是 12 米 × 12 米，并清楚地标出 10 米 × 10 米的成年组各项目比赛场地（在年龄组某些项目比赛中使用 7 米 × 7 米）。标记带是场地的一部分。

所用地板必须符合国际体操联合会的标准，只有经国际体操联合会认可方可用于正式比赛。

（三）参赛人数

参赛人数如下：① 女子单人为 1 名女运动员；② 男子单人为 1 名男运动员；③ 混合双人为 1 名男运动员和 1 名女运动员；④ 三人为 3 名运动员（男子/女子/混合）；⑤ 集体五人为 5 名运动员（男子/女子/混合）；⑥ 有氧舞蹈为 8 名运动员（男子/女子/混合）；⑦ 有氧踏板为 8 名运动员（男子/女子/混合）。

（四）成套时间和成套内容

（1）成套时间。

所有成套动作的完成时间都为 1 分 20 秒，有加减 5 秒的宽容度（不包括提示音）。

（2）成套内容。

音乐伴奏下的成套健美操动作由以下内容构成：操化动作、难度动作、过渡与连接动作、托举动作（混双/三人/五人）、动力性配合/团队协作（混双/三人/五人）。成套动作中各要素的使用必须均衡。所有动作必须展示出清晰的、准确的身体形态。

（五）评分

（1）得分：总分二艺术分（每名裁判能给的最高分为 10）+完成分（每名裁判能给的最高分为 10）+难度分（除以 2 或 1.8）+裁判长分（最多 1 分）。

（2）减分：难度裁判减分；视线裁判减分；裁判长减分。

（六）十分钟法则

为了保障运动员的健康和安全，国际体操联合会规定运动员参加多个项目决赛时，两项比赛间需有十分钟的恢复时间，时间相当于 4 个比赛套路的时间。

抽签的出场顺序将会依据这个原则调整。若某参赛运动员或参赛队在前一轮比赛中第七个出场，且在下一轮比赛抽签中抽到前三名，那么新的出场顺序将调整为第四

名；若在前一轮比赛是最后一位出场，且在下一轮比赛中抽到前四名，那么出场顺序将调整为第五名。

若需调整出场顺序，则由高级裁判组主席执行，一旦符合条件的运动员调整了出场顺序，将由赛场评分系统生成新的出场名单。这个法则适用于所有的预赛与决赛以及其他世界赛事（资格赛）。

第二节　艺术体操

一、艺术体操概述

（一）艺术体操的起源与发展

艺术体操起源于 19 世纪末 20 世纪初的欧洲，是在长期发展过程中逐渐形成的一种体操项目，是女子所独有的竞技性体操项目之一。艺术体操作为现代女子体操的一个组成部分和学校体育教育的一种手段，已经有一百多年的历史。艺术体操的形成与发展同社会政治、经济制度的变化和体育人文科学的发展有着密不可分的联系，这种联系对艺术体操内容的演变、艺术体操教法和练习方法都产生了重大的影响。

1774 年，巴泽多在德国的安哈尔特创办了一所自然主义学校。在这所学校的体育课中，他实施了以自然的身体动作为基础的体操练习。欧洲的体操历史从此开始了。实际上，艺术体操并非由从事体育运动的人员单独发明创造的，而是由多人发明创造的。

艺术体操吸收了芭蕾舞、现代舞、民间舞、杂技等精华。运动员要在比赛中获胜，必须具备高超的难度动作技巧、新颖独特的编排、高质量的动作完成、音乐与动作完美的配合，以及丰富的表现力。艺术体操的主要项目包括绳操、球操、圈操、带操、棒操 5 项，分为个人比赛项目和团体比赛项目两类。在 1984 年第 23 届奥运会上，艺术体操的个人比赛项目被列为正式比赛项目。在 1996 年第 26 届奥运会上，艺术体操又增设了团体比赛项目。

在我国，艺术体操从 1981 年正式在全国开展并得到迅速发展。作为一个新兴的体育项目，艺术体操以其特有的魅力在各体育院校广泛开展起来，并随着社会的发展，在我国产生了较大的影响。

（二）艺术体操的锻炼价值

艺术体操内容繁多、风格各异，各类动作均具有优美性和艺术性，并充分展现出协调、韵律、柔和、优雅等女性健美气质。练习艺术体操可以对身体的全面发展起到良好作用。它不仅能提高柔韧素质、力量素质、协调素质和灵敏素质，锻炼健美体态和培养良好的身体姿态，还能培养节奏感，提高音乐素养和表现力。

二、艺术体操基本动作

（一）芭蕾手位、脚位练习

1. 芭蕾手位

芭蕾手位如图 10-2-1 所示。

（1）一位手：两手自然下垂，中指相对，指尖相距约一拳，手臂与手成椭圆形置于体前。

（2）二位手：手臂与肘关节向上抬至腹部前侧。

（3）三位手：在二位手基础上，手臂继续上抬至额头前上方。

（4）四位手：左手不动，右手回到二位。

（5）五位手：左手不动，右手肘间夹角不变，向外打开至体侧稍靠前的位置，起到延长肩部线条的作用。

（6）六位手：右手不动，左手从三位回到二位。

（7）七位手：右手不动，左手打开至体侧（与右手手位置一致，方向相反），两臂连线成弧形。

一位手　　二位手　　三位手　　四位手　　五位手　　六位手　　七位手

图 10-2-1

2. 芭蕾脚位

芭蕾脚位如图 10-2-2 所示。

（1）一位脚：两脚完全外开，两脚脚跟相接成一条横线。

（2）二位脚：两脚脚跟在一位脚的基础上向两旁打开，两脚脚跟之间的距离约为一脚的长度。

（3）三位脚：一脚位于另一脚之前，前脚脚跟贴后脚脚弓，前脚盖住后脚的一半。

（4）四位脚：前脚从三位向前推出，两脚相距约一脚的距离，前脚脚跟与后脚脚趾、后脚脚跟与前脚脚趾分别成一条直线。

（5）五位脚：在四位脚的基础上，前脚后移，两脚紧贴在一起，一脚的脚跟紧挨着另一脚的脚尖，前脚盖住后脚。

| 一位脚 | 二位脚 | 三位脚 | 四位脚 | 五位脚 |

图 10-2-2

3.站立的基本姿态

正确的站立姿态是形成正确、优美的动作和身体姿态的基础。徒手练习必须从基本站立开始训练。站立的基本姿态如图 10-2-3 所示。

| 八字步 | 大八字步 | 丁字步 | 向前点立 | 向侧点立 | 向后点立 |

图 10-2-3

（1）八字步（自然立）：两脚脚跟相靠，脚尖向斜前方成八字形。

（2）大八字步（并立）：两脚侧开，约与肩同宽，脚尖各向斜前方。

（3）丁字步：一脚脚跟在另一脚的脚弓处，成丁字形。

（4）点立：一脚站立，另一脚向前（后、侧）伸出脚尖点地。前、后点地时，脚背绷直向外；侧点地时，脚背向上。

站立各脚位时，上体保持正直，身体重心落在两脚之间；做点立时，身体重心在支撑脚上。

（二）屈伸与绕环

1.头部、手臂及躯干的绕环

（1）头部绕环以颈部为轴，分顺时针和逆时针两种。

（2）手臂的大、中、小绕环及螺旋 8 字绕环。以肩为轴的绕环称大绕环，如向内、向外、向前、向后的手臂大绕环；以肘为轴的绕环称中绕环；以腕为轴的绕环称小绕环。两臂在体侧做水平中绕环接头上水平绕环称螺旋 8 字绕环。

（3）躯干的绕环。在做躯干部位绕环时，要配合身体重心的左右侧移和上体的左右摆动。要求移动身体重心时要经过弓步和两腿半蹲姿势，两臂尽力远伸；上体绕环时动作要连贯，屈体的角度可大可小。

2.下肢的屈伸

在做下肢屈伸动作时，以膝为轴做屈伸动作，屈伸的幅度可大可小，动作要连贯、有弹性。

（三）摆动动作

1. 手臂的摆动

手臂摆动以肩为轴，要求肩下沉，以肘带动腕和手臂成弧形摆动。（图10-2-4）

2. 腿的摆动

行进间或原地向前、向侧、向后踢腿练习。两腿伸直，膝关节、脚背向外，上体挺直，用脚尖发力向上踢腿，以髋为轴进行直腿摆动。（图10-2-5）

图 10-2-4

图 10-2-5

（四）波浪动作

1. 手臂波浪

手臂波浪是指臂部各关节按顺序做柔和的屈伸动作。（图10-2-6）

【预备姿势】自然站立，两臂侧举。

【动作过程】以肩带动肘，腕稍屈，手指放松下垂，接着肩稍下压，肘关节、腕关节、指关节依次伸直至侧举。

【技术要点】由肩部开始发力，使肘、腕、掌、指各关节由屈至伸，形成依次连贯的推移动作。手臂波浪动作的幅度可大可小，并可在前举、上举及斜举时做。

图 10-2-6

2. 躯干波浪

【预备姿势】自然站立，两手背于体后。

【动作过程】由腰部、骶部开始经胸、颈各脊柱关节依次向前挺伸，上体可逐渐前屈至与地面平行，使背部成凹形；接着，由腰开始经胸至颈依次弯曲各关节至含胸低头，使背部成凸形，同时上体逐渐抬起。（图10-2-7）

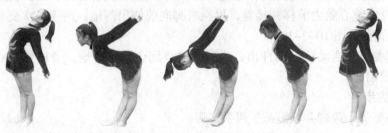

图10-2-7

3. 身体向前波浪

【预备姿势】两脚并立半蹲，上体前屈，含胸低头，两臂上举。

【动作过程】由两踝开始经膝、髋、腰、胸、颈依次向前上方伸展，同时两臂经下向后绕至上举成抬头挺胸、提踵立姿势。（图10-2-8）

图10-2-8

4. 身体向后波浪

【预备姿势】挺身提踵立，两臂上举。

【动作过程】由两膝开始经髋、腰、胸、颈依次向前弯曲，至低头含胸使背部成弓形，同时两臂经后下绕至前举。（图10-2-9）

【技术要点】所有前后波浪必须是参加运动的身体各关节按顺序依次进行弯曲和伸展，使波峰由下至上推移。

图10-2-9

（五）基本步法

1. 柔软步

【预备姿势】自然站立。

【动作过程】左膝和左脚脚背绷直向前伸出（左脚脚尖向外），由脚尖过渡到全脚掌落地，身体重心随之前移；接着，再换右脚向前伸出落地，两腿依次交替进行，两臂自然前后摆。（图10-2-10）

【技术要点】摆动腿向前伸出，由脚尖过渡到全脚掌落地，身体重心前移，收腹立腰，目视前方。

2. 足尖步

【预备姿势】两脚并立提踵，两手叉腰。

【动作过程】右膝和右脚脚背绷直向前伸出（右脚脚尖稍向外），由脚尖过渡到前脚掌落地支撑，身体重心前移；两腿依次交替进行。（图10-2-11）

【技术要点】身体正直，收腹立腰，步幅均匀，不宜过大。支撑腿的脚踝充分向上立。

图10-2-10   图10-2-11

3. 柔软跑

【预备姿势】自然站立。

【动作过程】在自然跑步的基础上，要求半蹲腿稍经腾空自然向前伸出，脚背绷直，用前脚掌柔和落地，身体重心随之前移；然后另一腿再向前摆出，两腿交替进行。跑动时，两臂自然摆动。（图10-2-12）

【技术要点】摆动腿自然前伸，步幅适中，身体随之稍前倾，收腹立腰。

图10-2-12

4. 普通变换步

【预备姿势】自然站立，两臂侧平举。

【动作过程】

（1）以左腿为例，下同。上半拍，左脚向前柔软步；下半拍，右脚与左脚并成自

然立，同时两臂成一位。左脚向前柔软步，身体重心前移，右脚伸直后点地，脚背绷直稍向外，同时右臂前举，左臂侧举。（图10-2-13）

（2）动作同（1），只是左右相反。

【技术要点】收腹立腰，身体正直，髋要正；后腿伸直点地，膝与脚外旋。

图10-2-13

5. 后举腿变换步

后举腿变换步动作同普通变换步，第二拍左腿伸直后举。要求髋正，膝和脚背绷直稍向外，掌握后可练习支撑腿提踵立。（图10-2-14）

图10-2-14

6. 前屈膝变换步

【预备姿势】自然站立，两臂侧平举。

【动作过程】

（1）右脚向前柔软步，左脚与右脚并成自然立，同时两臂放下成一位。右脚向前柔软步，接着左腿屈膝前举，同时右臂前平举，左臂后上举，目视前方。（图10-2-15）

（2）动作同（1），只是左右相反。

图10-2-15

7. 向前华尔兹步

【预备姿势】两脚提踵立，两臂侧平举。

【动作过程】右脚向前做一次柔软步，落地稍屈膝，身体重心随即前移。左脚开始向前做两次足尖步。在第三拍动作过程中，配合右臂做一次波浪。（图10-2-16）

图 10-2-16

8. 后退华尔兹步

后退华尔兹步动作同向前华尔兹步，方向向后。第一步可稍大些，身体随之稍转动，同时两臂配合前后平摆。

9. 侧华尔兹步

【预备姿势】自然站立，两臂侧平举。

【动作过程】

（1）左脚向侧做柔软步，落地时稍屈膝，身体重心随即移至左脚。右脚前脚掌踏在左脚脚跟后，右腿伸直立踵。（图 10-2-17）

（2）动作同（1），只是左右相反。

图 10-2-17

第三节　健美运动

一、健美运动概述

（一）健美运动的起源与发展

健美运动起源于古希腊，而其作为体育锻炼项目，是近百年来从欧洲兴起的。德国人尤金·山道是现代健美运动的创始人。尤金·山道自幼体弱多病，10 岁那年，他随父亲到意大利的罗马旅游，深深地被那些古代角力士雕像的健美体魄所吸引，于是他开始每天坚持锻炼。尤金·山道上大学后学习了人体解剖学，更加懂得了科学锻炼的重要意义。他从实践中摸索出了一套发展肌肉的锻炼方法。1901 年，他组织了世界上首次健美大力士比赛。1946 年，加拿大的韦德兄弟创建了国际健美联合

会。女子健美运动始于 20 世纪 40 年代，初期只是关于身材、体态、容貌的"选美"比赛，被安排在男子健美比赛之后。20 世纪 60 年代以后，正式的女子健美比赛才出现。自 1965 年起，由职业运动员参加的"奥林匹亚先生"健美大赛每年举办一次；自 1980 年起，"奥林匹亚小姐"健美大赛每年举办一次。

中国的健美运动于 20 世纪 30 年代初在上海兴起。赵竹光是我国健美运动的开拓者。1940 年，赵竹光与其学生曾维祺创办了上海健身学院，并于同年 7 月创办了《健力美》杂志。中华人民共和国成立后，各地健美运动发展较快。1983—1989 年，我国共举办了 7 届全国"力士杯"健美比赛。从 1986 年第 4 届全国健美比赛开始，健美运动正式增设了女子健美比赛，并按照国际健美比赛的规定穿比基尼泳装。1985 年，中国正式加入国际健美联合会。1986 年，中国举重协会健美运动委员会成立。1988 年，我国派运动员参加了在澳大利亚举行的第 42 届世界男子业余健美锦标赛。

随着中国体育事业的蓬勃发展，健美运动与其他体育项目一样，已成为人们追求健美和提高身体素质的一项时尚体育活动。目前，我国高校有全国大学生健身健美锦标赛和中国高等职业院校健身健美锦标赛两项赛事。

（二）健美运动的锻炼价值

经常参加健美运动，能够促进人体血液循环，增强心脏的功能；促使呼吸肌力量增强、肺活量增大，使肺的功能得到改善；能改善大脑的供血状况，消除疲劳，使人头脑清醒，思维更加敏捷；能有效地增强人的体质，促进人体全面协调地发展；能使人体的力量素质、柔韧素质、速度素质、耐力素质等得到提高，为参加其他体育活动打下良好的基础。进行各种科学的、有计划的、有目的的徒手动作和器械辅助动作的练习，能使肌肉粗壮结实，肌红蛋白增多，骨骼坚韧，骨密质增厚，骨的抗弯、抗折能力增强。长期坚持健美锻炼，能使人的体能、体态都得到较大的改善。具有良好的体能、优美的体态，能使人充满活力，身心愉悦，朝气蓬勃。

二、健美运动的训练原则

运动训练作为特殊的、有专门组织的、有明确目标的一个教育过程，具备与其他教育过程不同的特点。因此，健美运动的训练必须遵循和贯彻以下几条原则。

（一）循序渐进原则

人的认知是由简到繁、由浅到深、由未知到已知逐步形成的，条件反射也是由简单到复杂、由低级到高级逐步形成的。同样，人体各器官机能的改善、肌肉的发达及竞赛技术动作的形成都要经历一个逐步提高的过程。只有循序渐进地进行训练，才能收到良好的训练效果，否则会适得其反。因此，在参加健美运动时，锻炼者必须遵循循序渐进原则，要针对个人体质情况，逐步加大锻炼的难度和负荷。

（二）全面训练和专项训练相结合原则

身体的全面训练与专项训练密切结合，是健美训练的主要特点。要想使身材匀称，除了采用多种多样的锻炼方式和方法外，锻炼者还应进行各项身体素质（力量素质、耐力素质、速度素质、灵敏素质、柔韧素质等）训练。全面训练对打好专项基础和弥补专项训练的不足可以起到促进作用。因此，锻炼者应将专项训练与全面训练结合起来，这样才能收到良好的训练效果。

（三）区别对待原则

个体之间存在着各种差异，因此，健美运动的训练要遵循区别对待原则，要兼顾个体性别、年龄、体质等方面的不同。

（四）全身训练与分部位训练相结合原则

要使全身各部位肌肉群高度发达，就必须坚持全身训练与分部位训练相结合原则。全身训练是分部位训练的基础，分部位训练是全身训练的提高。锻炼者只有把两者有机结合起来，才能收到良好的训练效果。

（五）持之以恒原则

根据超量恢复原理，锻炼和恢复要经历四个阶段：第一阶段为工作阶段，由于体内能量物质被消耗，各系统的机能随之逐渐下降，从而造成机体工作能力下降和疲劳的出现；第二阶段为工作后的恢复阶段，随着各系统机能的恢复和能量物质的补充，机体工作能力又逐渐恢复到工作前的状态；第三阶段为超量恢复阶段，由于运动负荷造成的机体异化作用刺激了同化作用的加强，加上食物营养的及时补充，机体的能量储备和机能会超过锻炼前的水平；如果在超量恢复阶段不持续进行锻炼，机体就会进入第四个阶段——复原阶段，机体原先获得的锻炼效果就会消失。由此可见，健美训练最忌"三天打鱼，两天晒网"。也就是说，锻炼者要想获得理想的锻炼效果，必须持之以恒地进行锻炼。

三、身体各部位肌肉的锻炼方法

（一）腿部肌肉的锻炼方法

腿是人体的基座，承担着整个身体的质量。如果两腿无力，就会给日常生活和工作带来不便，更谈不上健美。人的衰老主要从腿开始，因为两腿无力，行走活动减少，会导致心肺功能下降，从而加速人体的衰老，所以锻炼者应重视腿部肌肉的锻炼。

1. 股四头肌、臀大肌的锻炼方法

股四头肌位于大腿前侧，是人体中体积较大的肌肉之一，由四块相互联系的肌肉组成，包括股直肌、股中间肌、股内侧肌和股外侧肌。股直肌起自髂前下棘，股中间肌起自股骨体前面，股内侧肌起自股骨粗线内侧唇，股外侧肌起自股骨粗线外侧唇。四个肌头相合，形成一条强有力的肌腱，从前面及两侧包绕髌骨，并在髌骨下方形成髌韧带，借助此韧带止于胫骨粗隆。

臀大肌位于臀部皮下，为四方形扁肌，生理横断面较大。在形体健美中，臀大肌是影响臀围和形成臀部外形的主要因素。臀大肌起于髂骨翼外面和骶骨背面及骶结节韧带，止于臀肌粗隆和髂胫束。

（1）负重深蹲。

【预备姿势】将杠铃置于颈后肩上，两手松握横杠，抬头，挺胸，紧腰。

【动作过程】屈膝缓慢下蹲至膝关节的角度略小于90°（图10-3-1）；稍停，再伸膝起立至预备姿势。

【动作要领】做动作过程中，始终抬头、挺胸、紧腰，使杠铃垂直上升。注意力集中在股四头肌和臀大肌上。

图10-3-1

负重深蹲

（2）坐姿腿屈伸。

【预备姿势】将哑铃或沙袋等重物绑在两脚踝关节处，坐于练习凳上，两腿小腿与地面垂直。

【动作过程】用股四头肌收缩的力量将小腿完全伸直，直到感觉股四头肌极度绷紧（图10-3-2）；稍停，随后还原成预备姿势。也可在专用器械上练习该动作。

【动作要领】动作要有节奏，不可太快，一定要等小腿完全伸直、股四头肌极力收缩且稍停一两秒后，再用股四头肌的力量控制小腿缓缓放下。注意力集中在股四头肌上。

图10-3-2

坐姿腿屈伸

2. 股二头肌的锻炼方法

股二头肌有两个头，长头起于坐骨结节，短头起于股骨粗线外侧唇下部，两头合并以长腱止于腓骨头。

（1）俯卧腿弯举。

【预备姿势】将哑铃或沙袋等重物绑在两脚踝关节处，俯卧在练习凳上，上体和两腿大腿紧贴凳面，两手扶凳。

【动作过程】以股二头肌收缩的力量将两腿小腿弯起，直到感觉股二头肌极度绷紧（图10-3-3）；稍停，两腿小腿缓缓下落至完全伸直。也可在专用器械上练习该动作。

【动作要领】做俯卧腿弯举时，腹部要始终紧贴凳面，臀部不能凸起。注意力集中在股二头肌上。

俯卧腿弯举

图 10-3-3

（2）站姿腿弯举。

【预备姿势】将哑铃、沙袋等重物系在踝关节上，站立，上体略前倾。

【动作过程】小腿弯起，尽量靠近臀部。

【动作要领】动作节奏不可太快，等股二头肌极力收缩后，稍停，再缓缓放下。注意力始终集中在股二头肌上。

3. 腓肠肌、比目鱼肌的锻炼方法

腓肠肌的内、外侧头分别起于股骨内、外侧髁后面；比目鱼肌起于胫骨和腓骨的后面上方。腓肠肌和比目鱼肌的肌腹在小腿中部合并向下形成跟腱，止于跟骨结节。

（1）站姿提踵。

【预备姿势】将杠铃置于颈后肩上，腰、背、腿伸直，两手握住横杠，两脚分开约20厘米。

【动作过程】收缩小腿肌群，使两脚脚跟尽量提起至不能再提为止（图10-3-4）；稍停，两脚脚跟下降至最低点。

【动作要领】做动作时，身体重心要保持稳定。注意力集中在小腿肌群上。

（2）坐姿提踵。

【预备姿势】坐在练习凳上，将杠铃横杠置于腿上。

【动作过程】尽量向上提踵至两脚脚跟不能再抬高为止，小腿肌群极力收缩绷紧（图10-3-5）；稍停，两脚脚跟下降至最低点。

【动作要领】做动作时，杠铃横杠的位置要正对两脚脚跟。注意力集中在小腿肌群上。

站姿提踵

坐姿提踵

图 10-3-4   图 10-3-5

（二）胸部肌肉的锻炼方法

胸部肌肉主要是由胸大肌和胸小肌组成的。胸大肌从外形来看，分为上部、中部和下部。胸大肌起于锁骨内侧、胸骨前侧和第一至第六肋软骨，止于肱骨大结节嵴。胸小肌起自第三至第五肋骨前面，止于肩胛骨喙突。

在锻炼胸部肌肉时，锻炼者需要用不同的动作从不同的角度对肌肉进行不同的刺激，这样才能使胸部肌肉既发达，又有线条。

（1）平卧杠铃推举。

【预备姿势】仰卧于练习凳上，两手握距稍宽于肩，将杠铃的横杠置于胸大肌中部，两脚平踏于地面。

【动作过程】将杠铃垂直上举至两臂完全伸直（图10-3-6）；稍停，缓缓将杠铃还原至预备姿势。

【动作要领】上推路线要垂直。注意力集中在胸大肌上。

图10-3-6

平卧杠铃推举

（2）仰卧飞鸟。

【预备姿势】仰卧在练习凳上，两脚踏于地面，上背部和臀部触及凳面，胸部用力向上挺起。两臂自然伸直，两手对握哑铃于肩关节的正上方，两手间距小于肩宽。

【动作过程】两手持哑铃向体侧缓缓落下，伴随着哑铃下降，肘关节角度逐渐变小。下降到极限时，肘关节成$100°\sim 120°$（图10-3-7）。以胸大肌主动收缩的力量将哑铃沿原路线升起，上升路线形成弧形，肘关节角度逐渐加大，最后还原成预备姿势，肘关节角度成$170°$左右。

【动作要领】肩、肘、腕始终在同一垂直面内。注意力集中在胸大肌和三角肌前束上。

仰卧飞鸟

（3）仰卧臂上拉。

【预备姿势】上背部仰卧在凳面上，头部稍露出凳端，两腿弯曲；两脚分开，间距比肩稍宽；腰部放松，臀部尽量下沉，挺胸收腹。两臂后伸，肘关节角度为$100°\sim 120°$。两手于头下方用虎口托住哑铃一端，哑铃自然下垂。

【动作过程】以胸大肌的收缩力量将两臂向前夹拢，肘关节角度逐渐加大，至两臂垂直于地面时，两臂基本伸直（图10-3-8）；保持$1\sim 2$秒，沿原路线返回。

【动作要领】做动作时，始终保持挺胸收腹，沉臀松腰，注意"夹胸"。注意力集中在胸大肌上。

仰卧臂上拉

图10-3-7　　　　　　　　　　　　图10-3-8

（三）背部肌肉的锻炼方法

背部肌肉主要有斜方肌和背阔肌。斜方肌位于颈后区和胸背区上部，起于上项线、枕外隆凸、项韧带、第七颈椎及全部胸椎棘突，止于锁骨外1/3、肩峰及肩胛冈。背阔肌位于胸背区下部和腰区浅层。背阔肌是宽阔平坦的三角形肌肉，它的起点范围较广，起于下 6 个胸椎棘突、全部腰椎棘突、髂嵴外侧唇后 1/3，其肌纤维附着于脊柱（从第 6 胸椎至骶骨），然后绕行于肋骨骨架和上肢之间，止于肱骨小结节嵴，其上部肌纤维在到达肱骨以前，垂直向上行走，并附着于肩胛骨下角。

强壮发达的背部肌肉使上体成 V 字形，并能使腰背挺直，塑造良好的体形。

（1）站姿杠铃耸肩。

【预备姿势】直立姿势，两脚自然分开，两手间距比肩稍宽，手握杠铃，掌心向后。

【动作过程】肩部尽量前倾下垂，两臂伸直不动，然后以斜方肌的收缩力量使两肩耸起并尽量接近两耳（图 10-3-9）；稍停，缓缓还原成预备姿势。

【动作要领】在做动作的过程中，两臂不得上提杠铃；臂部和两手仅起固定杠铃的作用；耸肩时，不得弯腰、驼背。注意力集中在斜方肌上。

站姿杠铃耸肩

图 10-3-9

（2）正握引体向上。

【预备姿势】两手正握单杠，握距与肩同宽，身体自然下垂。

【动作过程】用背阔肌收缩的力量，将身体拉起，直至下颌超过横杠上缘；稍停，然后身体缓缓下降至两臂完全伸直。

【动作要领】在做动作的过程中，身体不能摆动。向上拉时，不能借助蹬腿的力量，拉得越高越好。注意力集中在背阔肌上。

（3）坐姿器械下拉。

【预备姿势】正坐于练习凳上，横杠位于头部正上方；两腿自然分开着地支撑，两手握住横杠，两臂完全伸直。

【动作过程】以背阔肌的收缩力量将拉杆垂直下拉，可分为向前拉和向后拉。向前拉至胸前第三至第四肋骨处，同时上体稍后仰，尽量抬头挺胸，两肩胛骨向脊柱靠拢，停留一两秒，然后沿原路线返回，成预备姿势；向后拉至极限，尽量低头，停留一两秒，然后沿原路返回，成预备姿势。

【动作要领】臀部始终不能离开凳面，防止利用体重降低练习难度；还原时速度要慢，并注意背部肌群的退让做功，控制还原动作。注意力集中在背阔肌上。

（4）俯身划船。

俯身划船

【预备姿势】俯立，两脚开立、与肩同宽，两腿微屈，上体前倾，挺胸，收腹，紧腰，稍抬头，两手持杠铃自然下垂于肩关节下方。

【动作过程】以背阔肌收缩的力量将杠铃提起至小腹前，同时抬头挺胸，背阔肌尽量收缩绷紧（图 10-3-10）；停留一两秒，然后沿原路线返回，成预备姿势。

【动作要领】将杠铃提至小腹前时，抬头挺胸，上体上抬 15° ～ 20° 。注意力集中在背阔肌上。

图 10-3-10

（四）肩部三角肌的锻炼方法

肩部是否健美，主要看三角肌发达与否。三角肌是单一的扇形肌肉，而非三块独立的肌肉。三角肌的前束、中束附着于锁骨外侧和肩峰之上，后束附着于肩胛骨的肩胛冈，三束肌肉共同止于肱骨侧面的三角肌粗隆，几乎覆盖了肱骨长度的一半。

（1）坐姿杠铃颈前推举。

【预备姿势】坐在练习凳上，两手正握杠铃，握距略宽于肩，使杠铃停于锁骨处。

【动作过程】以三角肌收缩的力量垂直向上推起杠铃，直至横杆举过头顶（图 10-3-11）；停留一两秒，然后沿原路线返回，成预备姿势。

【动作要领】上体保持正直，不得借助腰和腿的力量。注意力集中在三角肌前束上。

（2）坐姿杠铃颈后推举。

【预备姿势】坐在练习凳上，两手正握杠铃，置于颈后肩上，握距宽于肩。

【动作过程】以三角肌收缩的力量，将杠铃垂直向上推起，直到横杆举过头顶（图 10-3-12）；停留一两秒，然后沿原路线返回。

【动作要领】做动作时，两肘始终保持外展，垂直向上推杠铃。注意力集中在三角肌后束上。

坐姿杠铃
颈前推举

坐姿杠铃
颈后推举

图 10-3-11　　　　　　　　　　　图 10-3-12

（3）站姿杠铃片侧平举。

【预备姿势】直立，两手持杠铃片，虎口向前，两臂自然下垂于体侧。

【动作过程】以三角肌收缩的力量将杠铃片由身体两侧向上提起（图 10-3-13）。当提至肘高于肩时，停留一两秒，而后沿原路线返回。

【动作要领】身体保持正直，不得借助腰臀摆动的力量。注意力集中在三角肌中束上。

图 10-3-13

（五）臂部肌肉的锻炼方法

臂部肌肉分为上臂肌肉和前臂肌肉。上臂肌肉主要包括肱肌、肱二头肌和肱三头肌。肱肌位于肱二头肌下半部的深层，为梭形扁肌，起于肱骨下半部的前面，止于尺骨粗隆。肱二头肌位于上臂前部，成梭形，屈前臂时可见。肱二头肌有长、短两头，属于双关节肌肉。长头起自肩胛骨盂上结节，短头起自肩胛骨喙突，两个起点汇合成一个肌腹，止于桡骨粗隆和前臂筋膜。肱三头肌位于上臂后部，覆盖肱骨的后面。肱三头肌由三个头组成，在上臂后部的内侧有长头和内侧头，外侧有外侧头，它们汇集成一个共同的肌腱止于尺骨鹰嘴。长头起自肩胛骨盂下结节，内侧头起自肱骨后部桡神经沟内下方骨面，外侧头起自桡神经沟外上方骨面。

前臂前侧的屈肌主要有桡侧腕屈肌、掌长肌、尺侧腕屈肌。前臂后侧的伸肌主要有尺侧腕伸肌、桡侧腕长伸肌、桡侧腕短伸肌。

1. 上臂肌肉的锻炼方法

（1）站姿杠铃反握弯举。

【预备姿势】两脚自然开立，两手反握杠铃，两臂下垂于体前，握距与肩同宽。

【动作过程】上臂保持固定不动，以肘关节为轴弯起前臂，至杠铃几乎触及胸部为止（图 10-3-14）；停留一两秒后，还原成预备姿势。

【动作要领】弯臂时，上体切忌前后摆动。注意力集中在肱肌、肱二头肌上。

站姿杠铃
反握弯举

图 10-3-14

（2）反握引体向上。

【预备姿势】两手拇指向外反握单杠，握距与肩同宽，两脚为交叉状，身体为悬垂状。

【动作过程】以肱二头肌收缩的力量，拉引身体，使胸部靠近横杠；停留一两秒后，沿原路线下落，成预备姿势。

【动作要领】在上拉过程中，不得借助腰腹的振摆来做动作。注意力集中在肱二头

肌上。

（3）俯立臂屈伸。

【预备姿势】俯立，上体前倾，一侧手臂拳眼朝前，屈肘持哑铃，上臂紧贴于体侧，前臂与上臂约成90°，另一侧手臂扶凳。

【动作过程】用肱三头肌收缩的力量，将前臂向后上方抬起，直至前臂与上臂成一条直线（图10-3-15）；停留一两秒后，沿原路线缓缓放下，成预备姿势。

【动作要领】上体始终前倾，上臂紧贴于体侧。注意力集中在肱三头肌上。

（4）站姿哑铃弯举。

【预备姿势】采取直立姿势，一手握哑铃垂于体侧，一手叉腰。

【动作过程】持哑铃臂的前臂以肘为轴经体侧弯举哑铃，上臂和前臂用力收紧（图10-3-16）；稍停2～3秒，然后持哑铃臂缓慢放下还原至体侧，重复练习。练习一定次数后，换另一手臂练习。

【动作要领】弯举哑铃时，上臂固定不动，直腕握哑铃，不得借助上体摆动的惯性。

俯立臂屈伸

站姿哑铃弯举

图 10-3-15

图 10-3-16

2. 前臂肌肉的锻炼方法

（1）坐姿杠铃反握腕弯举。

【预备姿势】坐在练习凳上，两腿大腿与小腿约成90°，两手掌心向上反握杠铃，两臂前臂分别放于同侧腿大腿上，两手腕部下垂于膝外。

【动作过程】用前臂肌肉收缩的力量，使手腕向上弯曲，直至不能再弯曲为止（图10-3-17）；停留一两秒后，沿原路线返回，成预备姿势。

【动作要领】手腕向上弯曲时，要尽量收缩前臂肌肉。注意力集中在前臂屈肌群上。

坐姿杠铃
反握腕弯举

图 10-3-17

（2）坐姿杠铃正握腕屈伸。

【预备姿势】坐在练习凳上，两腿大腿与小腿约成90°，两手掌心向下正握杠铃，两臂前臂分别放于同侧腿大腿上，两手腕部下垂于膝外。

【动作过程】用前臂肌肉伸展的力量，使手腕向上弯曲，直至不能再弯曲为止（图10-3-18）；停留一两秒后，沿原路线返回，成预备姿势。

【动作要领】手腕向上伸时，尽力收缩前臂肌肉。注意力集中在前臂伸肌群上。

坐姿杠铃
正握腕屈伸

图 10-3-18

（六）腹部肌肉的锻炼方法

腹部肌肉主要由腹直肌、腹外斜肌和腹内斜肌构成。腹直肌起于耻骨上缘和耻骨联合处，并且有小的纤维束连于对侧肌肉和股内收肌，止于第五至第七肋骨的前弓和肋软骨，以及胸骨剑突。腹外斜肌以锯齿状肌束起于第五至第十二肋骨的外侧面，后部肌纤维向下止于髂嵴，前部肌束移行为腱膜，经腹直肌的前面，参与构成腹直肌鞘的前层，止于腹白线。腹内斜肌起于胸腰筋膜、髂嵴及股骨弓，后部肌束几乎垂直上升，止于第十至第十二肋骨下缘，前部肌束移行为腱膜，经锻炼形成腹直肌鞘的前层和后层，止于腹白线。

（1）仰卧举腿。

【预备姿势】仰卧于练习凳上，两手抓住凳缘，两腿伸于凳外。

【动作过程】用腹直肌收缩的力量，直腿上举，超过水平面（图 10-3-19）；停留一两秒后，慢慢还原，成预备姿势。

【动作要领】不得借助身体摆动的助力。注意力集中在下腹部。

图 10-3-19

（2）仰卧起坐。

【预备姿势】屈膝仰卧在练习凳上，两手扶于两耳侧。

【动作过程】用腹直肌收缩的力量，使上体前屈，直至两肘肘尖触及两膝（图 10-3-20）；停留一两秒后，沿原路线返回，成预备姿势。

【动作要领】上体前屈时，动作要慢，不得后仰助力。注意力集中在腹直肌上。

仰卧起坐

图 10-3-20

（3）站姿哑铃体侧屈。

【预备姿势】两脚左右开立，与肩同宽，左手叉腰，右手持哑铃下垂于体侧。

【动作过程】上体尽量向右侧屈体至不能屈为止（图 10-3-21）。做 15～20 次为 1 组，休息 40～50 秒后，换另一侧做。

【动作要领】向左侧、右侧屈体时，主要用腹外斜肌的收缩力将上体拉向一侧。不论向哪一侧屈体，均应屈至极限，不得有转体动作。注意力集中在腹外斜肌上。

站姿哑铃
体侧屈

图 10-3-21

四、健美运动中常见的运动损伤及其原因和预防措施

（一）常见的运动损伤

在诸多竞技体育项目中，虽然健美运动受伤的概率是相对较低的，但是运动损伤也是健美运动取得成效的最大障碍之一。健美运动中常见的运动损伤如下：① 皮肤擦伤；② 软组织损伤，包括轻度撞伤、扭伤等；③ 外伤出血，包括体表的切伤、刺伤和撕裂伤；④ 骨折、脱臼。

（二）造成运动损伤的原因

（1）对运动损伤的危害性和预防运动损伤的重要性认识不足，未能积极地采取有效的预防措施。

（2）未做准备活动或准备活动不充分。在肌肉、关节、韧带没有活动开，各器官、系统机能未被动员起来的情况下，进行较高强度的训练很容易发生软组织拉伤和关节扭伤。

（3）准备活动与训练内容脱节。准备活动分为一般准备活动与专项准备活动。有的练习者虽然做了准备活动，但是针对性不强，没有针对运动的部位进行专项准备活动，主要的部位没有活动开，从而造成拉伤或扭伤。

（4）技术不正确。对健美运动的技术动作不了解，在肌肉练习中，违反肌肉收缩线路的规律。

（5）器械方面的原因。器械过重，锻炼中不遵循循序渐进原则，导致肌肉拉伤；锻炼前未仔细检查器械，如活动哑铃的螺丝松动，做仰卧飞鸟练习时哑铃脱落，导致受伤；器械倾倒，对人体造成伤害。

（6）练习过于频繁。

（7）练习时，注意力未集中于所要练习的肌肉。

（8）带伤、带病练习。身体有伤病时，生理功能和运动能力下降，此时练习很容易因肌力较弱、反应迟钝、身体协调性差而受伤。

（三）常见运动损伤的预防措施

（1）提高认识，预防为主。在平时锻炼中认真贯彻"预防为主"的方针，加强对运动损伤的预防。

（2）认真做好准备活动。根据当天的锻炼部位，有针对性地做好准备活动，使各器官、系统适应运动需要。

（3）合理安排运动量。根据自己的身体状况，合理选择运动负荷。

（4）掌握正确的技术。认识正确姿势在锻炼中的重要性，了解并掌握正确姿势的要领。

（5）做好整理活动。锻炼后做一些伸展性的放松练习，可以加速消除肌肉紧张。

（6）加强医务监督，提高自我保健意识。定期进行体格检查，以便及早发现隐患，采取针对性措施。

体育思政课堂

健美运动的学习与实践可以培养学生表现人体美、鉴赏体育美、创造和谐美的能力。在健美操、艺术体操、健美运动中，美的本质是人的力量在运动实践中的显现和确证，使锻炼者能够从中看到自身的智慧和力量，认识到自身被承认和被认可的现实。这是对人生价值的真正肯定。

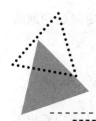

第十一章　户外运动

第一节　定向运动

一、定向运动概述

定向运动起源于斯堪的纳维亚半岛。"定向"一词在 1886 年首次被使用，意思是在地图和指北针的帮助下，穿越未知的地带。1919 年，一项影响深远的定向比赛在瑞典斯德哥尔摩南部的丛林中举行。20 世纪 30 年代，定向运动已在芬兰、挪威、瑞典、丹麦等国家有了较好的发展。1932 年，第一次世界定向运动比赛举行。1961 年，国际定向运动联合会（简称"国际定联"）在丹麦首都哥本哈根成立。

世界公园定向运动组织是于 1995 年在国际定联注册的一个国际组织，每年在世界各地的公园举行世界定向精英巡回赛。它的主要宗旨是创造一个全新的定向运动概念，即定向运动不仅可以在野外进行，还可以在城市的公园或大学的校园里进行，力争使定向运动成为一种任何人在任何地方都可以进行的群众性体育运动。

1992 年，中国以"中国定向运动委员会"的名义加入国际定联，成为正式会员。1995 年，中国定向运动委员会正式更名为中国定向运动协会。2018 年，中国定向运动协会与中国无线电运动协会合并，并于 2018 年 12 月更名为中国无线电和定向运动协会。中国无线电和定向运动协会积极推动定向运动在国内的发展，每年在全国范围内组织全国定向锦标赛和全国旅游城市定向运动系列赛。赛事的组织工作与国际惯例接轨，裁判规则与技术标准完全按照国际定联颁布的规范实施。目前，定向运动在我国初具规模，并且呈现出强劲的发展势头。

二、定向运动的器材与基本技能

（一）定向运动的器材

1. 指北针

在定向运动中，正确辨别方向的重要工具是指北针。它是定向运动中可以使用的合法工具。目前，国际上的定向比赛常使用由透明有机玻璃材料制成的指北针。

2. 定向地图

定向地图在定向运动中极为重要，其质量不仅直接影响到运动员比赛的成绩，还能反映出比赛的公正性。国际定联专门为国际定向比赛制定了《国际定向运动地图规范》。

（1）比例尺。

定向地图的比例尺通常为 1：15000；比赛需要时，比例尺也可为 1：10000。

（2）等高线。

等高线是地图上地面高程相等的各相邻点所连成的曲线。从等高线上可以看出不同地形高度的差异，也能清楚地了解山顶、山谷、山脊及地形的陡缓。通常，地图上等高线越多，山越高；等高线越密集，地形越陡；等高线越稀疏，地形越缓。

（3）等高距。

等高距是指相邻等高线的高程差。根据等高线显示地貌的原理可知：① 等高距越小，同一幅地图上的等高线越多、越密集，图面越不清晰，但地貌显示越详细；② 等高距越大，等高线越少、越稀疏，图面越清晰，但地貌显示越简略。

（4）精度。

定向比赛必须使用精度较高的定向地图，至少要使以正常速度奔跑的运动员没有任何不准确的感觉。

（5）内容表示的重点。

定向地图要详细标示与定向运动直接相关的地物、地貌，要用各种颜色、符号等来详细区分通行的难易程度。

（6）路线设计。

一条定向路线一般包括一个起点（用等边三角形表示）、一个终点（起点和终点不在同一地点时，用一个同心圆表示；起点和终点在同一地点时，用等边三角形外加圆圈表示）及一系列的检查点（用单圆表示）。检查点用于检验运动员是否按规定完成全程，因此，应设专门的标志。检查点应在定向地图中准确地标示出来。路线设计如图 11-1-1 所示。

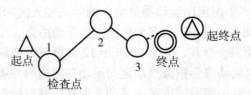

图 11-1-1

3. 号码布

运动员在比赛中所使用的号码布的尺寸通常不超过 25 厘米 × 25 厘米，号码布上的数字的高度不低于 10 厘米，字迹要清晰，字体要端正。正式的比赛要求运动员的号码布必须佩戴于胸前和背后两处。

4. 点标旗

点标旗由 3 个按三角形排列的正方形组成，每个正方形的大小为 30 厘米 × 30 厘米，并沿其对角线分为左上部的白色和右下部的橙色。点标旗应悬挂在上缘离地面不超过 1 米、下缘不低于 0.4 米的高度。点标旗应悬挂在地图上标明的与检查点说明一致的特征的某一位置。当运动员看到检查点说明描述的位置时，其能看到点标旗。

5. 打卡器

打卡器是证明运动员是否通过比赛中的各个检查点的凭据。运动员必须在到达每

个检查点时，使用打卡器在检查卡上打卡或使用电子打卡系统打卡，以证明自己到达过此检查点。常用的人工打卡器为钳式，运动员也可使用印章或色笔打卡。

6. 检查卡

检查卡用于判定运动员的比赛成绩，通常用厚纸片制成，分为主卡和副卡两个部分。其中，主卡由运动员在比赛中携带，并按顺序把到访的每个检查点打卡图案打印在卡片的空格中，回终点时交给裁判员验证。副卡由运动员在出发前交给工作人员留底，并在公布比赛成绩时使用。

7. 运动服装

定向运动通常对运动员的服装没有特别要求，只要求运动服装轻便、舒适。服装过紧或过厚都不利于运动员进行定向运动。另外，运动鞋必须轻便，摩擦力强。运动员为保护自己，可采用一些有弹性的面料做护腿，以防受伤。

（二）定向运动的基本技能

1. 标定地图

在定向运动中，运动员首先要标定地图，即保持地图的方位与实际地形的方位一致，这就是给地图定向。标定地图是定向运动中十分重要的一项技能。运动员应边走边对照地图，随时确定自己在地图上的位置，做到"人在路上走，心在图中移"。

（1）概略标定地图。

在定向运动中，地图的方位是上北、下南、左西、右东。只要使地图的上方与实地的北方同向，地图即被标定。

（2）利用指北针标定地图。

指北针是定向运动中重要的仪器，是进行定向运动非常有用的工具。

利用指北针标定地图的方法如下。

① 将地图与指北针水平放置。

② 转动地图，直到地图上的磁北线与指北针的红色指针平行，此时地图即被标定。具体方法如下：把指北针套在左手拇指上，并将其水平放置在地图上，接着将指北针上右侧的蓝色箭头从自己所在的位置指向要行进的位置；水平转动指北针和地图（身体也随着转动），直到指北针上红色指针与地图上表示南北线的北箭头同方向，此时指北针上蓝色箭头所指的方向就是行进的正确方向。

（3）利用直长地物标定地图。

利用直长地物（如道路、土垣、沟渠、高压线等）标定地图，首先应在地图上找到这段直长地物，使地图上的直长地物符号与实地的直长地物方向一致，地图即被标定。

（4）利用明显地形点标定地图。

在明显地形点使用地图时，首先确定站立点在地图上的位置，然后选择一个地图上和实地都有的远方明显地形点作为目标点，并转动地图，使地图上的站立点至目标点的连线与实地的站立点至目标点的连线相重合，地图即被标定。

2. 确定站立点

标定地图后，运动员就应立即确定站立点在地图上的位置，这是在实地使用地图的关键。确定站立点的具体方法有直接确定法、目估法、交会法等。

（1）直接确定法。

当自己所站的位置在明显地形点上时，运动员只要从地图上找出该地形点，即可确定站立点。实地可称得上明显地形点的地物包括房屋、塔、桥梁、围栏、输电线等；可称得上明显地形点的地貌包括山地、谷地、洼地、鞍部、冲沟、陡崖、山脊、陡坡等。

（2）目估法。

目估法是指运动员利用明显地形点，采用目视大致估计的方法确定站立点。

（3）交会法。

① 90°法。当待测点位于线状地形（道路、沟渠、山背线、谷底线、陡坡变换线等）上时，可以采用此法。具体步骤：如果在与运动方向垂直的方向上能够找到一个明显地形点，则线状地形符号与垂直方向线的交会点即为站立点。

② 截线法。当待测点位于线状地形上，且在与行进方向垂直的方向上没有明显地形点时，可以采用此法。具体步骤：运动员在线状地形的侧方选择一个地图上与实地都有的明显地形点，利用指北针的直长边切于地图上明显地形点的定位点上；然后转动指北针，使其直长边对准该地形点；沿指北针的直长边向后画方向线，该方向线与线状地形符号的交点，就是站立点在地图上的位置。

③ 后方交会法。当待测点上无线状地形可利用，且地图与实地都有两个以上的明显地形点时，可以采用此法。运用此法时，通常要求地形较开阔，视野良好。具体步骤：运动员在地图上找到选定的方位物之后，标定地图；然后按照截线法的步骤分别向各个方位物瞄准并画方向线，地图上方向线的交点就是站立点。

3. 选择路线

选择路线应遵循的原则如下。

（1）有路不越野原则。运动员这样做容易确定站立点，且容易奔跑，能增强信心。

（2）走高不走低原则。运动员站得高、看得远，有利于确定站立点和保持行进速度。

（3）提前绕行原则。在定向比赛中，运动员必须超前读图，提前思考，明确下一个目标点；要通观全局，提前选择好最佳的迂回运动路线。

4. 正确行进

选择路线后，运动员必须采取相应的方法，以确保正确的行进方向，安全到达目的地。常见的方法有记忆法、拇指辅行法、扶手法、简化法等。

（1）记忆法。

运动员按路线行进的顺序，分段记住路线的方向、距离，以及要经过的地形点和周围的参照（辅助）物，这种方法称为记忆法。运用记忆法时，运动员应做到"人在地上跑，心在图中移"。这样运动员可以减少读图时间，提高运动成绩。

（2）拇指辅行法。

在定向运动中，运动员常把拿地图手的拇指想象为自己（缩小到地图中的自己），将拇指压在地图上本人目前站立点的位置；当运动员向前行进时，其拇指也在地图上做相应的移动，这种方法称为拇指辅行法。拇指辅行法可以帮助运动员随时确定自己在地图上的位置。

（3）扶手法。

在定向运动中，运动员把实地中的线形、地形，如各种道路、溪流、输电线、地类界等比喻为人们上下楼梯时的安全扶手，以此作为行进的引导，这种方法称为扶手法。利用扶手法，运动员能较容易和安全地到达目的地，也能增强比赛的信心。

（4）简化法。

运动员在读图时要学会概括地形和简化地图，尤其是在一些零碎而杂乱的区域，运动员更要注意概括和简化该区域的地形结构，突出该区域主要的地形特征，从而使行进时思路更清晰、明确。

5.正确寻找检查点

运动员到达检查点附近后，正确寻找检查点是十分关键的。运动员掌握以下方法有助于迅速找到检查点。

（1）偏向法。

运动员在穿越一片没有明显特征的地带时，想要寻找一个交叉口、一条路的尽头或面状地物的侧顶点，不能正对着这一目标点直接去找，而应采用稍微偏离目标点的方向瞄准的方法，即先选择一个线状地物作为目标点，然后顺着此线状地物找目标点。（图11-1-2）

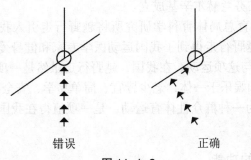

错误　　　　　正确

图 11-1-2

（2）放大法。

放大法要求运动员在寻找检查点时尽可能地扩大视野，并先从目标点附近大的、明显的地形点找起，再找检查点。这种方法适用于目标点所在地较小，运动员只能看很小的一块地形时。（图11-1-3）

（3）借点法。

若检查点周围有高大的、明显的地形点或地物，则可采用借点法。运动员在行进之前，必须先辨认清楚地图中比较明显的目标点（地形或地物），在行进中先找到这些目标点，再利用它们来判断检查点的具体位置。（图11-1-4）

错误　　　　　正确

图 11-1-3　　　　　　　　　图 11-1-4

第二节　越野行走

一、越野行走概述

（一）越野行走的起源与发展

越野行走也称北欧式行走、持杖行走、走杆等，是一种借助两支手杖，使四肢同时参与行动的有氧运动。

越野行走起源于芬兰。20世纪30年代，滑雪运动员在夏季训练时，就开始使用两支滑雪杖进行行走、跑步及登山的锻炼。1997年，芬兰的艾塞尔公司率先对滑雪杖进行了改造，随后又与芬兰索姆拉图大众体育和户外活动休闲中心、芬兰体育科学研究所共同发明了一种使用两支手杖行走的运动，并把它命名为"越野行走"。2000年，国际越野行走联合会在芬兰赫尔辛基成立。

自2003年国家体育总局体育科学研究所将越野行走引入我国以来，经过十几年的实际应用和推广，越野行走得到了我国运动医学专家和健身爱好者的普遍认可，吸引了全国20多万人参与这项运动。在我国，越野行走虽然是一项新兴的健身运动，但是这种集健身、休闲和娱乐于一体，老少皆宜、简单易学、安全有效的健身运动方式，正从时尚运动发展成为一种群众性体育运动，是一项值得在我国高校体育教学中推广的新兴健身运动项目。

（二）越野行走的功能

1. 健身功能

越野行走可以使运动员全身90%的肌肉同时参与运动，从而提高运动强度，达到有氧代谢的有效心率；可以明显地提高肌肉耐力；在提高心肺功能、控制体重、预防心血管疾病等方面效果显著。

2. 休闲娱乐功能

越野行走中，运动员使用两支手杖，使上肢参与运动，可以减轻下肢的负担，适合较长时间的锻炼。越野行走是一项集健身、娱乐于一体的"快乐运动"。利用越野行走，人们可以开展越野行走定向活动、越野行走比赛、手杖韵律操等丰富有趣的活动。

二、手杖及其使用方法

（一）手杖

手杖由碳纤维合成物或其他合成物制成，每支只有150克左右，既有很好的弹性，又具备足够的支撑力，是质量、弹性、支撑力的完美结合。杆体上粗下细的形状也充分考虑了杆体支撑的强度和重心分布，可以尽可能地提高操控性。

在越野行走中使用两只手杖，使人体由两个支撑变为四个支撑，可以减轻腰椎和膝关节的压力，从而起到保护腰椎和膝关节的作用。

（二）手杖的使用方法

（1）持杖时，区分左右手。

（2）拖着手杖行走：手臂下垂，以肩为轴前后摆动，虎口夹住手杖，拖着手杖行走。

（3）戴上腕带行走：系好腕带，手掌虚握手杖，通过腕带推动手杖行进。虎口控制手杖手柄，防止手杖左右摆动。

三、持杖健走动作

（一）执杖拖地走

两臂向后打开，胸部和肩部尽量扩展，将手杖支撑于地面，或者拖地而行。每向前走一步，都要遵循"腰先腿后"的顺序。（图11-2-1）

图 11-2-1

执杖拖地走10步，再进入正常持杖走。

执杖拖地走可以增强胸部肌肉力量，增强心肺功能。

（二）以腰为轴扭动式健走

两手握住手杖手柄，以此来保持上体的正直和挺拔，然后以腰为轴，左右转动身体，吸腿而行（图11-2-2）。注意步幅不要太大，头可以随上体转动。健走时，可以喊"左右左、右左右"，这样向前走20步，再进入正常持杖走。

图 11-2-2

以腰为轴扭动式健走可以有效锻炼腰部，增强腰部力量，保持脊柱的灵活性，促进腹腔、盆腔的血液循环，对改善胃肠功能有很大帮助。

（三）手杖支撑式压背

手杖支撑式压背是一个静态的动作，可以让全身舒展开。健走过程中感到累时，可以以手杖为支撑点下压后背（图11-2-3），胸部尽量向下，感觉背部向下凹陷，这样做15次，再进入正常持杖走。

图11-2-3

手杖支撑式压背可以锻炼背部肌肉，促进局部的血液循环，也可以有效缓解颈椎疾病。

（四）四方形压腿

打开两臂，手杖垂直于地面，大跨步迈开，用力牵拉腿部韧带（图11-2-4）。这样迈5步，再进入正常持杖走。

图11-2-4

四方形压腿可以增强肌肉弹性，增加关节活动范围，提高身体柔韧性，修饰大腿线条。

（五）执杖提踵

在越野行走到腿部酸痛时，可以原地站立，两手杖撑地，做提踵练习。（图11-2-5）这样做10次，再进入正常持杖走。

图 11-2-5

执杖提踵可以放松小腿肌肉、促进血液循环。

四、科学走路练习法

（一）快步走

【动作要领】快步走时，抬头、挺胸、收腹。两臂屈肘，并尽量紧贴身体两侧，以肩为轴前后摆动。步幅不要太大，到最后 5 ～ 10 分钟不要突然停止运动，而应逐渐地降低速度，使心率逐渐平稳。

（二）摆臂大步走

【动作要领】走路的时候尽量把两臂前后摆动起来。向前摆臂时，手掌尽量高过头顶；向后摆臂时，手臂要伸直。行走时，步幅尽量大些。

（三）上下拍手走

【动作要领】行走时，两手先轻拍头顶，然后轻拍腰臀部，如此上下交替进行。一般按照走两步拍一下的节奏进行。走路时，步幅尽量大些。

（四）原地踏步走

【动作要领】原地踏步，同时两臂前后摆动。踏步时，大腿尽量抬高些。

（五）上下楼梯走

【动作要领】上体要保持挺直，将注意力集中在腿和脚上，不要倾斜身体或将身体重心前移。上楼梯以慢速为宜，可一秒上一级台阶，速度要均匀，以不感到明显的紧张和吃力为度。可以一步上一级台阶，也可以一步上两级甚至三级台阶。一步上一级台阶与一步上两级台阶可以锻炼腿部不同的肌肉。

（六）倒步走

【动作要领】小腿带动大腿，小步往后退；腰部、背部、颈部要挺直。倒走时，要注意观察身后道路的基本情况。在进行其他运动锻炼后倒步走，有助于调节心情和缓解疲劳。

（七）水中行走

【动作要领】水中行走的适用范围广，不论男女老幼，都可尝试。水中行走形式多种多样，可以正走、反走、侧身走，也可以大步、碎步、原地踏步、蹬跳等。在水中行走时，两臂可以在水中或浮在水面做划水、摆臂、抡臂等动作，这样可使臂肌群得到有效的锻炼。

五、越野行走手杖操

越野行走手杖操是一种借助两支手杖进行的体操项目，是越野行走运动不可或缺的辅助运动方式。

（一）越野行走手杖操的特点

越野行走手杖操的特点如下：① 需同时使用两支手杖进行活动；② 手杖的高度为身高的 70% ～ 90%；③ 手杖的上端有握柄，下端有防滑减震头；④ 手杖杆采用碳纤维合成物材料制成，细长、轻便、韧性好、强度适中。

（二）越野行走手杖操的功能

越野行走手杖操的功能如下：① 支撑，手臂借助手杖撑地；② 杠杆，两手借助手杖以身体某一部分为支点做杠杆运动；③ 联动，两臂联动或与他人联动；④ 手杖花，两手或一手旋转手杖。

（三）越野行走手杖操的作用

（1）健身作用。无论是支撑、杠杆、联动还是手杖花，其最大的优势在于能够独立完成许多徒手操无法完成的动作。

（2）支撑作用。手杖可以使身体更加稳定，完成难度较高的训练动作，且对保护下肢关节作用明显；手杖的杠杆和联动功能不仅可以强化身体拉伸的力度，还可以做到拉伸的方向与用力的方向相反，从而丰富拉伸肢体的技巧和方法；手杖花的训练对腕部及手指关节有极好的锻炼作用，还能带动肘部、肩部、腰部协调运动，具有一定的技巧性，对培养协调能力和提高锻炼兴趣很有帮助。

总之，与徒手做操相比，使用手杖做操可以使人体锻炼的部位更加全面，关节活动更加到位，肌肉拉伸更加充分，从而收到更好的健身效果。

（四）越野行走手杖操的分类

（1）热身操和整理操。

热身操以热身为目的，先头后脚，先上肢后下肢，先局部后全身，负荷由小到大、循序渐进；能够拉伸肌肉，活动关节，避免受伤，并使心脏活动加快，使之在尽可能短的时间内发挥最大的潜力，避免"极点"现象的产生。

整理操是运动后的拉伸训练，缓慢柔和，有利于清除体内堆积的乳酸，消除疲劳。

（2）身体素质训练。

身体素质训练包括柔韧性训练、力量训练、平衡能力训练等。手杖操的出现丰富了越野行走的内涵，使身体锻炼遵循"有氧运动为主，柔韧性、力量性、平衡性训练为辅，缺一不可"的原则得到了很好的体现。

（3）有氧健身操。

除了持杖行走以外，在几十分钟内连续完成的手杖操也是很好的有氧运动。

（4）健身性的比赛操。

以健身为目的的比赛操有竞赛规则和裁判法，可分为规定动作手杖操和自选动作手杖操。

体育思政课堂

户外运动能够吸引广大学生走向操场，走进自然，深刻感受积极参加户外运动的益处，从而满足身体和精神的高质量生活需求。户外运动不但可以使大学生消除身体疲劳，获得愉悦的情感享受，而且有助于大学生了解户外运动的多元文化。户外运动多数带有探险性，有很大的挑战性和刺激性。因此，大学生在进行户外运动时，要时刻有危险意识，不仅要储备好个人的体能，还要具备必要的救生和自救技能。

参考文献

[1]《大学体育信息化教程》编委会.大学体育信息化教程[M].北京：北京体育大学出版社，2021.

[2] 中国足球协会.足球竞赛规则（2021/2022）[M].北京：人民体育出版社，2022.

[3] 孙民治.球类运动：篮球[M].3版.北京：高等教育出版社，2001.

[4] 陶志翔.网球运动教程[M].北京：北京体育大学出版社，2007.

[5] 虞重干.排球运动教程[M].北京：人民体育出版社，2009.

[6] 中国羽毛球协会.羽毛球竞赛规则（2021）[M].北京：人民体育出版社，2021.

[7] 马鸿韬.健美操运动教程[M].北京：北京体育大学出版社，2007.

[8] 中国网球协会.网球竞赛规则（2018）[M].北京：人民体育出版社，2018.

[9] 中国排球协会.排球竞赛规则 2017—2020 [M].北京：人民体育出版社，2017.

[10] 中国乒乓球协会.乒乓球竞赛规则（2016）[M].北京：人民体育出版社，2017.

[11]《网球运动教程》编写组.网球运动教程[M].北京：北京体育大学出版社，2013.

[12] 中国篮球协会.篮球规则 2020 [M].北京：北京体育大学出版社，2020.

[13] 史冬博.大学体育[M].北京：北京体育大学出版社，2020.

[14] 胡启权.高职体育教程[M].北京：北京体育大学出版社，2019.

[15] 陈东.大学体育与健康实用教程[M].北京：北京体育大学出版社，2019.

[16] 薛山，苟明，杨靖.新编大学体育教程[M].北京：北京体育大学出版社，2019.

[17] 姚新新.越野行走[M].北京：人民体育出版社，2009.

[18] 国家体育总局.深入学习习近平关于体育的重要论述[M].北京：人民出版社，2022.